改变美国的时刻

The Moment
That Changed America

刘戈 著

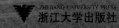
浙江大学出版社

▲ 作者与诺贝尔经济学获奖者保罗·克鲁格曼

　　保罗·克鲁格曼在《美国怎么了》中写道："美国工会衰落的根源不是市场力量，而是保守主义运动制造的政治气氛，这种气氛允许雇主进行破坏工会的活动，惩罚支持工会组织者的工人。"

（P90，《美国工会兴衰路》）

◀ 犹他州的艾斯克兰迪农场

　　这个位于美国西部犹他州名叫艾斯克兰迪的农场现在属于中国人——包括地下有可能存在的矿产和头上1000米的领空。

（前言，《美国世纪 中国世纪》）

▲ **在国会前示威的美国姑娘**

在商业和企业的职业经理人位置上，女性一直谋求获得公平的对待，法律虽然提供了某些保障，但绝非最根本的原因。女性在商业和公司最终的成功，是来自于经济发展方式的转变。

（P95，《经理的大门开始向妇女打开》）

▶ **犹他州盐湖城太平洋铁路交汇点**

1863 年 1 月 8 日，中央太平洋铁路在加州首府萨克拉门托两条街道的相交处破土动工。1869 年，中央太平洋铁路完工，从纽约到旧金山六个月的里程缩短到七天。

（P43，《美国铁路的兴衰》）

▲ 纽约 NBC(美国全国广播公司)总部

广播带来的巨大财富为电子产业的发展提供了技术研发上的保障。广播产业成为后来电视产业、计算机产业、通信产业等电子信息的成长根基。

(P226,《广播的商业模式是如何找到的？》)

▼ 作者与纽交所交易员

从下面看摩天大楼，挺拔，从摩天大楼看城市，壮美。摩天大楼宛如股票市场上光头光脚的大阳线，用钢筋水泥记录着经济飞速发展的印记。

(P221,《摩天大楼与"劳伦斯魔咒"》)

▼ 著名的纽约帝国大厦

▲ 作者在联合国总部参加会议

▲ 作者在《纽约时报》

战争结束一个多月后，1919 年的新年来了。《纽约时报》满怀欣喜地发表了它的新年献词："新年伊始，美国人民有理由来回顾 1918 年对国内财力物力的考验和取得的满意结果……"

（P38，《纽交所为什么闭市？》）

▶ 纽约的中央火车站

总部位于纽约市的美国中央铁路公司所拥有的纽约中央火车站，现在依然是纽约最主要的地标和交通枢纽。

（P43，《美国铁路的兴衰》）

推　荐

历史都是由一串串的黑天鹅事件串起来的。这些看似偶然的小事件,却又在不断地改写着历史,推动着人类社会的发展,当然,有时也是毁坏。看看美国当年崛起时遇到的问题,一切是如此地似曾相识。温发达国家之故,知当下发展之新,是这本书最有读头之处。

中国发展研究基金会副秘书长、国务院参事　汤　敏

美国在 20 世纪崛起的历史,充分说明历史的发展是偶然与必然交织的结果——假如没有两次世界大战、第三次工业的机遇,美国不可能成为今天的世界超级大国;但是我相信,如果没有本书中一系列巧合和小事件的铺垫,今天的美国同样是不存在的。

中国(海南)改革发展研究院院长　迟福林

在全球都在关注中国崛起的今天去谈论美国 20 世纪商业往事,似乎有些不合时宜,然而比照历史与现实,就会发现,昨日的美国是如今中国最好的镜子。透过美国的商业百年史,或许能让我们更加清晰地看懂中国未来的道路。

经济学家、国务院参事室特约研究员　姚景源

阅读刘戈兄的这本书,让我总不免将思绪从美国拉回到中国。……我们认识美国,了解美国,终归是希望对中国的发展有所借鉴,避免我们再重复前人走过的旧路。然而我们是否具备那样的智慧,可以把握住那些"改变中国的时刻",在未来很长一段时间,这都将不断拷问着每一个与中国商业相关的人。

著名财经作家　吴晓波

为何 21 世纪中国人点评 20 世纪百年美国财经博弈故事如此有价值,值得隆重推荐? 简单一点回答:历史往往有惊人的相似,当今乃至可预见将来我国遇到并须处理的许多事件及问题,与当年美国遇到并处理过的许多事件及问题,何其相似!

中国银行业协会专职副会长　杨再平

生产观点而不仅仅是传播信息,这是受众对媒体提出的新要求。作为一名财经评论员,刘戈把目光扩展到更久远的历史和更先发的国家之后,那么他在观察当下中国错综复杂的现实的时候,定会有不一样的心得,产生有价值的观点。

中央电视台财经频道总监　郭振玺

跟着刘戈凝视那些改变美国的时刻,你甚至会触摸到一些改变世界的力量。这是另外一种方式的对话,但早已超越了简单的观察和评论。

中央电视台主持人　陈伟鸿

刘戈老弟的这本书很有趣,它使我看到另一个美国,一个不是那么霸气、自负的美国。书中的一个个故事,让美国的崛起史显得是那么不可思议而又顺理成章,刘戈找的时间点很准,因为这些时间点都是改变美国的时刻。

真格基金创始人　徐小平

刘戈老师的新作中,通过小历史事件对公平与改革、自由与集权、博弈与妥协、环境与创新等关系进行讨论和阐发,角度新颖、独特且鞭辟入里,令人印象深刻。这些小事件虽取材于历史,却如现实般清晰动人,相信通过阅读它们,能给广大读者带来更多的思考。

吉利集团董事长　李书福

与刘戈同事十多年,他重逻辑、爱推理,能琢磨、善总结,极富观察力,是个好评论员。但我还是觉得,他写得比说得更好。

中央电视台主持人　王小丫

今天，我们该向美国学习什么？

财经作家　　吴晓波

关于美国，这个到今天仍然在经济总量上领先于中国的国家，我们知道些什么？

我们貌似知道很多，知道众多美国公司的传奇故事（可口可乐、IBM、微软、苹果、Google……）、众多美国企业家（亨利·福特、小托马斯·沃森、乔布斯、比尔·盖茨……），以及他们的经营理念和管理模式。中国的企业从中受益之多毋庸讳言，然而，在更高层面上，我们却似乎从未弄清美国商业何以在一百多年中保持了长足而高效的发展。

可以说，对于美国商业，我们长期以来都是知其然不知其所以然。作为学习者，今天的我们，注意力更多停留在技术操作层面，而对背后的制度未有足够的重视。这倒也可以理解，因为近三十年中国的经济实在发展太快太出人意料，狂飙突进之中多半只乐于体验"速度与激情",而不太会沉下心来去进行那些相对冷静的思考。

然而到今天,三十几年的"野蛮生长"过后,狂热之气已渐渐冷却,整个国家也逐步趋向理性,特别是当经济发展遭遇新的瓶颈、各种商业性矛盾不断涌现之时,我们该何去何从,又该向欧美这些走在我们前面的国家学习什么?这都是摆在中国商业实践者和研究者面前的一个无法回避的问题。我认为,关注商业的"更深层面"将在中国成为一个趋势。

在这本名为《改变美国的时刻》书中,我看到了刘戈兄挖掘美国商业"更深层面"的尝试。

刘戈兄作为一名出色的财经观察者,曾出版过一系列非常耐读的作品,而这本书也延续了他一贯的财经写作风格,从细节入手,鞭辟入里,见解不俗,常让人有耳目一新之感,而行文中旁征博引,开阖自如,显示出他极好的学养。抛开主题,单论文字,也是财经写作者中极好的。

而回到论述主题,在本书中,刘戈兄选取一些重要事件,来展现美国商业精神是如何在这些细节中一步步形成的。他的论述天马行空,提及的事件大可至总统与钢铁、石油企业家的博弈,小可至空调、尼龙袜的发明,表面上看相去万里,毫无联系,但最终指向相同的主题。

这其中,让我印象为深的有两点。

第一,美国商业的发展得益于整个美国社会对商业和企业家精神的推崇,也正是有这样的社会背景,才涌现出亨利·福特等一大批伟大的企业家,也发明了空调、尼龙袜这样的产品和信用卡、直销等新的商业形式。美国第30任总统卡尔文·柯立芝曾说过一句话:美国的事业就是企业。在本书诸多篇章中,都仿佛能听到这句话的回音。

与美国的同行相比,中国企业家则远没有这样的幸运,他们作为商业社会的最主要力量,从未获得应该得到的理解和尊重。如果企业家得不到公正对待,"创新"的积极性总受到打压,我们又如何希冀商业能有大的发展呢?让企业家得到真正尊重和认可,是他们发挥企业家精神的必要前提,这也是我多年研究商业和企业的一个切身体会。

其次,美国商业能发展到今天的地步,是整个美国社会各个阶层博弈而成的结果。在《〈屠场〉:美国的胃与良心》、《〈寂静的春天〉,明天的预言》和《大罢工,总统选择中立》等章节中,我们看到这样一种美国商业现实:以企业家的经营管理实践为中心,上至政治家,下至普通工人,再到作家、学者、环保主义人士,每一个人都可以自由地建言发声,同时,又能够通过行动来维护本阶层切实的利益,而这背后体现的是深入人心的民主理念。

在美国商业发展过程中,也先后面临一些尖锐而棘手的问题:劳资双方间的永恒矛盾、垄断与竞争间的悖论、商业发展与环境保护的冲突……然而,正是对这些问题无休止的争论与思考,推动美国商业逐步走向制度与规范,从而实现了发展与公平间的制衡。而最让人心折的是,在解决上述问题时,美国各阶层特别是精英阶层体现出的妥协精神和谈判意识,使得诸多"剑拨弩张"的紧张局面最终都得以平和解决。这对于今天的中国,尤为有借鉴意义。

在这样的背景下,去阅读《改变美国的时刻》则有更多"观美鉴中"的意义,我们认识美国,了解美国,终归是希望对中国的发展有所借鉴,避免我们再重复前人走过的旧路。然而我们是否具备那样的智慧,可以把握住那些"改变中国的时刻",在未来很长一段时间,这都将不断拷问着每一个与中国商业相关的人。

是为序。

再评美国　启示中国

中国银行业协会专职副会长　杨再平

　　在不久前的一次聚会中,本书作者著名央视财经评论员刘戈先生将此新著初稿送我先睹,并邀一序,后又短信:"若时间忙,写几句推荐语亦可",我大略看过之后,自叹"岂能几句推荐语敷衍"? 应该好好写篇读书心得,是为序。

　　为何21世纪中国人点评20世纪百年美国财经博弈故事如此有价值,值得隆重推荐? 简单一点回答:历史往往有惊人的相似,当今乃至可预见的将来,我国遇到并须处理的许多事件及问题,与当年美国遇到并处理过的许多事件及问题,何其相似! 俏皮一点回答:套用古罗马著名诗人昆图斯·贺雷西·弗拉克《讽刺诗集》第一卷第一首第一句,"只要换一个名字,这正是说的阁下的事情!"深刻一点回答:套用马克思《〈政治经济学批判〉导言》之名言,"人体解剖对于猴体解剖是一把钥匙。低等动物身上表露的高等动物的征兆,反而只有在高等动物本身已被认识之后才能理解"。

不妨随手拈来本书首篇描述并点评的美国 20 世纪第一年即 1901 年经历的故事看看:"……纽约证券交易所已经成为这个最新崛起的国家繁荣的标志,一系列眼花缭乱的兼并重组在这里上演,无数普通美国人通过买卖股票给他们带来了第一笔'财产性收入'。"而"灾难总是在最乐观的情绪中孕育的,一种美国人还不熟悉的股灾也在悄悄地向华尔街出发了。"……"这些家庭的成员因为涉足股市而损失惨重,几乎全美国的人,男女老少都经不起诱惑而掉入了投机的漩涡之中,他们以为可以凭借炒股而一夜致富。""《纽约时报》当天的这段描述在后来的每一次股灾的报道中都可以原封不动地使用,放在中国的当下,只需要换一下地名和国名。"

再看看其末篇描述并点评的"汽车载来的消费时代":"美国人现在的生活方式是 20 世纪 50 年代用汽车载来的。"……"回到中国汽车市场,如果硬要相比的话,那么这个市场应当相当于 20 世纪 40 年代的美国——真正旺盛的需求才刚刚开始。对于中国汽车企业来说,机会多的是。"虽然未来发展未必如此,但中国当下进一步持续高速发展,非常需要一个类似美国当年"汽车载来的消费时代",即需要一个升级版的消费时代,至于是否"汽车载来"或其他什么升级版高端而大众化消费品载来或带来,尚有待观察。

有些故事对于我国当下或可预见的将来是超前性警示,其前车可鉴,不能不引以为戒。比如,《〈寂静的春天〉,明天的预言》,20 世纪 60 年代曾唤起美国人民及政府对环境恶化问题高度警觉并采取相应措施积极治理,不也应唤起当今中国人民及政府对环境恶化问题高度警觉并采取相应措施积极治理吗?《面包房老板为什么反对八小时工作制》及《三角工厂,一场唤起良知的火灾》,是不是也应唤起我们对市场经济体制下劳资矛盾的特别关注,中国特色社会主义是否更应旗帜鲜明地反对并杜绝"血汗工厂",是否应当重温孙中山先生曾经提出的"节制资本"?

有些故事对于我国当下或可预见的将来颇有启示性意义。比如,《广播的商业模式是如何找到的?》、《尼龙袜:公司的力量》等故事,讲的是一项技术如何通过一定的商业模式及公司力量转化推广,进而形成大规模生产销售的产业链,这不正是我国科技成果转化推广所需要的故事吗?

恩格斯曾指出:"历史是这样创造的:最终的结果总是从许多单个的意志的相互冲突中产生出来的,而其中每一个意志,又是由于许多特殊的生活条件,才成为它所成为的那样。这样就有无数互相交错的力量,有无数个力的平行四边形,而由此就产生出一个总的结果,即历史事变,这个结果又可以看作一个作为整体的、不自觉地和不自主地起着作用的力量的产物。"换言之,人类历史是多种力量博弈的结果。《改变美国的时刻》所描述和点评的,正是美国20世纪"无数个力的平行四边形"博弈的故事。博弈,所以有故事,所以抓眼球,所以值得阅读。

本书第三篇引用索尔尼琴的话,"对于一个国家来说,拥有一个讲真话的作家,就等于有了另外一个政府"。我以为,当下中国,许多情况问题,真假混淆,众说纷纭,方向感缺失,更需要一批讲真话的社会经济评论员,睿智而深刻地点评古今中外"无数个力的平行四边形"博弈的故事,"古为今用,洋为中用",以宽广的视野、正确的舆论引导中国社会经济科学稳健发展。

美国世纪　中国世纪

　　当我驾驶着一辆本田全地形四轮摩托车爬到山顶向远处眺望的时候,看到的是在一条如丝带般的河流环绕着的静静河谷。20多个巨大的深绿色圆圈不规则地散落在河谷中,那是大型喷灌设备形成的喷灌圈,每一个喷灌圈中是几百亩甚至上千亩正在旺盛生长的苜蓿草。这些苜蓿草收割、打捆、挤压后将运往中国,成为中国奶牛们的优质口粮。

　　这个位于美国西部犹他州名叫艾斯克兰迪的农场现在属于中国人——包括地下有可能存在的矿产和头上1000米的领空。一家名叫绿田园农场有限公司的中国公司在2010年买下了这个有着二百年历史的农场。

　　由于中美贸易之间巨大的贸易顺差,大量从中国装载着服装、玩具、电器、家具的集装箱货船卸载后,将不得不跨越太平洋空驶回中国东部的港口,这导致从美国西海岸返回中国的海运费只有来时的 1/7。一只跨越太平洋的集装箱从洛杉矶长滩港到中国天津港的运费大体和它从天津运到北京的运费相当。2008 年的三聚氰胺事件,让以种植和加工苜蓿草为主业的绿田园公司意识到中国乳业将告别"公司＋农户"的奶牛养殖模式,转型为大规模现代化养殖。而以中国紧缺的耕地数量,难以满足苜蓿草这一乳牛主要粗饲料的需求。趁着美国金融危机的难得时机,他们在美国成功抄底买下了这家农场。

在犹他州州府盐湖城,我特意找到了当年太平洋中央火车站。1869 年,分别从美国东海岸和西海岸修建的太平洋铁路在这里接轨,有了横贯美国东西的大动脉,美国真正形成了一个完整的现代经济体。然而,几十万参与修建太平洋铁路的中国劳工在完工之后大部分被遣返,后来美国还出台了臭名昭著的华工法案,拒绝除留学之外的中国人移民美国,这一法案直到第二次世界大战期间才被废除。中美之间真正全面的经济交往,是在正式建交后才开始的,至今不过三十多年。

艾斯克兰迪农场是 2012 年夏天我美国之行的最后一站,在此之前,我在纽约参加了一次中美企业家购并论坛。论坛在纽约第五大道蒂凡尼总部 6 楼的会议室召开,为了招徕中国客户,著名珠宝商蒂凡尼赞助了这次会议。令人印象深刻的是,美方与会者只有少数的企业家,大部分是购并律师和房产经纪人,显然帮助中国企业家购并企业和买房置业是他们今后业务的最大来源,在我前往犹他的路上和回国相当长的一段时间,不断接到他们愿意提供购并顾问和置业机会的邮件。可以想象,二十多年前,他们的前辈们在这里接待的是成群的日本商人。

生意,让中美这两个全球最大的经济体紧密地结合在一起,以至于英语中有了"中美国"这个新词汇。

过去的一个多世纪,美国在 920 万平方千米的土地上创造了人类历史经济发展的奇迹,成为世界第一强国。在全球化的时代,作为追赶中的经济体,中国不得不在经济发展中和美国深度地融合在一起,从美国获取市场、技术、资源。但更为重要的是,必须学习在过去的一百多年时间里美国崛起的经验和教训。

毫无疑问,20 世纪是美国的世纪。

1941 年《时代》、《财富》和《生活》的创办人,媒体大亨亨利·卢斯第一次提出了这个说法。没有人怀疑这个说法的正确性,早在 1900 年,20 世纪开始的时候,美国就超越英国成为世界第一经济大国。卢斯提出"美国世纪"概念之前的四十年已经足以证明,美国不仅仅是总经济体量上的第一大国,还在科技、工业、文化、制度上全面领先,引领世界发展潮流四十年。在这个世纪剩下的后六十年中,美国人的发展历程更进一步夯实了这一判断——20 世纪是美国世纪。

而在 21 世纪刚刚到来的时候,全世界已经有很多人相信"21 世纪是中国人的世纪"。这个说法不是出自中国人,而是出自英国著名历史学家汤因比。早在 1973 年——中国正处在文化大革命后期,中国人在勉强依靠粮票的平均分配制度吃饱肚子的时候,汤因比就下了这个看上去骇人听闻、哗众取宠的论断。在当时,即使最乐观的中国人也不会真的相信这个预言。

1973 年汤因比在和日本学者池田大作长达十天的谈话录《展望 21 世纪的世界》一书中明确提出"19 世纪是英国人的世纪,20 世纪是美国人的世纪,而 21 世纪将是中国人的世纪"。在他看来,中华文化是东方文化和西方文化相结合的产物,将是人类未来最美好和永恒的新文化。在这种文化的指引下,21 世纪的中国必定成为世界的领导者。

21 世纪最初的十多年过去之后,中国经济上的高歌猛进变成了步履蹒跚,贫富差距加大,社会矛盾凸显,对于社会、经济、政治发展的方向,之前三十年形成的普遍共识变得越来越模糊。尽管大多数人依然相信 21 世纪是中国人的世纪,但他们无不在心中给这个判断加上几个自己预设的先决条件。

这个时候,如果回顾 20 世纪美国的崛起历史,我们能否发现是哪些先决条件让"20 世纪是美国人的世纪"从预言变成现实？您现在所看到的这本《改变美国的时刻》便是几年来我对这个问题的思考。

十年前，当我在央视财经频道《中国财经报道》当记者的时候，制片人姜诗明送给主编们人手一本《纽约时报 100 年》，这本在新世纪刚刚出版的书中收集了 20 世纪《纽约时报》重要报道和著名评论，并加入了时任《纽约时报》出版人和总编辑的点评。

在前任美联储主席保罗·沃尔克撰写的序言中，对 20 世纪的世界和美国给出了这样的评价："在地球漫长的历程中，一百年只是弹指一挥间，然而，20 世纪在人类全部的历史中却是无与伦比的。美国经济所发生的天翻地覆的变化也是绝无仅有的。"

在序言的结尾，沃尔克写道："重读历史在行为成型方面或许永远也不能完全替代个人的亲身经历。但是，根据 20 世纪最伟大的哲学家乔治·桑塔亚纳说法：没有什么比对于过去的理解更重要。"这本报道集能给我们对于美国经济发展史以新的理解吗？

在认着阅读这本新闻选编集的时候，我产生了一种强烈的时空穿越感：美国过去一个世纪崛起中发生的故事，正在中国不分先后顺序地上演！

20 世纪的美国，大体经历了四个阶段。

第一阶段是 20 世纪初的三十年。这是野蛮生长与进步运动激烈冲撞的三十年，这个时期也是美国经济发展矛盾最突出的三十年，资本无节制地发展壮大，垄断不断升级，全社会的贪婪投机氛围浓厚。政府夹在愤怒的民众和强大的资本之间寻求平衡，并且不断地出台一些节制资本的法律，但经常状况频出，引发经济大幅度的波动。

第二阶段是大萧条到第二次世界大战期间。这个时期，基本是罗斯福执政，完成了对美国式资本主义的最深刻改造，资本的贪婪得到了抑制，全民共享发展成果逐渐成为共识。政府直接干预经济运行、调节贫富差距,这样被看做是对资本主义的离经叛道的行为也逐渐被社会所接受。

第三个阶段是从第二次世界大战后到 70 年代末。这个阶段是美国经济发展最顺风顺水的时期,美国全面进入消费时代,中产阶级迅速壮大,经济全面协调高速发展,劳动生产率迅速提升,贫富差距不断缩小,企业技术创新和商业模式创新层出不穷,社会不公正现象逐渐减少。

第四个阶段是从 80 年代的里根改革到世纪末的二十年。这一阶段随着全球化的不断深入,美国逐渐进入后工业化和信息化时代。产业和资本的外移不断加剧,来自日本和亚洲其他国家对美国市场的冲击逐渐增强。美国在传统工业领域的竞争力逐渐减弱,贫富差距重新开始拉大。于此同时,信息技术的快速崛起让美国在新的制高点上继续引领世界。

从经济发展阶段、社会矛盾和城市化水平等综合因素看,中国整体发展正处在相当于美国 20 世纪 20 年代后期的水平上。所不同是,美国后三个不同发展阶段的特征也同时出现在当下中国经济中,中国正处在一个重化工和消费经济齐头并进,劳资矛盾突出和劳动者权益增强同时存在,资本贪婪投机和人们生活不断提高兼容并蓄,传统落后生产方式和高新科技水乳交融的特殊图景中。

这是赶超和转型经济所必然要经历的混乱过程。在这个过程中公平与效率、自由与集权、垄断与竞争、环境与发展、创新与守成、政府与市场、劳工权益与企业发展、繁荣与萧条、民富与国强、管制与腐败——博弈无所不在。和美国当年企业家和政治家们所遇到的挑战相比,当下中国的政府、企业和企业家所遇到的矛盾更复杂、更急迫、更剧烈,也就需要更大的智慧和更包容的心态才能逐渐化解这些矛盾,迎来名副其实的中国人的世纪。

"我们注意到,对于 20 世纪美国所发生的重大经济成就,所取得的发展大都以反复出现的危机和严重的经济衰退为特征。金融危机今天似乎与一个世纪之前一样司空见惯——虽然美国自从第二次世界大战以来已经摆脱了最严重的金融危机,但世界上许多其他地方却没有。许多美国人——以及全球化世界的大部分人——都没有充分分享我们的成就,这一事实向人们提出了更重要的问题。"沃尔克在《纽约时报100年》的序言中充满了对过去一百年美国经济跌宕起伏的感慨和美国成就的自豪。

但当他写下这些文字的时候,作为曾经的美联储主席,他完全没有预料到几年之后会有一场金融危机的到来。资本主义发展的巨大成就并没有解决资本主义发展的根本性矛盾。资本贪婪的特性在法律和社会公正的压制下只能暂时蛰伏而不能根本化解。经济的可持续发展和社会的公平正义也依然需要后人不断地通过制度的完善和创新来支撑。

和欧洲各国工业化的发展路径相比,美国显然是个例外。美国是一个由世界各国移民在新大陆建立的一块试验田,美国的资本主义是经过了全面改造的资本主义,它既不是列宁笔下垄断并垂死的帝国主义,也不是从亚当·斯密到哈耶克到弗里德曼理想中的自由资本主义。除了先人留下的法律制度和基督教精神,美国的成功更在于在历史关键时刻美国政府、美国企业家和美国人民的正确选择,这种选择绝不依赖于某个学派或者经济学家的理论,而是依赖于解决现实问题的具体操作手法和各个利益群体之间尖锐而又不逾越底线的斗争。

作为世界上唯一一个在最近的几百年既没有被完全殖民也没有殖民过他国的世界第一人口大国,追赶中的中国,当然是另外一个例外,没有人能够提供一种现成的发展路径。中国在发展的道路上需要更多地借鉴美国一百年来发展的经验,也需要汲取教训,更需要在深远的中国文化中吸收智慧,在这块东方的美丽土地上创造自己的传奇。

三年前,当正在创办《商业价值》杂志的刘湘明先生向我约一个专栏的时候,我想起了这本《纽约时报 100 年》,决定依托这本报道集的线索撰写"阅读美国 100 年"专栏。在一次论坛后的闲聊中,我向蓝狮子出版创始人、著名财经作家吴晓波提起了这个已经写了近 10 万字的专栏,他认为这是一个不错的题材,提议可以集结出版,我愉快地把出版这本书的工作推给了他,吴晓波先生几本有关中国商业史的著作也是引发我写这些文字的重要因素。以史为鉴,需要回望中国历史,也需要回望其他国家走过的路。

感谢这些在人生路上偶遇的朋友们的帮助和支持,感谢编辑们不厌其烦地催稿,让我能在繁忙的工作和在与拖拉的斗争中抽出时间按时交上作业,感谢我在央视财经频道《央视财经评论》朝夕相处、争吵不断的同事们,感谢家人全力的支持。感谢我的领导和同事、中央电视台财经频道总监郭振玺,感谢我的同事、著名主持人王小丫、陈伟鸿,也感谢我在记者和评论员工作岗位上结识的李书福、徐小平、汤敏、姚景源等商界和学界大佬们对此书毫不吝啬的表扬和推荐。感谢中国银行业协会专职副会长杨再平先生和本书出版人吴晓波先生拨冗撰写的精彩序言。

这三年的时间正好是女儿上高中的三年,在她上大学的同时能够出版一本书,是对我和女儿同时的奖赏。我希望这本书也能够进入她们这个年龄段的阅读视野,真正的中国世纪和她们的成长一起到来。

目 录

Contents

Contents

秩序与公正

Order & Justice

人们总是习惯认为,美国是一个真正的自由市场经济的国家。 其实,从20世纪开始,自由资本主义时代在美国就已经结束了。

股灾：新千年的欢迎仪式

　　1901 年来了，如同一百年后中国人对新世纪的热切期待一样，全世界没有哪个国家比美国人更欢欣鼓舞地期盼着新世纪的到来。此时，美国已经取代英国成为世界第一经济大国，摩天大楼拔地而起，铁路横贯东西两岸，庄稼地里麦浪滚滚，高炉前钢花四溅。正所谓潮平两岸阔，风正一帆悬。

　　大西洋海底光缆把伦敦和纽约的金融市场连接到了一起，华尔街无论是从规模还是影响力上都已经摆脱了小兄弟的角色，已经和伦敦平起平坐。纽约证券交易所已经成为这个最新崛起的国家繁荣的标志，一系列眼花缭乱的兼并重组在这里上演，无数普通美国人通过买卖股票，给他们带来人生第一笔"财产性收入"。

　　但是，灾难总是在最乐观的情绪中孕育的，一种美国人还不熟悉的股灾也在悄悄地向着华尔街出发了。

1901 年 5 月 10 日，《纽约时报》的编辑用一个豆腐块的篇幅发表了一位实习记者获得的八卦消息："纽约州特洛伊 5 月 9 日讯，该市著名的啤酒酿造商小塞缪尔·波尔顿的尸体今天在一个热啤酒桶中被人发现，波尔顿先生不久前刚驾车旅行归来，并与朋友作了愉快的交谈。大约中午时，有人在冒着热气的啤酒桶旁边发现了他的帽子，之后发现了他的尸体，人们在啤酒桶附近还发现了他的外套、手表和袖珍书。人们普遍认为这是一起自杀事件。"如果没有下面一句话，这样的社会新闻是不大可能登到这家财经大报的版面的。这篇报道的最后一句是："据说波尔顿先生近来在股票上损失惨重。"

让波尔顿先生在自己心爱的啤酒桶中结束生命的原因是他在"北太平洋铁路"股票上的卖空行为。

故事的真正导演是华尔街大亨 J. P. 摩根和他的对手们。20 世纪开始的头二十多年，美国的真正主宰者是摩根。一个至今仍被华尔街津津乐道的段子是这样定义"摩根"的：老师问学生，是谁创造了世界？一个小男孩站起来回答说，上帝在公元前 4004 年创造了世界，但在公元 1901 年，世界又被摩根先生重组了一回。

在一幅广为流传的摩根先生的照片上，身体壮硕、留着八字胡的摩根坐在椅子上，目露凶光，手上握着一把亮闪闪的匕首。其实，那是黑白照片上被过度曝光的椅子把手，但手握匕首，更符合老百姓对这个资本大亨的想象。

1900 年 12 月 12 日，在纽约第五大道的一家俱乐部里，八十多位华尔街最有头有脸的大亨们欢聚一堂，畅想新世纪美国经济面临的挑战和机遇。卡耐基钢铁公司总裁施瓦布的激情演讲深深打动了在场的银行家和实业家们，施瓦布提出一个惊世骇俗的构想——美国钢铁业应该进行一次大合并，组建一家世界上最大的钢铁公司，称霸世界钢铁市场。在晚宴结束的时候，摩根已经决定，这一票干定了。

很快，施瓦布在曼哈顿哈德逊河畔的一个高尔夫球场，撮合了摩根和钢铁大王卡耐基划时代的一场球赛，球赛结束的时候，卡耐基以 4.8 亿美元的价格把他的公司卖给了摩根出面组织的钢铁辛迪加。新成立的公司叫作合众国钢铁公司，资本总额达到 14 亿美元，这个数字有多大呢？把这个数字乘以 6.5 就是当时全美国制造业的总资本——90 亿美元，摩根组建的俨然是一家巨型"央企"。它超出想象的规模，甚至给把冒险当作习惯的华尔街带来了一些莫名的不安。

摩根在"重组世界"以后，满怀一览众山小的豪情远赴欧洲休假。

在摩根休假的时候，一个叫哈里曼的人开始蠢蠢欲动，但他并没有意识到，他的真正对手是大佬摩根。哈里曼是联合太平洋铁路公司的老板。1901 年，哈里曼在谋求北太平洋公司控制的一小段铁路时遭到了拒绝，他认为那段铁路会威胁到他所拥有的铁路的运营，于是，像很多有气魄的老板一样，哈里曼决定通过收购北太平洋公司来永远地解决这个问题。

与哈里曼合作的银行家是雅各布·谢弗，而北太平洋公司的老板希尔是摩根银行的重要客户。雅各布·谢弗很快介入了这场股票争夺战，摩根银行岂会袖手旁观，两家铁路公司的战斗变成了两个财团的战争。

股票抢购战的号角吹响了。而在两大银行家介入之前，北太平洋铁路公司的股票已经上涨了一个月，投资者们按照以往的经验预测，股价不可能一直涨下去，众多的人开始卖空，期待着可以从股票的下跌中得利。

对于绝大多数中国股民来说，卖空只是一种传说中的资本游戏。而在 20 世纪的第一个年头，普通美国民众就已经开始尝试这个危险的游戏。当投资者看空某只股票时，只要交一定数量的租金，就可以从经纪人（我们现在叫券商）那里借到股票卖出，等股票价格下跌到一定程度时再买进，他只需要归还经纪人同等数量的股票，剩下的钱就是他的获利。比如你以每股 10 元的价格租借某只股票 10000 股，到规定的交割时间，股票跌到 6 元，你以 60000 元买进这只股票,你就有了 40000 元的赚头。倒霉的是,如果在规定的时间内股价不降反升,那么他也必须交割——用自己的资金购买同等数量的股票归还给经纪人。

空头们都在盼望股价的下跌。但当他们意识到这是摩根和谢弗两个大佬之间的较量时,一切都太晚了。他们只能抛出自己手中的其他股票,然后以高价购买北太平洋股票来履行合约。

资本露出了它疯狂而血腥的面目,在刺刀见红的时刻,经济学中假想的"理性经济人"不存在了,为了争夺控股权,两大寡头不惜血本,疯狂地捕捉市场上剩余不多的每一股股票。一个经纪人为了将 500 股北太平洋股票运到纽约,甚至不惜专门雇了一列火车;一位刚从郊区返回的场内经纪人,冒失地承认自己有 1 万股北太平洋股票,结果被剥了个精光。在最疯狂的 5 月 9 日,北太平洋公司的股票从开盘的 170 美元一度涨到 1000 美元。

恐慌迅速蔓延。由于北太平洋股票的价格不断增长,空头们不得不大量抛售其他公司的股票来高价购买北太平洋股票以履行合约。在巨大的出卖压力下,其他股票的价格出现雪崩。刚刚出生不久的合众国钢铁公司的股票在短短几天内就从 54.75 美元直降到 26 美元。

1901 年 5 月 10 日刊登前面那篇关于啤酒商自杀消息的《纽约时报》的头版上,通栏标题是"弱市中的灾难与毁灭"。

"华尔街市场发生了史无前例的大恐慌,无数财产付诸东流。这使得华尔街,过去几个月来一直沐浴在繁荣昌盛的阳光中的华尔街,昨晚收市时沉浸在沮丧之中,而远离这条街道的许多美国家庭也同样笼罩着这种沮丧的气氛。这些家庭的成员因为涉足股市而损失惨重,几乎全美国的人,男女老少都经不起诱惑而掉入了投机的漩涡之中,他们以为可以凭借炒股而一夜致富。"《纽约时报》当天的这段描述在后来的每一次有关股灾的报道中都可以原封不动地使用,也可用来描述中国的当下,只需要换一下地名和国名。

故事的结局是这样的:"然后,当无辜者——投机者与投资者都一样——比华尔街以往任何时候的投机者与投资者遭受更严重的损失时,参战的各方才终于达成一致,采取行动以缓和令人痛苦的局势。"

摩根的非凡之处不仅在于可以果断地祭出"重组世界"的大手笔,也可以在关键的时候果断地妥协。远在欧洲的摩根授意他的下属雅各布·谢弗签订了紧急停战协定。两家银行宣布不再购买北太平洋公司的股票,同时允许所有的空头以 150 美元的价格平仓,把很多人又从破产的边缘拉了回来,血战在一天之内戛然而止。可怜的啤酒商人,他如果再坚持一天,就可以坐在啤酒桶之外继续喝自己的啤酒了。

接着摩根又添一个神来之笔,成立了北方证券公司,把希尔和哈里曼撮合到一起,成为控制美国东西大动脉的超级铁路公司。

这场短平快的股灾终于动摇了社会对金融大鳄的信任,接替遇刺的麦金利就任总统的老罗斯福(后来的美国总统罗斯福的叔父)无法忍受摩根对整个国家经济的操控,在第二年开始酝酿反托拉斯法案。

资本大亨 J. P. 摩根

反垄断的第一枪

　　巧合之于历史,正如高跟鞋之于姑娘,虽然只是细枝末节,但却让历史变得丰满、生动、风姿绰约。

　　1901 年 9 月 5 日,注册在临近纽约新泽西州的北方证券公司正式成立。这是 J. P. 摩根"重组世界"的又一神来之笔。他把因为争夺"芝加哥—柏林顿—昆西"铁路的控制权而打得头破血流的哈里曼和希尔按到了谈判桌前,四个月后,北方证券公司成为同时拥有大北方铁路、北太平洋铁路和芝伯昆铁路控股权的超级控股公司,美国西北方向数十个州的铁路运输被一家公司垄断。

　　就这样,垄断的利益取代了恶性的竞争,昔日的冤家握手言欢。摩根、洛克菲勒、希尔和哈里曼这些金融和铁路巨头们共同掌握了世界上最庞大的铁路联合体,垄断所产生的巨大利益也将由此源源而来。

巧合的是，就在同一天，美国第 25 位总统麦金利在纽约州布法罗遇刺。麦金利是去那里参加泛美博览会的，那是一个博览会的黄金年代，在全世界各地，各种名目的博览会此起彼伏。麦金利遇刺的泛美博览会和传说中茅台酒获金奖的巴拿马博览会都属于无数博览会中的一员。

刺杀麦金利的是一位名叫莱昂·乔尔戈什的年轻人，一位 28 岁的无政府主义者。在 19 世纪末 20 世纪初叶，无政府主义是比马克思主义还要时尚的信仰，刺杀政府首脑是他们表明其政治主张的重要手段。在招待晚宴上，乔尔戈什用一块手帕包着一只左轮手枪慢慢靠近了麦金利，扣动了扳机，两粒子弹射进了麦金利的腹部。

两天以后，《辛丑条约》在北京签订。那一年是中国清朝光绪二十七年（1901），农历辛丑年。之前一年的庚子年，八国联军侵略北京，慈禧携皇帝西逃。按照条约，每一位中国人要向西方列强赔偿一两白银，这种惩罚性的赔偿让 4 亿 5 千万中国人领教了什么是最极致的羞辱。作为一个温和的共和党人，麦金利曾经帮助清朝和其他列强斡旋，希望减少赔款数量，在他看来，赔款数量太多了些，赔款数目的象征太不厚道了一些，但麦金利的调停没有结果。可能是不那么心安理得吧，后来美国用这笔赔款建立了留美青年预备学校（现在清华大学的前身）。这是后话，不再多扯，咱们还是回到主题上。

遇刺八天后，麦金利驾鹤西去。西奥多·罗斯福从外地匆匆赶到布法罗，就任美利坚合众国新一任总统。J.P.摩根不会想到，这位曾经得到他支持和资助的年轻政治家会成为自己最强劲的对手。

"在 19 世纪即将落幕的最后几年里，美国的工业化进程写下了世界经济史上最壮丽的诗篇。许多因素在背后推动着这个进程：美国南北战争的高关税保护了美国工业免于受到欧洲产品的冲击，大量的移民涌进美国，大量的农民涌进城市，美国铁路里程迅猛增加，铁路把美国结成了一个真正意义上的统一市场。"在《伟大的博弈》一书中，作者约翰·戈登这样总结美国工业高歌猛进的原因。

但他的书中漏掉了一个重要因素，就是麦金利总统对大企业的推动和支持。在麦金利看来，只有美国成长起来更多的大企业，才能真正和欧洲竞争，而企业间的兼并重组是形成大企业的捷径。按照咱们现在的说法，这叫作"通过结构调整，兼并重组，提高产业集中度，形成一些具有国际竞争力的大企业"。

在麦金利任上期间，美国政府还没有干预经济的习惯，不管就是最大的支持。虽然已经有了《谢尔曼反托拉斯法》，但它对事实上已经产生的垄断型企业睁一只眼，闭一只眼。麦金利执政的五年多的时间里，是美国大公司兼并的黄金年代。

北方证券公司就是在这个背景下诞生的。但在它刚刚成立的那一天，就失去了麦金利这把保护伞。仅仅存在了两年半，北方证券就在西奥多·罗斯福的打压下结束了自己短命的历史。

和麦金利的观点不同，在西奥多·罗斯福眼中，托拉斯的出现，摩根、卡耐基、洛克菲勒这样一批亿万富翁和他们控制的庞大财团的崛起，正在让美国从"创造财富"的神话演变为"掠夺财富"的现实。大型垄断企业使独立的中小企业沦为工业巨子、金融寡头的美味佳肴，垄断正在侵害自由竞争本身。北方证券公司的出现，意味着既然它能够垄断美国西北部所有的铁路，就有能力完全控制全美的铁路，成为全国贸易和经济发展的桎梏。这种垄断不断复制的最终结果，将是摧毁美国人最珍视的机会均等、公平竞争的价值观。

在上任后向国会提交的第一份国情咨文中，罗斯福提出了遏制垄断的主张："在对付我们称之为托拉斯的大公司方面，我们必须拿定主意，按渐变而不是革命的办法行事。我们的目的不是要取消公司；正相反，这些大集合体乃是近代工业制度不可避免的一种发展。我们想要调节和监督这些公司，我们不是攻击它们，而是力求消除他们的一切弊害，我们对这些公司并无敌意，只不过是决心要使它们经营得有利于公众。"但华尔街的大佬们不以为意，他们以为罗斯福的话依然是政客们引导舆论的家常便饭，只是说说而已。

但是罗斯福决定来真的了。无论从目标的大小、后台的背景以及它出现的时机来看,北方证券公司都是承担"杀鸡儆猴"使命中最恰当的那只"鸡"。

在北方证券公司成立之前,哈里曼和希尔分别控制着两条从西海岸通往美国中东部的铁路,两条平行的铁路之间的竞争使得美国中西部的人们可以享受到竞争带来的低价运输。而两位"铁老大"的握手言欢,使西北各州农户只能听任铁路开出的高运价而毫无讨价还价的余地。

罗斯福决心恢复已经名存实亡的《谢尔曼反托拉斯法》的生命力。《谢尔曼反托拉斯法》制定于1890年,因由参议员约翰·谢尔曼提出而得名,它的正式名称是《保护贸易和商业免受非法限制及垄断法》。这部法律禁止竞争者联合起来控制价格,实行商业抵制和划分市场势力范围。

1902年2月19日,罗斯福的司法部长诺克斯突然宣布,北太平洋和大北方的合并违反了《谢尔曼反托拉斯法》,美国政府将调查并控告北方证券公司。

摩根在他的寓所里听到了这个坏消息,传言在那个晚上,摩根握着杯子的手因愤怒而微微发抖。他匆匆赶往白宫,质问总统:"如果我们有错,你可以派人来和我的人谈,他们肯定能够把事情摆平。你为什么不打招呼就直接提出诉讼,而不事先通知我呢?"西奥多·罗斯福回答说:"我并不是要摆平一件事,而是要制止它。"

谈话不欢而散。摩根决定聘请全国第一流的律师和法律顾问,在法庭上与总统一决高下。1903年4月9日,巡回上诉法院的四位法官一致判决北方证券败诉,下令其停业,判决称"这家证券公司拥有被国会指控为非法的特征,它摧毁了自然竞争者之间相互竞争的所有动机"。他们解释说,北方证券的股票持有者绝不会允许这两条铁路间的竞争。因为任何一条铁路都不会降低运费或者增加服务,来吸引另一条同样也属于自己的铁路的客源,这显然就构成了一种垄断。

北方证券不服,于1903年5月11日向最高法院提出上诉,直到1904年3

月 14 日，这场旷日持久、一波三折的审判终于尘埃落定。3 月 15 日《纽约时报》头版刊登了《联邦最高法院否决兼并》的文章，报道的导语是这样的："华盛顿 3 月 14 日消息——美国联邦最高法院今天就北方证券兼并案作出最后裁决，支持政府的论点，认定铁路公司的兼并是不合法的，因此维持了美国巡回上诉法院的裁决。"

和历史上美国联邦法院众多著名的判例一样，成败往往掌握在最犹豫的那位法官的一念之间。九位法官的投票结果是 5∶4，支持政府一方险胜。法官在的判决书中说："有证据表明北方证券公司对州际贸易产生了限制，因而违法了反托拉斯法。合并的目的在于防止成员公司之间的相互竞争，这种合并的存在，对贸易自由构成威胁。"

而代表少数派的一位法官对这一判决提出的异议是：这个判决干涉了财产所有权属者对其权利的行使，这样的判决将使国会有权控制所有铁路公司，有权废止他们的每一张执照、每一次合并，这种判决将也可能使国会有权对个人的习性、品德和能力加以管理。

《纽约时报》的社论旗帜鲜明地站到了摩根和铁路公司一边，向总统、国会和最高法院叫板："被认为无可争辩、由来已久的权利遭到的限制，促进国家财富增长的企业发展趋势突然被抑制，商业活动被置于混乱之中。而那些认为自己以合法的方式从事合法活动的人们则发现自己正冒着遭到起诉、罚款和监禁的危险——国会带给我们国家的就是这个残酷的、考虑欠周的、苛刻的、具有破坏性的、危险的法令。"

反垄断第一役以政府和国会的胜利而告终。在此后的岁月中，美国政府先后对四十多家公司提起了诉讼，解散了牛肉托拉斯、石油托拉斯、烟草托拉斯、电信托拉斯，西奥多·罗斯福也因此获得了"托拉斯爆破手"的美名。从此，大多数美国人确立起这样一种信念：如同政府的权力会导致腐败一样，工商界的权力也会导致经济上的腐败——垄断。政府有责任限制垄断，以维护自由竞争的市场秩序。

然而,围绕垄断与反垄断的争论到现在也没有停止。美国米塞斯研究所研究员托马斯·伍兹在其不久前出版的著作《另类美国史》中,依然对从 20 世纪初开始持续了数十年的反垄断运动痛心疾首,宣称所谓反垄断是政府为了自身利益而导演的一种荒唐行为,从来没有证据证明垄断导致消费者不得不用更高的价格购买商品,人们看到的是大企业由于其规模效应而提供了越来越便宜的产品,并且只有具有垄断地位的大企业才可能有足够的经费投入到新产品的研发中,从而推动技术进步。

这种观点虽然"另类",但在学界依然有不小的市场。格林斯潘就是其中的一位支持者,他说过这样的话——"把《谢尔曼法案》看作 19 世纪的恐惧与无知的不自主的防卫行为,尚可理解。可是,在如今的商业知识背景中,它就是彻头彻尾的胡闹。这个国家中反垄断法规的整个结构,是经济非理性与无知的大杂烩"。令人惋惜的是,一场金融危机让格老声誉扫地,也就没人好意思把他的话都看作是金科玉律了。

伟大的革命导师列宁在其 1917 年的著作《帝国主义是资本主义的最高阶段》中,把垄断作为资本主义走向帝国主义并最终导致其灭亡的根本原因。我们高中课本里关于帝国主义的论述就来自于这本书。从十几岁开始,每一个喜欢思考的中国人都会被这个问题所困扰:为什么垄断并没有让资本主义走向灭亡? 资本主义为什么反而活得越来越有滋有味,没有如他老人家所预料的那样成为腐朽的、垂死的资本主义? 从后来的历史看,列宁低估了资本主义社会本身反垄断的力量和决心,这也许可以用来回答中学课本带来的这个令人困扰的问题。

在《谢尔曼反垄断法》颁布一百多年后,2007 年 8 月 30 日,《中华人民共和国反垄断法》颁布实施。这部法律在第三条中规定的垄断行为包括:(一)经营者达成垄断协议;(二)经营者滥用市场支配地位;(三)具有或者可能具有排除、限制竞争效果的经营者集中。但在第五条中规定,经营者可以通过公平竞争、自愿联合,依法实施集中,扩大经营规模,提高市场竞争能力。也就是说,中国的反垄断法只反对垄断行为,不反对垄断地位。

在中国特色社会主义指导思想下,一百多年来支持垄断和反对垄断的主张在这里和谐并存。我们既需要公平的市场竞争,也需要有具备垄断特征的大型企业早日具有国际竞争力。有美国一百多年垄断与反垄断的较量在先,后来者可以用更具智慧的办法解决前人很难解决的问题,这也是一种后发优势吧。

《屠场》：美国的胃与良心

　　索尔仁尼琴说过："对一个国家来说，拥有一个讲真话的作家就等于有了另外一个政府。"在美国呢？最配得上这个称号的人是厄普顿·辛克莱。从文学上的声望看，他远比不过斯陀夫人、马克·吐温、杰克·伦敦、海明威这些耳熟能详的伟大作家，但作为"另外一个政府"对社会的干预和改变，没有谁能像辛克莱那样直接。

　　1906 年 5 月 26 日的《纽约时报》这样描述了辛克莱对这个国家的影响："华盛顿 5 月 25 日，参议院今天通过了《贝弗里奇肉类卫生检查法案》，从而在一系列的激进立法中成为又一个令人感到意外的法案。导致它获得通过的直接原因是厄普顿·辛克莱的小说《屠场》中的黑幕揭露。""该修正案规定政府将对美国的每一处牲畜屠宰加工场进行卫生检查。任何加工厂宰杀后的畜体都必须携带表明屠宰日期和时间的标签。所有被发现不宜食用的畜体及畜体的各部分将予以销毁,对违反或规避本法律的行为将处以 10000 美元的罚金和两年监禁。卫生检查费由屠宰场支付。所有被发现以任何方式加以人工着色因而不适于食用的肉类食品也将予以销毁。"这是美国历史上第一部有关食品安全的法案。

在美国,没有多少人读过辛克莱的《屠场》,但很少有人不知道《屠场》以及这部小说对于美国历史的影响。一本小说是怎样因为直接推动了一项法案的通过而名垂青史的呢?

天资聪慧的辛克莱 15 岁就进入了纽约城市大学,此后他的所有收入都来自于写作。他曾经雇了两名秘书,每天写作 8000 字赚取稿费,按现在的说法应该叫作职业写手。24 岁那一年,辛克莱加入了美国社会党,成为一名坚定的社会主义者,写作不再只为养家糊口,而成为他为社会公正而战的武器。

20 世纪初的美国,迎来了经济飞速发展的"镀金年代"。在财富剧增的同时,也带来了巨大的贫富差距、大企业肆无忌惮的垄断、社会的弱肉强食、政府官员的贪污腐败。昔日宁静的新大陆在工业化突飞猛进的喧嚣中已不再是那个诞生了《独立宣言》的美国。

在这样的背景下,"进步主义者"群体应运而生。进步主义者没有明确的纲领,没有成型的组织,也不是由哪个利益群体构成。不同阶层、不同肤色、不同宗教信仰的美国人聚集在社会公正的旗帜下,开始积极地参与政治、改造社会。

美国社会学家爱德华·罗斯在 1907 年发表的《罪恶与社会》一书的观点是进步主义者的理论基础。他认为,社会需要一个"不正当行为"的新定义,因为人们所熟悉的种种个人犯罪行为,比如偷窃和谋杀,都未能关注"社会犯罪"。在他看来,通过贿赂获得利益的人并不比扒手更好,在食物中掺假的人与谋杀犯无异。

在那场轰轰烈烈的"进步运动"中,作家和记者们用他们的揭黑行动诠释了罗斯的主张。西奥多·罗斯福给了他们一个绰号——扒粪者。从 1903 年到 1912 年,一本叫作《麦克鲁尔》的扒粪杂志发表了近 2000 篇揭露性的报道,几乎没有哪个领域能够逃脱黑幕揭发者的注意。他们揭露政客们如何为公司获得不法利益而当上议员;揭露公司的欺骗性交易内幕;揭露血汗工厂在生产中不顾工人死活;揭露皮条客如何招募并卖掉贫苦人家的女儿……辛克莱就是他们中的一员。

1904 年,辛克莱决定写一本揭露工厂残酷剥削和压榨工人的小说。为了搜集素材,他在芝加哥一家大型屠宰场工作了七周。之后,在"泪水和痛苦"中,他用三个月时间完成了纪实小说《屠场》,并开始在一家杂志上连载。

书中的主角是一对来自立陶宛的新婚夫妇——朱吉斯和奥娜。他们满怀憧憬地离开家乡来寻找美国梦,并在肉食加工厂找到了工作。不料灾难接踵而至,先是朱吉斯因工伤失业,接着奥娜被工头奸污,朱吉斯怒打工头而入狱,随后妻子难产死亡,幼小的儿子淹死。美国梦成为悲惨的梦魇。在经历了堕落和迷茫之后,朱吉斯终于觉醒,小说结尾时,他成为了一个社会主义的信仰者。

辛克莱本来是抱着揭露资本主义的黑暗而写这本书的,揭露食品安全问题并不是他的初衷,但美国公众似乎并没有看明白其中的阶级立场,让他们惊愕的是屠宰场的肮脏。《屠场》引起了全美国的轰动,他描绘道:"坏了的猪肉,被搓上苏打粉去除酸臭味;毒死的老鼠被一同铲进香肠搅拌机;洗过手的水被配制成调料;工人们在肉上走来走去,随地吐痰,播下成亿的肺核细菌……"民众从震惊到恐惧再到愤怒,畜牧业陷入一片恐慌,肉类食品的销售量急剧下降了 50%。

由于接到成千上万的公众来信,罗斯福总统决定阅读这部小说,看看里面的描写到底有多么的不堪。据说,当时的情景这样的:他正在白宫边吃早餐边读这本小说,突然总统大叫一声,跳了起来,之后又把吃到嘴里的食物吐了出来,最后还把盘中剩下的一截香肠用力抛到窗外。

作为一家负责任的严肃报纸，《纽约时报》以这样平静的语调阐述了接下来发生的事情："罗斯福总统读了《屠场》之后说，书中揭露的内幕让他大为震惊。他不能相信确有其事，过了好长时间他才相信小说中的描写并非空穴来风。于是，总统请辛克莱来华盛顿讲讲他是如何了解到这些情况的。作为总统的座上客，辛克莱详细讲述了他如何进入工厂以及在屠场中的所见所闻。总统最后意识到他正与之打交道的这个人知道自己在说什么，于是他派劳工委员会委员去芝加哥展开调查，调查的结果是辛克莱并没有夸大他所看到的事实。"

其实，在此之前，几任美国总统都注意过药品和食品的安全问题。但强大的企业势力都成功地用各种理由阻挠了相关法律的通过。辛克莱用他的笔改变了议员们认为政府无权进入企业进行检查的传统观念。法案通过后，罗斯福任命哈维·威利作为农业部化学局局长。这位"好斗的雄狮"亲自制定了药品和食品质量鉴定的实验方案。随后，以威利博士为首，11名学者专家组成了一个专家委员会，这就是著名的FDA——美国食品药品监督管理局的前身。

饶有趣味的是，之后出版的《纽约时报杂志》中还刊载了一篇以屠宰加工企业主口吻写的《屠场》片段。在这篇"软文"中，朱吉斯进入的是一个如同仙境般美好的现代化工厂。"这是一间美丽宽敞的房间。墙上贴着粉红色的墙纸。无数的电灯泡散发着柔和、朦胧的光，梦幻般的音乐从房间的深处飘过来。沿着墙有很多猪圈，毛色光鲜的猪儿们正在打瞌睡或者心满意足地散步。每一个猪圈前都坐着一个消过毒的人，手中拿着一把大扇子，有节奏地扇着风。朱吉斯和他的同伴坐到了一圈椅子上，每个人的前面都安装着一部和X光机相连的望远镜，25架望远镜同时对准地板中央的一个小平台，那上面放着一块刚刚生产出来的火腿，25个人眼睛贴着望远镜，仔细地检测着那块火腿……"怎么样，这样的文风很熟悉吧？

2008年5月，我负责制作一期有关食品安全的节目，在此之前，有关中国出口食品有毒的报道集中爆发，其中就有出口猫粮导致美国猫死亡的案例。在准备节目的时候,我翻阅了《屠场》以及《寂静的春天》和《快餐王国》三部影响了美国人食品安全意识的重要著作,并为之震撼。半年后,中国乳业三聚氰胺事件爆发,数万中国儿童的肾脏里长出了石头。而几个月前,毒死美国猫的罪魁祸首也正是三聚氰胺。这让人欲哭无泪。

那些整天做着光鲜的广告,宣讲着道德和责任的大企业辜负了我们的信任,戕害着人群中最柔弱的小孩和社会中最弱势的家庭。

夜半时分,在博客上我曾写下这样的文字:"利益、无知、失职和事不关己造就了上千个世界上年龄最小的肾结石患者。三聚氰胺是商业道德失范时代的罪证,甚至,是我们所有成年人的良心罪证。"是的,这是我们所有成年人的罪证。

我们当中的不少人,包括我自己,都曾经有在不同程度上阻止这样的悲剧发生的可能性,但我们都失去了探究下去的动机和愿望。

我们的时代没有辛克莱。

现在,位于加州的"厄普顿·辛克莱屋"是一个国家历史纪念馆。美国还设立了厄普顿·辛克莱奖,奖励在教育领域和维护新闻自由方面作出杰出贡献的个人。美国人一直没有忘记他—— 为了社会公正奋斗一生的斗士。

在接受记者采访时,辛克莱曾幽默地表示:"我原来瞄准的是公众的心,不料打中的却是公众的胃。"其实对这个歪打正着的解释已经不重要了,因为人们都知道,击出子弹的是他的良心。这就够了。

索尔仁尼琴还有这样一段名言:一个作家的任务,就是要涉及人类心灵和良心的秘密,涉及生与死之间的冲突的秘密,涉及战胜精神痛苦的秘密,涉及那些全人类适用的规律,这些规律产生于数千年前无法追忆的深处,并且只有当太阳毁灭时才会消亡。

1906 年美国肉制品加工厂的场景

广播的宪法

　　市场能够解决什么？政府能够解决什么？所谓经济体制，其实就是对两者之间界限分寸的掌握。掌握得好，就是成功的体制；掌握得不好，就是失败的体制。

　　人们总是习惯认为，美国是一个真正的自由市场经济的国家。其实，从 20 世纪开始，自由资本主义时代在美国就已经结束了。通过建立监管机构并通过法律监管市场主体，规范其行为，已经成为美国特色的市场经济的重要组成部分。

　　1941 年 5 月 4 日的《纽约时报》头条刊登的文章的导语是这样写的："为阻止在无线电广播行业的垄断而制定的意义深远的法规，今天在联邦通信委员会以 5：2 投票通过。该委员会称这个法规旨在为新连锁公司开辟道路，以通过自由竞争来促进和加强广播网络。"在这篇报道中,这一法案被称作广播行业的"宪法"。

此时此刻,第二次世界大战正在进行,太平洋战争还没有爆发,美国尚未参战,广播是那个时代无可置疑的第一媒体。从大萧条中罗斯福的炉边谈话开始,美国人已经习惯于通过广播把自己和社会以及世界联系在一起。有作家揶揄道:"总统只需要准备一篇炉边的讲话稿,就可以使国会轻易就范。"广播使美国这个以多元性著称的国家的生活习惯、谈话内容标准化了。

在欧洲战火连天的日子里,人们每天守在收音机旁,倾听远在大西洋彼岸的伦敦传来的哥伦比亚广播公司著名记者默罗的声音。每天,默罗用平静的音调,以"这里是伦敦"作为开场白,直播报道伦敦被轰炸的新闻。美国诗人麦克利什用诗句这样评价默罗的广播:"你让伦敦在我们家里燃烧起来,我们感受到了烧毁它的火焰。你把伦敦的死者放在了我们家门口,我们感到那些死难者就是我们自己。"

"无线电广播是一项深刻地改变人们见解和社会行为的新发明。"这话可以用于 20 世纪 30 年代的广播,也可以修改一下用来描述 20 世纪 50 年代的电视,或者 21 世纪的互联网。

此时,一个成立于 1934 年、名叫"联邦通信委员会"的机构公布了这项法案,开始干预美国广播业。起因是一家名为互助广播公司的小广播网控告哥伦比亚广播公司(CBS)和全国广播公司(NBC)两大广播网垄断了美国广播业。联邦电信委员会(FCC)经过调查后认为指控成立。

当然,这个法案不可避免地遭到两家广播公司和保守派的抨击,"这个法规被委员会中的少数派谴责为将导致混乱,而被大广播网公司的发言人斥责为联邦政府对其节目控制权的篡夺。这个法规将迫使全国广播公司通过出售、转让或解散等方式,放弃其经营的网络中的一个,并限制大网络公司与其隶属的地方电视台之间的关系。新的法规会引起全国性的行业调整。一家广播电台说,法规将使广播网变成无计划、无信用的节目出售商。这显然是不能被忍受的。"

《纽约时报》的长篇报道这样写道。

"法规主要包括停止要求电台签订的五年期合同,废除要求独家使用网络节目的合同条款。委员会发现,这些限制和约束使加盟电台没有充分的自由来根据不断变化的当地情况获取特别吸引人的节目,从而削弱了电台为大众服务的能力。"反垄断的措施每一次都不同,但理由却是相似的——垄断剥夺了用户的选择权。新的法案规定,广播网只能和加盟电台签订一年的合同,而且可以使用竞争对手的节目。这样可以保证地方电台可以随时根据自己听众的需求决定投奔哪个阵营,甚至可以互不排斥地同时使用两家竞争对手的节目。

广播业作为一个新兴媒体,用了不到二十年的时间就从不知道如何盈利成长为最赚钱的媒体,并形成了两大广播网垄断的格局。广播网的基本运营模式是拥有几家自营广播电台,同时吸收各地的独立广播电台加盟;自营广播电台拥有强大的节目制作能力,这些广播节目被供应给各独立电台,广播网则从加盟电台的广告收入中获得分成。

由于激烈的寡头竞争,独立电台必须在两大广播网之间"站队"。一旦加盟,就必须签订长达五年以上的合约。

成立于 1927 年的哥伦比亚广播公司最初由 16 家广播电台联合组成。联合并没有想象中的那样获得规模效应,由于经营不善,公司陷入困境。1928 年,威廉·佩利说服父亲,花费 25 万美元购买了 CBS,并对其进行了一系列改革和重组。当时,他们最大的竞争对手——全国广播公司的加盟电台播 NBC 节目时,必须按时付费。佩利后发制人,决定采用全新的经营模式和 NBC 展开竞争——加盟电台可以免费转播 CBS 的节目,而 CBS 则从加盟电台的广告费中抽取份额。凭借商业模式的创新,CBS 一扫颓势,迅速崛起为可以和 NBC 相抗衡的广播网。

比起后来居上的 CBS,NBC 称得上是根正苗红。NBC 成立于 1926 年,由大名鼎鼎的通用电气和西屋电子联合一些广播电台组建。1927 年,NBC 正式确定他们的市场策略,组建了红网和蓝网两个广播网,其中红网主要负责播出娱乐和音乐节目,蓝网主要播出新闻和文化节目。

法案要求 NBC 的红网和蓝网必须分家,这样可以使广播网络由双寡头垄断演变成三家之间的竞争。在不服联邦通信委员会的判决、上诉到美国联邦最高法院并在判决中失利之后,1943 年,NBC 以 800 万美元的价格出售了蓝网,1944 年蓝网变身为"美国广播公司"(ABC),美国广播业的基本格局就此形成。这一格局后来被完整地过渡到电视行业,并保持了将近半个世纪。直到最近十几年,才被 CNN、FOX 等新生力量打破,但依然占据着前三甲的位置。

代表美国政府干预广播业的机构是美国联邦通信委员会(FCC)。直到现在,它依然是和 FDA(美国食品药物管理局)、FED(美国联邦储备局)、FTC(美国联邦贸易委员会)等机构平起平坐、权力巨大的政府机构。最近几年有关这一机构最有名的案例是对谷歌街景地图是否违反联邦法律所进行的调查。

作为一家独立的政府机构,FCC 不受总统领导,直接对美国国会负责。这家于 1934 年成立的联邦机构负责美国州际、国际的通信及相关行业的监管。包括无线电频率的分配和使用,广播、电视、互联网领域的消费者保护及行业竞争与合作的协调,相关法案的执行等工作。其根本职责是让美国的通信系统运行得更畅通,竞争更充分,以确保用户利益的最大化。

联邦通信委员会由 7 名委员组成,委员由总统指定并经国会确认,任期通常为五年。总统指定其中一名委员为委员会主席。委员中属于同一个党派的成员不得超过 3 名,并且委员中不得有人与委员会相关商业机构有任何经济利益关系。

联邦通信委员会因 1934 年的《通信法》而成立,成立后的基本职责就是监督和解释这部法令的执行。人们通常用"三权分立"来描述美国的政治架构。但实际上,作为行政首长的总统并不拥有政府的全部领导权,在政府中,如联邦储备系统、联邦贸易委员会等都是由来自各方的专业人士组成,其决策结果具有强制执行的法律效力。

这些脱离于内阁之外的机构,脱离了党派之争,依据法律而诞生,同时独立执行法律,保证了政策的连贯性和公正性,在美国市场机制的形成过程中发挥了重要的作用。

以联邦通信委员会为例,其产生依据是《1934 年美国通信法》。这项法案中对 FCC 职权的界定,冗长到不厌其烦的程度,从名称到职权范围以及与其他相关政府监管机关之关系、使职权对其他法律之影响等事项进行了详尽的规范。甚至可以说,《通信法》就是用来给 FCC 专门执行的专业法律,而 FCC 又是专门为了执行《通信法》而成立的。通过立法,FCC 被培育成为具有准立法权、准司法权等的"第四极国家权力",是独立性、专业性、权威性十足的超级监管机关。

从电报、电话到广播、电视、互联网,美国的通信传播业一直走在世界前列,引领着产业的发展。这其中,除了美国企业本身的创新活力,美国政府和市场之间也在通过法律确定并不断调整着边界,使产业始终在法律和监管机构的共同规范下成长并生机勃勃。

寡头？罪犯？还是慈善家？

　　一个庞大的企业王国和一个缔造它的企业家，大概有着差不多的开始，但肯定有着千差万别的结局。标准石油公司和洛克菲勒的故事算是 20 世纪最著名的企业和企业家的故事，他们是研究美国的经济史、商业史的两个典型符号。无论你从哪个角度出发，要么你会碰到洛克菲勒远去的背影，要么你会看到标准石油公司曾经的遗迹。

　　洛克菲勒是"美国梦"的一个典型案例。1839 年 7 月 8 日，约翰·洛克菲勒出生于纽约州哈得逊河畔的一个小镇，父亲是一位名声不太好的小商人。洛克菲勒的商业天赋在 6 岁的时候就显现出来：他帮家里干活，然后向父亲索要报酬，拿到钱之后，不是去买零食马上花掉，而是积攒起来。然后，他居然向其他小朋友放贷。这个近乎

"骇人听闻"的故事容易让人相信，成功的商人和成功的科学家一样，都是天
生的。

16岁那年，洛克菲勒终于等到了可以成为一个真正商人的年龄，他离开了
学校，在克利夫兰的街上跑了几个星期，在一家经营粮食的商行当上了伙计。
洛克菲勒用三年时间完成了自己成为一个商人的学徒期，这期间他给老板赚的
钱之多，让老板和他自己都觉得这个小庙已经不再适合这样一位商业奇才容
身。1858年，19岁的洛克菲勒正式创业，他向父亲借了1000美元，与别人合伙
成立了经纪公司，做的还是粮食生意。从1000美元的小商行开始，洛克菲勒最
终成为美国历史上第一个亿万富翁。

在粮食贸易上赚到第一桶金的洛克菲勒用他超人的商业嗅觉嗅到了石油
的味道，1863年，24岁的洛克菲勒在克利夫兰开设了一家炼油厂。在此之前的
1850年8月27日，在美国宾夕法尼亚州塞尼卡石油公司的一位名叫埃德温·
德雷克的员工用蒸汽机驱动的一台钻机钻出了石油，这口被称为德雷克井的油
井被看作是世界石油工业的发端。这口井的标志性意义在于，它开启了石油开
采产业化的时代。

洛克菲勒开启的是炼油产业化的时代。克利夫兰出现了50多家炼油厂，
洛克菲勒决定垄断石油"下游"工业。1870年，洛克菲勒创建了一家资本额为
100万美元的新公司，命名为标准石油公司，那一年，洛克菲勒刚过30岁。新公
司成立的目的似乎就是为了兼并其他企业。洛克菲勒的恶名就是在这一段时
间背上的，他被指控使用各种卑劣的手段胁迫其他公司的老板接受他的并购条
件，有人甚至把这一时期称为"克利夫兰大屠杀"。

仅用了七八年时间，到1878年，标准石油公司就垄断了全美国90％的炼油
业、85％以上的管道运输能力、85％的油品市场和出口及30％左右的原油开采。
通过不断的收购与兼并，洛克菲勒在1882年组建起了美国第一家、也是世界第
一家现代托拉斯企业。在这个托拉斯结构下，洛克菲勒合并了40多家厂商。

无论是左派还是右派，都把标准石油公司的成立看作是垄断资本时代来临的标志。

在洛克菲勒的托拉斯王国不断膨胀的同时，反垄断的声音越来越响。一些人认为，垄断妨碍了其他投资人对市场的参与和竞争，导致了抬高价格、损害消费者利益和垄断集团的超额利润。1890年，美国国会通过《谢尔曼反托拉斯法》，一些州开始把矛头指向这个石油巨头。1891年，洛克菲勒被迫把总部从俄亥俄州搬到了新泽西州。但在联邦政府层面，反垄断法并没有得到真正的施行，在麦金利总统任职期间，大企业得到了充分的支持和发展，直到1901年，西奥多·罗斯福成为美国总统。在1904年肢解了北方铁路公司之后，标准石油公司的垄断也开始被调查。

在经历了六年旷日持久的诉讼过程之后，1911年5月15日，美国最高法院对标准石油公司垄断案做了了断。《纽约时报》1911年5月16日的头版使用的标题是"标准石油公司必须在六个月内解体"。比起这个中规中矩的标题，这篇文章的副标题却非常值得玩味："只有不合理的贸易遏制才被禁止"。这实在是一个令人费解的副标题。

"裁决宣布时，小小审判室里的人群表现出各种各样的感情。司法部长威克莎姆欢呼这是政府的胜利，拉福利特等进步党参议院表示对裁决效果的怀疑，而凯尼恩参议员称这是一个危险的裁决。但在与本案无关的律师们中间，却盛行着这样的观点——裁决明显对大公司有利"。《纽约时报》的报道，用这样的句子描写了当时社会各界对判决的态度。

之所以有律师们认为裁决结果对大公司有利，是因为在此之前，大公司及利益相关者担心，对标准石油公司的裁决可能成为一个可效仿的案例，下一步政府将把手伸向所有具有垄断地位的大公司，如果那样的话，这将成为一种灾难。最后裁决的结果，虽然标准石油公司被分拆成37个公司，但判决书中特别强调，垄断规模本身并不构成拆分公司的充分条件，利用垄断地位控制价格才构成垄断。

《纽约时报》的报道继续指出："他们认为这是指出了一条可以使国内大公司继续生存下去的途径。他们满意地回忆起塔夫脱总统曾经特别说明，不是纯粹的规模大小而使一个公司或联合体遭法律禁止，也不是他的经营广度或范围或资本额，而是它是否做了两件事——控制价格和控制产量。"标准石油公司虽然被肢解，但悬而未决的"另一只鞋子"总算落地了——大公司可以继续他们的扩张，只要守规矩。

一百多年过去了，被肢解成众多小公司的标准石油公司的血脉现在依然在世界最著名石油公司的系统中流淌。印第安纳标准石油改名为阿莫科石油（Amoco），现为英国石油—阿莫科公司的一部分；新约标准石油改名为美孚石油（Mobil），纽泽西标准石油改名为艾克森石油（Exxon），现在分别是艾克森美孚公司的一部分。加利福尼亚标准石油改名为雪佛龙石油（Chevron），现在是雪佛龙公司的一部分。经历了一百多年的分分合合，当年 30 多家标准石油的分支公司，现在又回到了几家巨头的名下。石油行业依然是世界垄断程度最高的行业之一。

而对一百多年前的这次判例，到目前仍然是众说纷纭，不同政治派别对这次判决的正当性和效果的评价完全不同。

洛克菲勒的孙子戴维·洛克菲勒在他回忆祖父光辉业绩的著作《洛克菲洛回忆录》中，用愤懑的行文为其祖父"平反"。戴维是哈佛大学经济学博士，著名自由主义经济学家哈耶克的学生。戴维对于有人称呼祖父是"他那个年代最大的罪犯"耿耿于怀。戴维说："所谓标准石油公司欺骗寡妇鳏夫遗产、爆炸竞争对手的炼油厂、不择手段毁灭竞争对手等指控都是绝对的无中生有。事情的真相是，标准石油公司在交易当中，比许多竞争对手更受人敬重。向与其竞争的炼油厂提供的报价不仅真诚，而且慷慨大方"，"竞争对手常常仅仅为了有机会被再次收购而重新入市开张。祖父的合伙人们对这种持续的'讹诈'叫苦不送"。其他一些学者也指出,标准石油的垄断并没有造成价格上涨,反倒是因为产量的增加和成本的降低使煤油的价格降低了。

戴维提出的实际上是一个经济学上常年揪扯不清的问题,这个问题一直延续到现在:大企业的规模效应带来的生产率的提高、成本的下降、大规模的科研投入和有可能带来的垄断行为对经济带来的影响孰轻孰重?如果当年洛克菲勒的标准石油垄断美国石油产业应该被肢解,那么一百年后比尔·盖茨的微软是否也应该被肢解?显然,消费者和政府都没有这样的热情。

标准石油公司被肢解有一个现在已经不存在的社会背景,那就是 20 世纪初美国风起云涌的进步主义运动。在这场民众对大企业和黑恶势力反击的社会运动中,一位名叫艾达·塔贝尔的女记者,向洛克菲勒发起了挑战。童年时代的塔贝尔在油田度过,经历了其父亲的企业被洛克菲勒强行兼并的痛楚。她在杂志上连载的长达 800 页的调查报告将洛克菲勒描述成一个嗜血、冷酷的石油寡头,并为标准石油最终被判解体提供了强大的民意支持。一本名叫《打败洛克菲勒》的书记录了那段历史,这本书同时也将塔贝尔的调查报告评价为新闻记者影响社会进程的经典案例。

再回到洛克菲勒,这位传奇富翁的后半生和他的前半生同样充满着传奇色彩。实际上,塔贝尔和法官们为之奋斗多年肢解掉的标准石油公司早已经是没有洛克菲勒的标准石油了。早在 1896 年,洛克菲勒就"金盆洗手"光荣退休。标准石油被判解体让洛克菲勒收回了大量股份,他用这些钱成立了自己的基金会,全力投入慈善事业。以他名字命名的基金会培养了 12 个诺贝尔医学奖获得者。他对全球医疗事业作出的贡献比他在石油产业的影响更加久远和广泛,著名的北京协和医学院就是洛克菲勒基金会捐助的。

1937 年 5 月 23 日,98 岁的洛克菲勒在他的别墅里去世。他投身慈善事业 41 年,巧合的是,他的从商时间也是 41 年。又过了几十年,又一位世界首富以洛克菲勒为榜样,在达到事业顶峰的壮年急流勇退,专心投入慈善事业,这个人叫作比尔·盖茨。

两位距离百年的世界首富走出了相似的人生轨迹——前半生挣世界上最多的钱,后半生花世界上最多的钱。这应该是企业家们最终赢得社会尊敬的最佳路径吧。

美国人的税是如何收上来的？

身为美国总统，如果他只能用一句话来表达他的政治主张，那么这句话的内容一定是——怎么向美国人征税。

2008年的美国总统选举，民主党候选人奥巴马和共和党候选人麦凯恩的政治对决是在一个名叫乔的水暖工身上发生的。奥巴马到社区拜票，水暖工乔挤了上来，向他提出了这样一个棘手的问题：我正打算盘下老板的水暖公司，自己做老板，实现我的美国梦，但你却主张要向高收入者增税，你说我的老板梦还要做吗？奥巴马用一套税收如何改善大众的福利最终又如何让所有人受益的大道理回答了乔的提问。之后，支持率一直落后的麦凯恩似乎找到了奥巴马的死穴，他想用乔的提问唤醒美国人内心深处对税收的厌恶和恐惧。但最终，美国人用选票表达了他们的态度——尽管他们从来不认为税收是个好东西,但富人真的应该为国家多作些贡献。

当年,正是因为厌恶税收,美国人决定和英国人"分家"。1763年,英国人终于赢得了他们和法国长达七年的战争,但战争却带来了国库高达1.3亿英镑的亏空。从哪儿弄这笔钱呢?英国人把目光投向了越来越富裕的新大陆。英国先后颁布了《糖税法》和《印花税法》,向北美殖民地征收糖税和印花税。1765年10月,殖民地代表会议在纽约通过了《殖民地人民权利及其不满的宣言》,反对英国向殖民地征税,从此开始了独立战争。1773年英国议会通过《茶叶法案》,取消了英格兰的茶叶进口税,但保留了北美殖民地的此项税收。北美爱国者被再次激怒,他们偷偷潜入波士顿港,将停靠在码头上东印度公司轮船上的342箱茶叶倒进了大海。这就是著名的波士顿倾茶事件。这一事件引发了英国的报复,1775年,北美殖民地和英国之间开战。1776年,美国独立。

1781年,独立后的美国颁布了美国宪法,宪法第一条就与税收有关。《宪法》第一条第八款规定:"国会有权课征直接税、关税、输入税和货物税",目的是"以偿付国债,提供合众国的共同防务和公共福利"。美国宪政因抗税而开始,美国因抗税而独立。

此后,直到美国南北战争,美国联邦政府的实际财政来源只有一个,就是关税,也就是只有外国的商品进入美国才需缴税。

在汉字中,"税"字,由"禾"和"兑"两个偏旁构成,"税"的意思就是要把田里的一部分收成缴纳给统治者。在两千多年的中国封建历史上,向统治者缴纳"皇粮国税"是每一个人天经地义的义务。而在获得独立的美国人那里,"税"和普通人无关,百姓没有供养政府的义务。

1862年,在南北战争打响的第二年,美国人第一次听说了"所得税"。又是因为战争!为了支持战争开销,林肯决定向年收入达到600美元的富裕家庭征收所得税。当时的所得税税率是:收入从600美元到10000美元者3%,10000

美元以上者 5%，最高 10% 封顶。战争结束后，当时的美国首富威廉·阿斯特向最高法院起诉联邦政府，认为所得税违宪。1872 年，执行了十年的所得税征收被废止。

从美国独立到 20 世纪初叶，美国一直依靠关税养活联邦政府。客观上，这种税收政策既使美国企业和富人无税一身轻，获得了快速发展的条件；也给欧美工业品进入美国设置了贸易保护壁垒。可以说，从建国开始，贸易保护主义就是美国的基本国策。但高关税在保护了美国工业和垄断企业的同时，却让普通百姓承担了高关税带来的高物价，百姓要用比欧洲人高得多的价格来购买来自欧洲的工业品，而企业和富人们却从中不断得到好处。

从 19 世纪末开始，一场长达三十年的"进步主义"运动在美国风起云涌，要求向富人开征所得税并降低关税的呼声越来越高。但这种努力遭到保守势力的顽强抵抗，他们祭出美国宪法，并鼓吹向企业和富人征收所得税是受共产主义思想的影响，万万要不得。

争论一直持续到 1913 年。1912 年，民主党人伍德罗·威尔逊当选美国总统。作为美国历史上学历最高的总统，曾经担任过普林斯顿大学校长的哲学博士伍德罗·威尔逊最终促成了关税的降低和所得税在美国的确立。税收改革和联邦储备系统的建立是这位高学历总统所宣扬的"新自由主义"最重要的组成部分。

1913 年 10 月 4 日的《纽约时报》用细腻的笔触报道了威尔逊签署新关税法的细节："总统的签字被有意地推迟到晚上 9 点。他向聚集在一起的旁观人群解释说，之所以把签字放在晚上，是因为听从了司法部长的忠告。部长说，最好在全国的海关都关闭之后再签署法案，以免法案生效后对海关造成混乱，现在连西海岸的旧金山海关也下班了，全国的交易应当都结束了。然后总统在他的办公桌前坐下，从两支他专为此事购买的金笔中拿起一支，写下了他的名字和日期。"报道中的细节描写，足以显示出这个法案对于美国人的重要性。

按照新的关税法案,所有进口商品的平均税率从 37％降到了 27％。估计这将使联邦政府每年减少 5000 万美元以上的收入。这个亏空怎么补上呢？10月 31 日,威尔逊签署了另外一项法案——《所得税法》。《纽约时报》1913 年 11月 1 日的报道写道:"规定要求,该税款额将由企业人员从其支付的工资及其他收入中扣除。"法案规定,年收入超过 3000 美元者缴纳所得税,税率在 1％至7％之间。

非常有意思的一个插曲是,在当初的美国,所得税法一颁布,人们首先想到的竟然是演艺界人士。《纽约时报》为所得税法案通过配发的社论中就有这样的论调:"所得税法案使我们高兴地确认,将来我们会较少地听到有关演员们的巨额薪金。有关条例中说演员也必须在其收入来源中扣除所得税。现在,演员们对他们的收入将不会像以前那么炫耀了。这个事实证明,即使是所得税,也有光明的一面。"这个评论透露出的思维逻辑有些黑色幽默的味道,显然评论员对于所得税这个怪物的出现还是心存怀疑,但因为能够打击那些他认为不配获得高收入的群体(比如演员)的得瑟行为,那就忍了吧。这不禁让我想起了当年因为偷税而险些入狱的歌手毛阿敏。原来远隔一个太平洋的距离和八十多年的时空,中美两国人民的心是相通的,他们都认为应当对靠张张嘴、演演戏获得的高收入课以重税。

至此,所得税在美国终于获得了名正言顺的地位。

用来说服最高法院修改宪法,承认所得税合理性的理由是:人们从属于自己的财产中拿出一部分来缴纳个人所得税最能引起纳税人的"税痛",最能增强其公民意识,这将使纳税人对税率提高都会极为敏感,并对政府如何使用税收的问题更加关切,因而也只有以个人所得税为主的税制结构,对宪政民主的转型具有特殊的意义,有助于在私人财产权和国家税收之间构建起宪政性质的联系。个人所得税会加强人们对政府的监督,防止政府对税收的挥霍,这个推论获得了美国人的认可,个人所得税的缴纳和使用成为美国式民主最重要的一部分。

为了让美国人了解税收和民主制度之间的重要关联,美国中学在八年级的历史教学计划中,安排了税收在美国历史上的重要地位和历史沿革的内容。在高中教学计划中,安排了内容来解释怎样填写简单的纳税申报表,阐述美国税制与政治、经济制度变迁的关系。在历史学、经济学、社会学、政治学、公民学和商务教育等课程中都设有关于税收的知识。

在此后的历史上,税收政策也成为美国政治和经济发展的晴雨表。基本规律是,共和党上台通常会推行减税政策以刺激经济,民主党上台通常会加大对富人的征税额度以加强社会福利。在税收政策左右的摇摆之间实现经济和社会的平衡,里根减税、克林顿增税、小布什减税、奥巴马增税,如此反复。

在所得税刚刚获得合法地位的时候,主要是向富人征收。经过近百年的演变,中产阶级成为纳税的主角,而富人则可以通过各种避税手段免除他们应当缴纳的税收。这成为中产阶级的心病。同样在中国,当年为调节贫富差距而开始征收个人所得税,起征点定为 800 元人民币,一年下来,主征人群正好是"万元户"的收入人群;演变到现在,较低的个税起征点使现在普通工薪族变为税收主体,而很难从真正的富人身上征到足额的税。

这样看来,不管是哪种政体,政府只愿意征收容易征收的税,至于当时征税的理由,很容易在花钱的爽快之中忘掉。

纽交所为什么闭市？

是谁导致了纽约证券交易所最长时间的闭市？答案是：一位名叫普林西普的塞尔维亚青年。1914 年 6 月 28 日上午，19 岁的普林西普在萨拉热窝刺杀了奥匈帝国王储费迪南大公。整整一个月后，7 月 28 日，奥匈帝国向塞尔维亚宣战；第一次世界大战一触即发。第二天，纽交所宣布关闭。

纽交所的判断是对的，战争正在不断升级。8 月 1 日，德国向俄国宣战，3 日，向法国宣战；8 月 6 日，奥匈帝国向俄国宣战，塞尔维亚对德国宣战；8 月 12 日，英国向奥匈帝国宣战。第一次世界大战席卷欧洲。

从 7 月 31 日到 12 月 15 日，纽交所关闭了近半年。在关闭之前，纽交所是仅次于伦敦证券交易所的全球第二大交易所；重新开放之后，纽交所已经无可争辩地成为全球第一大交易所。

　　除了德国皇帝威廉二世以及极少数几个大国的首脑，没有人相信世界大战会真的打起来。最权威的理论来自经济学家、诺贝尔和平奖获得者诺曼·安吉尔的畅销书《大幻灭》(*The Great Illusion*)，他认为一场战争将不可避免地导致国际信用体系的瓦解，而这是所有国家不愿看到也无法承受的。这种逻辑推理现在也依然有人相信——因为核大国都掌握着导致对方国家毁灭的核武器，所以核战争永远也打不起来。

　　另外一位经济学家在战争即将爆发之前的 1914 年夏天依然在《纽约时报》上撰文："一场会招致全体工商业一致反对的战争永远不会发生，因为现在战争必须要从商业界的钱柜里获取原动力。"这种书生式的论调现在看起来如此幼稚，但在当时的美国却被绝大多数人所认同。

　　那么万一战争爆发，将对美国产生什么样的影响呢？主流的观点是参战的欧洲国家将变现所有在美国的投资用来购买军火，这将是美国经济的灾难。这也就是美国人不愿意相信欧洲的战争会真的打起来的原因——城门失火，殃及池鱼。到 7 月 27 日，一个新的星期一，美国人开始相信战争是不可避免的了。如大家所料，华尔街股票开始放量下跌，黄金价格一路上涨。第二天股票继续大幅下跌，通用汽车的股价从 58 美元跌到 39 美元，连最大的钢板生产商伯利恒钢铁公司的股票也跌了 14％，钢板可是制造军舰的最重要材料——没人能够看到这里面蕴含的巨大商机。

　　7 月 31 日，历史上从来没有关闭过的伦敦证交所宣布关闭。在此之前，柏林等证交所已经关闭，如果纽交所坚持交易，它将成为世界上唯一开市的交易所。可以想象，届时所有的卖盘将集中到这里。那将导致灾难性的后果。

　　"到证券交易所现任主席诺布尔登上他那座小阳台等待钟声敲响的时候，主管委员会 37 名成员已经聚集到总裁的办公室，大家坚持要求投票表决，离开市的时间还差十分钟，诺布尔让委员们来到会议室。片刻之后，他们几乎一致同意关闭证交所。"1914年8月1日的《纽约时报》绘声绘色地描述了关闭纽交所的决定是怎样作出的。

还有一个细节是,投票完毕,诺布尔先生走过大街,来到不远处的摩根银行,征求当时的当家人小摩根的意见——此时老摩根刚刚去世一年,但余威仍通过他的后人传承。小摩根在和财政部长商量之后,"批准"了闭市的决定。

在引述这段文字的时候,我不由得为中国的财经记者叫屈,截至现在,还没有一条新闻能够报道我们那些影响股市的决议到底是怎样作出的。这是题外话。

第一次世界大战结束之后,曾经有一种说法相当流行:说是美国的军火商人和华尔街暗中发动了战争,他们的目的是通过兜售军火和为战争融资而从中牟利。从阴谋论的一般逻辑上看,这些推论完全站得住脚,的确,他们是战争最直接的受益者。在宋鸿兵先生编著的《货币战争》一书中,战争发动者的"桂冠"被直接授予了成立不久的美联储。有关这一章的标题是"没有美联储,就没有第一次世界大战"。书中写道:"1913年年底,《美联储法案》通过,爆发世界级别战争的条件已经成熟。1914年12月16日,摩根的左右手戴维森来到英国,与英国首相商谈向英国提供贷款。最终的贷款总额是30亿,摩根赚取了3000万美元。"需要指出这段话里面的一个错误是,老摩根当时已经不在人世,除非是作者笔误漏掉了"小"字。

除了推理,书中没有提供任何证据证明美联储到底是怎么发动了第一次世界大战的。这也是这本曾经被高层领导推荐给金融界人士用来当教材的著作令人嗤之以鼻的一个明显漏洞。如果真的是银行家们发动了这场战争,那么伯利恒钢铁公司的股票还会下跌吗?

有关银行和大企业的阴谋论持续不断的重要原因是:商人们和普通百姓都过高地估计了经济力量对时局的影响。第一次世界大战以及后来的无数场战争反复地证明:政治家而非企业家才是决定这个世界运转的核心元素。

　　1914 年整个 8 月，人们都在担心美国经济将随着战争的发展而崩溃。一个月过去了，开始有人重新审视这场战争对美国经济带来的影响。当时的全美制造业协会主席第一个进行了大胆的预测：战争结束时，美国将成为第一强国，纽约将成为全球金融之都。他说对了。

　　和欧洲战场惨烈的战争消息同时来到的是对美国人来说的好消息：黄金外流终止，甚至开始流回美国，粮食出口大幅回升，和战争相关的大量工业品订单源源不断地流入。

　　这种未曾预料到的结局实在是太爽了，以至于一向标榜理性的《纽约时报》也抑制不住心头的狂喜，在 1914 年 11 月 20 日发表标题为《明朗起来的金融气候》的社论。社论这样写道："令人感到惊奇的不是形势如此糟糕，而是形势非常好，而且肯定会更好，形势已经证明我们摆脱了困境。与世界上其他国家相比，与我们的过去相比，这更为鼓舞人心。和平、富足和普遍的希望精神是我们最值得羡慕的财产，损失可以通过一张纸算出来，但我们将会看到这些损失已经被新的节俭和勤奋所弥补，我们知道只有适当的节制才能获得精神和财产的双丰收。"

　　在欧洲战场上生灵涂炭的同时，美国人不但大发战争财，而且还毫不掩饰地兴高采烈，仅仅表现出来的一点羞怯也是在告诫国人，不能在钱这么容易挣的时候忘记咱们节俭勤奋的老传统啊！

　　一切已经明朗，天佑美国，第一次世界大战已经毫无疑义地成为美国崛起的动力。1914 年 12 月 15 日，纽交所在欢天喜地中重新开张，华尔街迎来了有史以来最大的一次牛市。通用汽车的股票在几天内回升到 81.5 美元，一年以后涨到了 500 美元，而制造钢板的伯利恒钢铁公司的股价翻了十倍。

　　在战争的最后阶段，一直隔岸观火的美国宣布参战，参战仅仅半年之后，战争戏剧性地突然结束。俄国爆发十月革命，德国战败，奥匈帝国解体，英法虽然成为战胜国但元气大伤。美国成为唯一真正的赢家。仅仅付出 6 万人员伤亡的代价，美国就取得了"大哥"的政治地位，建立了完备的工业体系，同时手上还攥着 100 亿美元欧洲国家的债券。战争开始时，美国是最大的债务国；仅仅四年后，美国成为世界上最大的债权国。

战争结束一个多月后，1919 年的新年来了。《纽约时报》满怀欣喜地发表了它的新年献词："新年伊始，美国人民有理由来回顾 1918 年对国内财力物力的考验和取得的满意结果。回顾过去，我们看到的卓越事实就是世界大战协约国的胜利和美国在其中扮演的重要角色，以及与整个艰苦的战场和战场上的英雄事迹交织在一起的工业与政府以及政府与个人之间紧密的合作，国家意识可以使个人利益服从全局利益，而且毫无私心。"这篇水准极高的新年献词表现出的是一个抓住机遇完成崛起大业的国家国民的普遍心态——每个人参与其中，并分享成果。

研究美国百年来的历史，我总是带着寻求借鉴的心态。两次世界大战给美国带来的机遇，是中国人不可能效仿的。如果现在再发生世界范围的常规战争，当下的中国正好可以代替美国当年扮演的角色——庞大的制造业基础、丰富的人力资源、节俭而勤劳的人民、渴望崛起的心气儿。但那是一种不可能、我们也不愿意发生的假设。历史的发展永远是必然和偶然交织的结果。世界给中国的崛起机会，无疑是更小的偶然性和更多的必然性。当明显的机遇不再有的时候，就要更能抓住潜在的机遇，比如，对于过去三十多年中国改革开放成果的总结反思与再出发。

美国铁路的兴衰

在中国,铁路被称为计划经济的最后一个堡垒,迄今为止,铁道部虽已被撤销,但新成立的中国铁路总公司依然是中国唯一的全国性铁路运营系统。

是否肢解这个巨型垄断机构的争论已经持续了二十多年,支持者或反对者都可以从美国铁路的现状和历史中找到自己想要的论据。支持分拆的人可以引用这样的事实:美国曾经拥有超过 6000 家铁路公司,现在虽然经过一百多年的兼并重组,依然存在着六大铁路网和数百家小型铁路公司。反对分拆的人可以引用另外一个事实予以回击:在尚存 40 万千米铁路的美国现在只有一家全国性的铁路客运公司——美国国家铁路客运公司。

如今,虽然有关自四十年前成立以来就没有盈利过的美国国家铁路客运公司是否应该彻底私有化,任其自生自灭的争论还在持续。但铁路早已远离了大多数人的日常生活,也远离了掌控美国经济命脉的华尔街,不再成为舆论关注的焦点——尽管美国依然拥有占全世界 35％里程的铁路。

20 世纪 50 年代是美国铁路步入夕阳产业的分水岭。1954 年 6 月,一场铁路公司控制权的争夺由于演变成通过报纸广告和电视直播而争取股东的竞选活动,成为当时全民关注的热点。争夺的对象是美国中央铁路公司。

这家总部位于纽约市的铁路公司所拥有的纽约中央火车站现在依然是纽约最主要的地标和交通枢纽。公司的铁路路网主要集中在美国东北部,遍布纽约州、宾夕法尼亚州、俄亥俄州、密歇根州、马萨诸塞州和新英格兰大部分地区,以及加拿大安大略省与魁北克省。1968 年,纽约中央铁路与其从前的竞争对手宾夕法尼亚铁路合并,成立了宾州中央铁路。后来又几经破产、重组,现在是美国最大的铁路网,并恢复了纽约中央铁路公司的名字。

这场控股权之争中的一方是以公司总裁威廉·怀特为首的原经理人团队,另一方是持股的金融控股集团的董事会主席罗伯特·杨。曾经经营过铁路的杨雄心勃勃,他相信,中央铁路公司的颓势源于经营者经营无方,而不是来自公路和航空的挤压,铁路的好日子还长着呢。

由于持股股东高度分散,谁能赢得更多小股东的支持,谁就能获得公司的实际控制权。这种争夺公司领导权的白刃战,国人在 2010 年国美电器的股东大会上第一次目睹,以陈晓为首的公司经理人团队和身陷囹圄的第一大股东黄光裕及其家族之间隔空对话,呼吁小股东把票都给自己。

在 20 世纪 50 年代的美国,这也是个新鲜事。在此之前,大公司的控制权大多通过资本市场或者在谈判桌上解决,闹到电视台搞竞选般的直播还是第一次。在投票前的周日,杨和怀特同时出现在全国广播公司的电视栏目中,向数万股民陈述要把公司交给自己经营的理由。

《纽约时报》1954 年 6 月 12 日的报道公布了最后的投票结果:"罗伯特·杨

已经赢得了纽约中央铁路公司的控制权。昨天,无论是中央铁路公司还是杨的发言人都不愿正式对此表示证实或否认,但在非正式的场合,他们承认这是事实。从投票委托书之争一开始,杨就对胜利充满信心。随着事态的发展,他的信心越来越足。投票开始之前他就提醒即将成立的新董事会按时来纽约召开第一次董事会。"

但外界并不像杨本人那么看好这家铁路公司的未来,《纽约时报》同一版面上的评论使用了这样的标题"投票委托书赢家得到了大铁路、大烦恼",这显然不像是一个庆贺的标题,文章说:"中央铁路一直被称为一流的铁路公司,然而,从盈利上讲,它的客运已经成为负担。多年来除了第二次世界大战期间承担繁忙的部队调遣之外,这个铁路公司的客运一直是亏本的。战后,由于劳工工资的上涨和客运数量急剧下降,这种负担变得越来越重。"

为了赢得股东的投票,杨向股东承诺了高达 2 美元的红利。一年以后,他甚至相信有朝一日中央铁路的红利将达到 8 美元。"除非这个国家发了疯,把他的货运系统全部交给公路和航空运输。"杨向媒体说。但事与愿违,这个国家真的"疯了",亏损没有扭转,当年年底,杨被迫卖掉他的大部分股票以支付债务。1958 年 1 月 20 日,董事会在杨的寓所开会决定停止分红。五天以后,杨在他的寓所内用一杆猎枪结束了自己的生命。

与此同时,随着高速公路网的建立、汽车的全面普及以及航空业的快速发展,其他铁路公司的客运业务也大幅萎缩,客运线路陆陆续续开始停运。到了20 世纪 60 年代末,美国的私营铁路客运体系已经难以为继。无奈之下,当时的美国总统尼克松通过议会制定了《铁路客运服务法案》,在 1971 年创立了美国国家铁路客运公司,接管了整个铁路公司的客运业务,统一运营全国的铁路客运。

新成立的美铁公司是一家极为特殊的企业。其最高决策机构是公司董事会,董事会其中一名成员是运输部部长。董事会成员由总统任命,联邦参议院确认；总裁由总统提名，参议院任命。迄今为止，这家公司每年都在接受政府的财政补贴。

回首一百多年美国的铁路兴衰史，对于思考如何建设和经营铁路这一特殊商品多有裨益。

毫不夸张地说，铁路拉动了美国经济的起飞，也连接了美国人民的国家认同感。当美国牛仔不断西进，在领土上实现了横跨大西洋和太平洋的巨大版图之后，遥远的路途阻碍着经济的统一，建设一条横贯美国东西的铁路大动脉是解决这一问题的唯一途径。

1862 年，国会在林肯总统的支持下通过了针对铁路的修筑法案——《太平洋铁路法案》，提出政府将以发行国债的方式为建设铁路提供资金。工程最终承包给两个公司——中央太平洋铁路公司和联合太平洋公司。前者负责铁路的西段建设，后者负责东段的修筑。

1863 年 1 月 8 日，中央太平洋铁路在加州首府萨克拉门托两条街道的相交处破土动工。1869 年，中央太平洋铁路完工，从纽约到旧金山六个月的里程缩短到七天。

随后，美国铁路建设进入发展高潮。从 1869 年到 1929 年的六十年时间里，美国铁路从 4 万千米增长到 70 万千米，美国成为一个被铁路网格覆盖的国家。反观和美国国土面积差不多的中国，在经历了将近一百四十年的发展和最近几年被称作"大跃进"的飞跃发展之后，终于达到了 10 万千米——这个数字相当于美国 1870 年时的铁路里程。

美国铁路的迅猛发展，绝不仅仅是私人资本自由流动和市场自由竞争的结果。政府的巨额投入和政策支持才是其飞速发展的真正推动力。在当时的经济发展水平下，巨额投资和预期收入的不确定性不可能吸引私人投资者，政府必须责无旁贷地承担起铁路投资主体的重任。1850—1873 年，联邦政府对铁路的资助额大约为铁路投资的 30%，政府投资通过债券、无偿赠予土地等手段成为撬动民间投资的杠杆。

《太平洋铁路法案》规定:铁路公司每铺设一英里路轨可得政府贷款 1.6 万美元,在丘陵地带为 3.2 万美元,高山地区为 4.8 万美元。土地赠予是联邦政府铁路投资中最重要的方式。1850—1871 年,联邦政府给各铁路公司的土地授予总计达 17500 万英亩。各铁路公司都依靠土地收入作为修路的主要资金,1856 年建成的伊利诺伊中央铁路,5/6 的费用靠出售国有土地来支付。铁路公司将国有土地作抵押,发行债券或股票,向私人借贷资金或向政府贷款。美国经济学家吉尔伯特说过:"几乎可以说,如果没有政府的援助,连第一条铁路也修不成。"

当然,政府的指挥棒也导致了铁路公司为了获取更多贷款和土地故意延长铁路里程,搞重复建设,产生了巨大的浪费,这也是导致后来美国大规模拆除铁路的原因之一。

通过资金、土地投入和政策支持引导私人资本进入,在政府的统一规划下,美国建立起了标准统一的大铁路网。美国的铁路建设和运营可以为中国提供多方面经验,具有重要的借鉴意义。

2010 年 4 月 12 日的《纽约时报》中有一篇关于铁路的文章,使用了这样一个标题——"中国大建铁路催生下一个经济繁荣"。文章说:"中国正掀起铁路建设热潮……铁路将使人员和货物移动更容易,从而逐渐改变该国内陆地区的经济重心,加速中西部地区的发展。这类似于 19 世纪美国的铁路建设经历……中国的货运和客运铁路是世界上最繁忙的铁路系统。但从该国的规模和 13 亿人口的需求来看,中国铁路系统可谓杯水车薪。"

1869 年 5 月 10 日，横贯美洲大陆铁路在犹他州的普罗蒙特里对接成功

铁路：垄断与竞争之间

1970 年,刚刚合并不到两年的宾州中央铁路公司走到了破产边缘。

"昨天,国内最大的铁路运行系统告知联邦法官,他们无法偿还债款,依照《破产法》的规定,公司申请重组已被批准。"1970 年 6 月 22 日,《纽约时报》登出了美国铁路要出大事的消息。

两年前,一直作为死对头的美国最大的两家铁路公司——宾夕法尼亚铁路公司与纽约中央铁路公司在政府的撮合下宣布合并。美国人把这一合并当作美国铁路重新焕发青春的好兆头。

"宾州中央公司的股票在 1968 年的时候曾经高达每股 86 美元,但在上周五却以 11.25 美元收盘。铁路公司的管理人员一直把长期存在的金融问题归咎于不能盈利的客运业务,而公司的货运利润不足以弥补持续增长的客运业务。"《纽约时报》报道了公司员工对公司无法盈利的看法。但局外人更普遍的看法是,合并后的两个公司的领导班子并没有实现真正的融合,合并并没有解决美国铁路运营落后、缺乏竞争力的状况。

宾夕法尼亚铁路是美国最早的铁路网,总部位于费城。从 19 世纪中叶开始,宾州铁路公司不断发展,先后合并了大大小小总共 800 家铁路公司,一度成为全世界最大的上市公司,年度预算比美国政府还大,在长达一百年的时间里,宾州铁路公司每年都给股东分红。

纽约中央铁路总部位于纽约市。其路网主要集中于美国东北部的新英格兰大部分地区以及加拿大东部,是仅次于宾夕法尼亚铁路公司的美国大铁路公司。位于纽约市曼哈顿的大中央车站,为纽约中央铁路所拥有,现在成了纽约的著名旅游景点。这座 1913 年正式启用的老车站已经存在了一百年,现在依旧熙熙攘攘。1983 年,纽约大中央车站被列入美国国家历史文物保护名册。

进入 20 世纪 60 年代,高速公路网的建成和航空业的发展对铁路形成了巨大的冲击。宾夕法尼亚铁路公司和纽约中央铁路公司都陷入了步履维艰的地步。1968 年,联邦政府主持了纽约中央铁路与宾夕法尼亚铁路的合并,成立了宾州中央铁路。然而,好景不长,弱弱联合并没有让两家铁路公司走出困境。因为一笔债务到期,公司试图以 11.5% 的利率发行 1 亿美元债券遭到失败,公司走到了破产的边缘。之后只好请求政府为其 2 亿美元的贷款计划提供担保。

"尽管公司在星期日急于寻求法院保护,不过宾州中央公司董事会称不会波及公司的客运和货运。尼克松政府决定不再为宾州中央公司和它的铁路分公司宾州中央运输公司高达 2 亿美元的贷款提供担保。此项决定宣布两天后,公司按照《联邦破产法》的第 77 款提出破产申请。"

此前,根据 1950 年颁布的《国防生产法》,宾州中央铁路公司的高层和联邦政府官员之间进行协商,国防部本来已经同意为其高达 2 亿的银行贷款作担保,但两天后国防部宣布改变态度,决定不再为贷款担保。对一直备受呵护的铁路公司来说,联邦政府不再为其贷款进行担保是一个大的打击。

尽管落入如此尴尬的境地,但宾州中央铁路公司的大佬们并不着急,他们知道所谓"破产"并不意味着倒闭清算,而是真正的保护。《破产法》第 77 款 1933 年 3 月 3 日由胡佛总统签字的最后一条法令——"根据破产法,这一条款给铁路公司提供了和工业企业相反的规定。在普通的破产案中,公司的资产或财产无论剩下什么都会转化为现金,然后分发给债权人。然而按照有关铁路公司的条款,会成立一个托管委员会来解决债务问题,保护它的财产和铁路的正常运营。"铁路不会破产——作为工业化的象征和国计民生的基础行业,铁路在世界各国一直被当作一个特殊行业对待。

20 世纪 60 年代,越来越多的美国人选择了汽车和飞机作为日常交通工具,但按照联邦政府规定,铁路客运作为一项具有一定公益性质的基础服务,并不能因为亏损而取消。客运成为铁路公司的累赘。铁路公司陷入了前所未有的困局,要么允许铁路公司关闭不盈利的客运线路,要么继续给私营铁路公司的巨额亏损补窟窿,政府面临两难选择。最后,在全世界国有化浪潮风起云涌的 20 世纪 70 年代初,尼克松居然也作了一项让保守派人士大跌眼镜的决定——成立半国有化的国家铁路客运公司,接管全国大多数铁路公司的客运线路。1971 年,国会通过了铁路客运服务法案,美国国铁成立。

美国的铁路网是在完全无序的状态下野蛮生长起来的,一度曾经拥有数千家铁路公司,每一家公司经营自己的线路。为了竞争,甚至出现了不少由不同公司在两个城市之间并排建设的铁路,打破了铁路在地域上的自然垄断。铁路公司之间的竞争异常激烈,造成股市的剧烈波动,铁路公司大面积亏损,服务质量下降,安全事故频出。

如何监管这个全世界最大又最复杂的铁路网,让历届美国政府伤透了脑筋。鼓励铁路进行兼并,加强监管成为铁路管理的主线。第一次世界大战后,美国铁路委员会一度接管了所有美国铁路，实行集中统一管理。1920年，联邦政府把铁路的管理权归还私人手中。但规定，铁路行业实行统一的收费标准，不能放弃"与公众利益有关的"线路和客运业务。

国家铁路客运公司的成立，保障了大众出行的要求。美国政府对只剩下货运线路的铁路公司放松了管制。1976年的《铁路复兴和规章改革法》和1980年的《斯塔格斯铁路法》放松了对铁路公司资产重组的管制，不再要求铁路公司继续经营亏损的线路；同时放松了对运价的管制，铁路公司获得了相当大的定价空间。市场导向的适度管制让困境中的美国铁路逐渐恢复了过来。

根据1973年的《地区铁路重组法》，成立了美国铁路协会和铁路服务规划办公室，分别负责规划地区铁路系统和指导铁路并购。之后这两个机构投入大量资金，对濒临破产的铁路进行了全面重组。

享受特殊"破产"待遇的宾州中央铁路的货运业务和大部分线路在1976年合并至联合铁路。之后的日子里，美国的铁路公司依然不断上演着"破产"和重组的故事。随着铁路在经济中重要性的不断下降，只要美国国铁能够继续正常运营，似乎没人再关心这些主营货运的铁路公司破产重组的风云变幻了。

铁路到底该怎么管？当我们梳理完美国铁路一路走来的风风雨雨，依然难以从美国的铁路发展史中找到一种清晰的铁路运营与监管的模式。唯一可以明确的是，美国的铁路运营与监管一直在根据现实的变化而不断变化着，在不同的历史时期有着完全不同的运营和监管模式。

在20世纪70年代之前，美国铁路尽管暮气沉沉，但总体上依然代表了世界铁路的前进方向。但在此之后，世界铁路经营和监管的标杆移到了日本、法国、德国。日本新干线、法国国营铁路公司、德国高铁的成功使铁路运营进入了全新的时代。这些国家的高速铁路系统不管采用哪种运作机制，但无一不是在国家统一主导下完成的高铁的建设和运营体系。在新的技术条件、新的经济环境、新的运营体系下，高铁和传统铁路已经有着天壤之别。

在这种背景下,基于传统模式上不断调整形成的美国式的铁路运营和监管模式,未必是中国铁路效仿的对象。

2013 年 3 月,存在了六十多年的中国铁道部,终于翻牌为中国铁路总公司。这家超大型国有公司除了总经理不能像原来的部长那样参加国务会议,以及被剥离了规划和监管的行政职能之外,新的中国铁路总公司接管铁道部所有的债权债务,依然保留了极为特殊的地位,没有像其他中央所属国有企业那样由国资委行使出资人权利。

尽管实现了政企分离,但在一直把铁路作为计划经济堡垒象征看待的市场化人士来说,这是一次很不尽兴的改革。虽然一个无所不包的庞大铁路总公司未必是一个中国铁路终极的解决方案,但从美国和世界铁路发展的路径来看,人为地设置竞争机制,形成众多的竞争主体,并不是铁路发展的灵丹妙药。甚至从趋势而言,竞争主体是在不断减少的。

在市场经济的潮流中,铁路一直有其例外性,即使在美国。

《寂静的春天》，明天的预言

在《寂静的春天》之前，人类从来没有讨论过"环境保护"的话题。

20世纪60年代，工业化高歌猛进和科学技术的飞速发展让人类的自信达到前所未有的高度。征服大山、征服大河、征服太空——跨越意识形态和发展水平，成为全世界的口号和奋斗目标。

从人类文明诞生的时刻开始，人类就受制于自然，自然灾害、疾病让人类长期处于饥饿和病痛之中。征服与控制大自然，成为人类的终极梦想，从来没有人怀疑过这一美好愿望的正当性。

在生产力水平和科技发展最先进的美国，一位女作家开始挑战这个几千年来从未被怀疑过的基本理念。

"资产高达3亿美元的农药制造商们近来被一位文

静的女作家搞得焦头烂额,这位作家的科普作品因为其精致与简洁而受到高度赞扬。这位女作家名叫蕾切尔·卡森,其著作《我们周围的海洋》和《大海的边缘》是 1951 年和 1953 年的畅销书。作为一名海洋生物学家,卡森女士的作品温和而诗意地描绘了大海及海边的生命世界。然而在她的新书中,更多的是尖锐而不是诗意,卡森女士不再那么温和了,她批评说,农药的广泛使用已经极大地危害了生态平衡。她说,农药不仅杀死了害虫,而且杀死了人,并对野生生物、土壤与水产生危害。"1962 年 7 月 22 日的《纽约时报》开始关注女作家和农药制造商之间的一场论战。此时,卡森的书还没有正式出版,书稿在《纽约客》杂志上的连载已经让农药制造商们坐不住了。

在过去了几十年,农药制造商们一直被当作农业的天使,由于农药的大量使用,美国的粮食产量迅速增长、农业生产率水平快速提升、农业人口不断减少。他们从来没有想到过会有人抹杀他们的功绩。《纽约时报》的文章中重点阐述了来自农药制造商们的反应:

"一些农业化学品制造企业让他们的科研队伍逐字逐句分析卡森女士作品,另一些公司则准备辩诉状去保护他们产品的应用。他们在华盛顿和纽约举行会议,起草声明,并策划反击。"

"制造商认为卡森女士提出的是一种单方面的情况,忽略了现代农药的发展与使用带来的许多益处,例如食品产量的提高,农作物发病率的减少。"

"一位化工公司的总裁在一次声明中说,卡森女士不是作为一个科学家,而是作为一个充满幻想的保卫生态平衡的狂热卫士进行写作。"

比起卡森后来遭遇到的攻击,1962 年夏天遭遇到的这些批评仅仅是毛毛雨。

蕾切尔·卡森于 1907 年 5 月 27 日生于宾夕法尼亚州的一个小镇上,她的童年是在鸟语花香的乡下度过的。漫山遍野的野花,清澈的溪流,鸟儿、青蛙和昆虫的鸣叫是她快乐童年生活的背景。她童年的大部分时间都是一个人在树林和小溪边度过。她开始想成为一个作家,在拿到文学硕士学位之后,她改变主意,开始学习生物学,在马萨诸塞州的伍兹霍尔海洋生物实验室攻读研究生。毕业后,1935—1952 年间她一直供职于美国联邦政府所属的鱼类和野生生物署。扎实的文字功底和生物学教育背景,让卡森迷上了科普写作。几本有关海洋生物的科普书,让卡森成为一名小有名气的科普作家。

《寂静的春天》的写作缘起于一封友人的来信。1958 年 1 月,卡森接到她的一位朋友的一封信。朋友在信中写到,1957 年夏,州政府租用的一架飞机为消灭蚊子喷洒了大量的 DDT。飞机飞过她和她丈夫的农场,农场里有一块飞禽保护地。第二天,她的许多鸟儿都死了。她希望卡森利用她的影响力呼吁政府不要再进行这样的行动。

在当时,DDT 是一种世界上使用最广泛的杀虫剂。这种廉价的杀虫剂有很高的毒效,尤其适用于扑灭传播疟疾的蚊子。第二次世界大战期间,仅仅在美国军队当中,疟疾病人就多达 100 万,极大地削弱了美军的战斗力。后来正是由于使用 DDT 消灭了蚊子,才使疟疾的流行逐步得到有效的控制。DDT 的发明者、瑞士化学家保罗·赫尔满·米勒因此获得 1948 年诺贝尔生理学或医学奖。

之后,DDT 因其强力杀虫效果被引入农业生产。人们在广泛使用 DDT 的同时,忽略了这种农药产生的副作用。农药不但杀死了害虫,同时也杀死了益虫。更可怕的是,由于 DDT 会在昆虫的体内积累,这些昆虫成为其他动物的食物后,那些动物,尤其是鱼类、鸟类,则会因中毒而被危害。

在联邦政府鱼类和野生生物署工作时,卡逊就了解到了有关 DDT 对环境产生长期危害的研究情况。她在 1945 年给杂志寄过一篇关于 DDT 相关危险性的文章,但文章被拒绝发表。朋友的来信使她的心灵受到极大的震撼,她作出了一个影响人类历史的决定——深入研究农药的危害,并让公众了解。

在之后的五年时间里,卡森投入到《寂静的春天》一书的写作。在此期间,卡森的人生经历了巨大的打击,先是母亲去世,接着自己被诊断出患了乳腺癌,进行了乳房切除的手术和放疗。带着病痛,卡森顽强地完成了写作。

"卡森女士的新书名为《寂静的春天》,这一题目得自一种想象的情境。在其中,卡森女士虚构了一个城镇,在那里,化学污染使得'春天的声音'沉寂了。"《纽约时报》向读者这样介绍这本新书的内容。

《寂静的春天》的第一章名为"明天的寓言"。文章是从田园诗般的场景描述开始的:

"从前,在美国中部有一个城镇,这里的一切生物看来与其周围环境生活得很和谐。这个城镇坐落在像棋盘般排列整齐的繁荣的农场中央,其周围是庄稼地,小山下果园成林。春天,繁花像白色的云朵点缀在绿色的原野上;秋天,透过松林的屏风,橡树、枫树和白桦闪射出火焰般的彩色光辉,狐狸在小山上叫着,小鹿静悄悄地穿过笼罩着秋天晨雾的原野。"

这里描写的正是卡森童年记忆中的家乡。

"……不祥的预兆降临到了村落里:神秘莫测的疾病袭击了成群的小鸟,牛羊病倒和死亡。到处是死神的幽灵。农夫们述说着他们家庭的多病,城里的医生也愈来愈为他们病人中出现的新病感到困惑不解。不仅在成人中,而且在孩子中也出现了一些突然的、不可解释的死亡现象,这些孩子在玩耍时突然倒下了,并在几小时内死去。"

"一种奇怪的寂静笼罩了这个地方。比如说,鸟儿都到哪儿去了呢?许多人谈论着它们,感到迷惑和不安。园后鸟儿寻食的地方冷落了。在一些地方仅能见到的几只鸟儿也气息奄奄,它们战栗得很厉害,飞不起来。这是一个没有声息的春天。这儿的清晨曾经荡漾着乌鸦、鸫鸟、鸽子、樫鸟、鹪鹩的合唱以及其他鸟鸣的音浪;而现在一切声音都没有了,只有一片寂静覆盖着田野、树林和沼地……"

卡森用感性、优美的语言唤起了人们对自然的热爱,然后将一幅正在发生的可怕图景展现在人们眼前——

"上述的这个城镇是虚设的,但在美国和世界其他地方都可以容易地找到上千个这种城镇的翻版。我知道并没有一个村庄经受过如我所描述的全部灾祸;但其中每一种灾难实际上已在某些地方发生,并且确实有许多村庄已经蒙受了大量的不幸。在人们的忽视中,一个狰狞的幽灵已向我们袭来,这个想象中的悲剧可能会很容易变成一个我们大家都将知道的活生生的现实。"

《纽约时报》预感到卡森将面临来自农药生产商、科学家和政客们的猛烈反击。"公众对杀虫剂的讨论只是刚刚开始,制造商们将准备承受长期的围攻。该书的观点以及今年秋天图书出版后公众的参与,肯定会使这一轮争论更加热闹。《寂静的春天》预示着一个喧闹的秋天。"

在《寂静的春天》正式出版之后,支持和批评的声音演化成一场全民大讨论。美国氨基氰公司主管叱责说:"如果人人都忠实地听从卡森小姐的教导,我们就会返回到中世纪,昆虫、疾病和害鸟害兽也会再次在地球上永存下来。"孟山都化学公司模仿卡森的《寂静的春天》,出版了一本小册子《荒凉的年代》。该书叙述了化学杀虫剂如何使美国和全世界大大地减少了疟疾、黄热病、睡眠病和伤寒等病症,并详细描绘由于杀虫剂被禁止使用,各类昆虫大肆猖獗,人们疾病频发,给人类,尤其是女性带来很大的麻烦,在社会上造成了极大的混乱,甚至导致千千万万的人挨饿致死。到后来,反击的声浪甚至演化成对卡森的人身攻击。说她是"大自然的修女"、"大自然的女祭司"、"歇斯底里的没有成婚的老处女"。

尽管反击的声音异常强大,但更多的人们开始觉醒。《寂静的春天》的魅力绝不仅仅来自作家优美的文字和煽情,而同时来自一位生物学研究者的详实论述,《寂静的春天》仅文献来源就多达54页。四十多年后,在《寂静的春天》再版序言中,美国前副总统戈尔写下了这样的评价:"《寂静的春天》播下了新行动主义的种子,并且已经深深植根于广大人民群众中。1964年春天,蕾切尔·卡森逝世,一切都很清楚了,她的声音永远不会寂静。她警醒的不但是我们国家,甚至是整个世界。"

几周后,肯尼迪总统在对政府农药规划进行回顾的时候提到这本《寂静的春天》。仅仅在这本书问世的当年,美国各州就通过了 40 多个法案以限制杀虫剂的使用。1967 年,美国建立了环境防御基金,1969 年国会通过《联邦环境政策法案》,1970 年美国环保局成立,两年后 DDT 被宣布禁用。

这书的巨大意义不仅是引发了人们对农药危害的警醒,也在世界范围内引起了人们对野生动物的关注,唤起了人们的环境意识,将环境保护问题提到了各国政府面前。联合国于 1972 年 6 月 12 日在斯德哥尔摩召开了人类环境大会,签署了《人类环境宣言》。人类开始全面反思延续了几千年的"征服大自然"的豪情壮志。

在中国,日渐产业化、规模化的农业正在经历五十年前美国曾经经历过的悲剧,田野的春天正在变得寂静。在现代化之路上,我们一定要把别人犯过的错误重新来过一遍才能真正觉醒吗?

《寂静的春天》作者蕾切尔·卡森女士

斗争与妥协

Struggle & Compromise

为自身的利益或者自己群体的利益而斗争的人永远值得尊敬，而即使在最激烈的斗争中也能够坚持底线，不让自己的姿态变得丑陋的人更值得尊敬。

大罢工，总统选择中立

　　1901 年 9 月 6 日，美国总统麦金利遇刺身亡，副总统西奥多·罗斯福成为第 26 届美国总统。那一年，罗斯福 42 岁，后来美国历史上虽然出现过肯尼迪、克林顿以及现任总统奥巴马等许多 40 多岁的总统，但这个纪录仍然没有被打破，西奥多·罗斯福仍然是美国历史上最年轻的总统。在美国西部内华达荒漠的一座叫拉什莫尔的山上，雕刻着四位美国人最崇敬的总统巨像，罗斯福是其中之一，另外三位是华盛顿、杰弗逊和林肯。

　　后人评价老罗斯福的丰功伟绩，放在第一条的是罗斯福第一次使联邦政府在大规模的劳资冲突中不站在亲资方的立场上，而是采取了中立的态度，并通过调节巧妙地结束了长达 160 多天的煤矿工人罢工。从 1898 年出任纽约州州长起，罗斯福就表现出对中下层民众命运的强烈关注。而他日后执政的事实也证明,联邦政府权威的树立,有赖于对弱势群体的保护和帮助。

罢工发生在宾夕法尼亚,美国最主要的产煤州,相当于中国的山西省。曾经举办了 G20 首脑峰会的匹兹堡就位于宾夕法尼亚西部,在那个时候匹兹堡是美国最重要的工业城市,煤炭和钢铁产量雄踞美国首位。和现在山西的中小煤矿的煤老板不同,美国的煤老板都是铁路和钢铁大亨,由他们控制的煤矿占据绝对垄断地位。

20 世纪初,石油虽然已经被发现,但更多地使用在照明上,而爱迪生发明的电灯又很快地代替了煤油,使石油工业陷入萧条。直到第一次世界大战后,石油才真正开始扮演重要的角色。在此之前,煤炭是工业时代真正的主角,煤炭为炼钢、铁路、船运、供暖、照明等几乎所有的现代生产和生活提供能源。在当时的照片中,纽约的高楼大厦永远笼罩在煤炭燃烧产生的烟雾中,雾霾比现在的北京严重得多。如果当时评选全世界污染最严重的城市,当选者应当是匹兹堡、底特律、纽约、费城;而一百多年后,这个"桂冠"转移到了中国山西的太原、大同、临汾、阳泉等城市的头上,所幸的是这几个城市并不代表中国最先进的生产力的前进方向。

1902 年 10 月 17 日,宾夕法尼亚煤矿工人从春天开始的罢工宣告结束,19日的《纽约时报》在头版刊发了整个罢工从开始到平静结束的全过程。"在经过 18 个月的犹豫之后,无烟煤矿工人在 5 月 5 日于宾夕法尼亚州的海齐顿举行的代表大会上终于投票决定罢工。在代表大会上,煤矿工人联合会主席约翰·米切尔清楚又强烈地倡议和平,但在决定罢工后,他又热情地支持矿工们采取行动,并号召烟煤矿工业加入到罢工的行列里来,这样将使罢工的总人数达到 45 万人,由此来迫使资方妥协,因为这将使整个国家的铁路和工厂陷入瘫痪。"20 世纪美国的第一次大罢工由此拉开序幕。

工人们提出的条件是:工资增加 20%,每天工作 8 小时。煤老板们怎么会答应这样的"无理要求"！按照以往的经验，僵持一段时间，在工人里发展一些"工贼"，等待着挣钱养家的工人们肯定会被分化瓦解。当时的煤矿工人中有南方来的黑人，有从农村来的白人"农民工"，有从欧洲来的新移民者，宗教信仰、利益诉求都不相同，很难像接受了马克思主义理论的欧洲工人那样形成统一的意志。然而这一次，他们的如意算盘打错了。他们遇到了一位强有力的对手——矿工联合会主席约翰·米切尔。作为一名从童工成长起来的工人领袖，米切尔不仅明白罢工是他们争取权利的手段，也明白谈判是一个解决问题的成功路径。

罢工从春天进入了秋天，马上就要进入城市供暖季，纽约的煤炭价格从 5 美元涨到了 25 美元一吨。在罗斯福的压力下，煤老板们终于和工会代表坐在了一起。10 月 4 日，煤老板们拒绝了矿工的复工条件。形势开始恶化。《纽约时报》记录了这样的场面："在矿区，到处可见暴乱、纵火，矿井被水所淹，试图开工的矿井被罢工的工人围困，暴乱中有人丢了性命，矿主们转而向宾夕法尼亚州长请求保护。"在矿主们的压力下，州长准备派 9000 名国民警卫队队员前往矿区。然而，罗斯福否决了州长的命令，并威胁那些矿主，如果不能有效解决问题，基于国家安全等考虑，政府将会没收煤矿。

此时，另一个在 20 世纪初最有影响的人出现了——被罢工弄得心烦的 J. P. 摩根决定出山，调停这一旷日持久的罢工风潮。老摩根在自己的游艇上接待了矿主代表，两天之后，10 月 13 号的午夜，摩根把煤老板的妥协条件交到了总统手上。罗斯福任命了一个由退役将军、著名工程师、法官、社会学家、地方教区主教和煤炭供应商组成的六人小组对这场劳资纠纷进行最后的裁决，筋疲力尽的工会和煤老板们都同意把仲裁权交给这个中立的委员会。裁决结果是：矿工们至少增加 10% 的薪水以及实行 9 小时工作制，矿主们承认工会的合法活动，工人的工作环境也将得到改善。

罢工宣告结束。

在此之前,每当遇到罢工,资方往往采取组织私人军队、开除工会活跃分子、大量雇用替工者来消除罢工威胁。而劳工组织者也相应地采用非法甚至暴力手段来对付资方。劳资双方在组织和冲突的过程中都有各种政治势力以及黑社会卷入。1897年12月,宾夕法尼亚州拉提莫镇的警察开枪射杀了19名手无寸铁的示威矿工。1914年4月,科罗拉多州路德罗镇12000名煤矿工人罢工,警察和资方的枪手射杀了20名罢工者,其中包括妇女儿童。1920年,在西弗吉尼亚州的马特维煤矿的工会组织过程中,资方雇用的打手杀害了12名工人,5000名煤矿工人不久后拿起枪占领当地县城,与数千警察及护矿队展开枪战。最后,联邦政府调动了军队前来镇压,驱散了武装工人。这一次,由于罗斯福、摩根和米切尔都相信,通过谈判和妥协解决问题,是20世纪的领袖们应该具有的智慧。通过他们的共同努力,终于结束了由于劳资纠纷所产生的大规模暴力冲突时代。

20世纪的头十年,是罗斯福和摩根的时代,他们的斗争和合作奠定了当代美国基本的政治和经济格局。在此之后,左派和右派的分歧依然存在,但只在有限的波动中震荡。在社会基本稳定的前提下,经济保持着迅猛的增长。

"从长远来讲,我们要么全体上升,要么一起沉沦。如果福利的平均水平高,那么普通的工资劳动者、普通的农场主和普通的企业主也同样会富裕。如果福利的平均水平萎缩,那么这些阶级中没有哪个阶级会不受萎缩的影响。"20多年后,他的侄儿小罗斯福把这一段话当成了他解决大萧条的金科玉律。

"我们正面临着财产对人类福利的新看法……有人错误地认为,一切人权同利润相比都是次要的。现在,这样的人必须给那些维护人类福利的人民让步了。每个人拥有的财产都要服从社会的整体权利,按公共福利的要求来规定使用到什么程度。"J.P.摩根虽然未必同意西奥多·罗斯福对于财富和公共福利的以上看法,但他以自己经商的信条和后来的慈善之举客观上实践着这样的理念。

面包房老板为什么反对 8 小时工作制？

　　总的来说，大人物推动了历史进程。但总会有某些机缘巧合让一个小人物在某个时间节点上，以一个有意或无意的举动，名垂千古，穿插在他所处时代的"史记"里，成为众多大人物本纪、世家、列传中的点缀。约瑟夫·洛克纳就是这样一位影响美国历史的小人物。

　　在纽约州尤蒂卡市的一个街角，约瑟夫·洛克纳苦心经营着一家几十平方米的面包店，他从父亲那里继承了这个小小的面包店，雇佣着 3 名面包师傅为社区的居民提供一日三餐的面包。生意好的时候，他和面包师傅们会一直忙到很晚，在工作间打地铺凑合一夜。洛克纳从来没有预想过，像他这样兢兢业业的小本生意人会惹上官司，更不可能想到后人会用他的名字命名一个"时代"、命名一个"主义"。

1901 年的一天，刚刚开门营业的洛克纳，迎来的不是顾客而是警察。他被举报作为雇主违反了相关劳动法律，让自己的雇员工作超过法律所允许的时间。按照纽约州在 1897 年通过的法律，面包坊的工人每天工作不得超过 10 小时，每周工作不得超过 60 小时。在两年前，洛克纳就因为违反这项规定而被处以 20 美元罚金。当洛克纳再次违反这项规定之后，县法院判处他 50 美元的罚金。

洛克纳终于愤怒了，他想不通，为什么政府要管他和面包师傅之间的事。他决定向政府叫板，挑战纽约州的这项劳工立法。在任何国家、任何时代都会有属于自己的"秋菊"，因为自身被侵犯的利益执拗地向权力叫板，只是为了讨个说法。在长达四年的"上访"和纽约州法院两次维持原判之后，他最终在联邦最高法院打赢了官司。

1905 年 4 月 18 日的《纽约时报》用并不太长的版面报道了这个终审结果："4 月 17 日，联邦最高法院今天裁定，纽约州确定该州面包店工人每天工作不超过 10 小时、每周工作不超过 60 小时的法律是违宪的。"宣布这一判决结果的佩克哈姆大法官说，雇员或许希望通过额外的工作挣些加班费，但这条法规却禁止雇员挣这笔钱。这必然与雇主和雇员之间签订合同的权利相抵触。签订有关自己工作合同的一般权利是个人自由的组成部分，受联邦宪法第十四修正案的保护。根据这项条款，任何一个州不经过正当的法律程序，都不能剥夺任何人的生命、自由和财产。

联邦最高法院不仅保护了洛克纳的 50 美元财产，还判定纽约州的劳工法因侵犯契约自由而无效。和美国历史上众多引发争议的判例相同的是，联邦最高法院 9 位大法官投票的结果依然是 5：4。这个非常接近的结果往往显现的是这样一个背景：在那个时间节点上，对于同一个问题，社会上有两种思想激烈博弈。

在案件的审理过程中，纽约州政府向法庭提供了一份医学证据，证明不卫生的面包烤房、高温、灰尘、蒸汽、手工揉捏所带来的疲劳，以及糕点原料所发出的怪异气味等，使得面包师容易患上缩短寿命的肺病。因此，为了保障面包师的身体健康，必须对劳动时间进行限制。而联邦最高法院的判决认为，不能以保护面包师的健康为由，干涉公民的职业自由、契约自由。最高工时法限制了具有行为能力的成年人获取生活收入的劳动时间，是对个人权利的粗暴干涉，纽约州的最高工时法是一部剥夺公民财产权的恶法。

有趣的是，当年积极推动纽约州对面包师傅工作时间劳工立法的人和后来在法庭上担任洛克纳律师的人都叫亨利·魏斯曼，对，就是同一个人。只不过他原来的身份是美国面包师傅工会干事，而现在的身份是一家面包房的老板和兼职律师。

《纽约时报》在 1905 年 4 月 19 日对魏斯曼的专访中，披露了这个"被屁股决定了脑袋"的人的心路历程："当我年轻时，当时我是面包师傅，并且是全国面包师傅组织的干事，我以为劳工总是对的，当时我满怀激情和理想；后来我当上了面包房老板，并在理智上发生了革命性变化，看到我当年成功促使通过的法律对雇主是不公平的。我从劳工的圈子里退了出来，因为我不愿意继续对那些显然错误的法规表示赞成。"

魏斯曼的思考至今依然折磨和考验着美国政客的政治立场。在 2008 年总统竞选如火如荼的当口，拜票中的民主党候选人奥巴马在大街上碰到了管道工乔，长得五大三粗的老乔向奥巴马提出了这样一个尖锐的问题："我正准备盘下一个公司，自己当老板，可是你的主张却要我交更多的税，那是不是意味着我不应当冒这个险？"共和党候选人麦凯恩敏锐地抓到这个细节，他在演讲中向乔喊话："我的政策会支持你的创业，减免你的税，让美国人有机会实现他的美国梦。"对乔的态度成为美国两党政治态度的分水岭。奥巴马最后的当选充分说明：大多数美国人对于捂紧自己口袋的希望，大于成为一个小老板实现美国梦的理想。

两种观点的背后，是法制社会两种基本价值观几百年来永无休止的分歧和争论，是"左"与"右"、民主与自由之间旷日持久的纠缠。

如果说作为多数人的面包工人有权去维护自己的利益，那么洛克纳这些小业主同样有资格为权利而斗争。但这个判决，以及最高法院隐藏在这个判决之后的理念，划定了一个时期。法学界把该判例诞生的 1905 年一直到 1937 年的整个宪法时代，冠之以"洛克纳时代"的名号，并把维护契约自由传统，对财产权的保护情有独钟，而对救助贫困、维持公正的主流民意不为所动的传统保守主义，称为"洛克纳主义"。面包房老板洛克纳因此得以名垂青史。

在"洛克纳时代"，美国联邦最高法院以保护宪法财产权的名义，否决了大量劳资关系的州立法。例如，1923 年美国联邦最高法院判决对妇女、儿童的最低工资立法无效。法院指出："最低工资法令所确定的薪金基准，超过了该服务所应得到的公平价值，它无异于为了支持扶助贫困之人，而强制性地抽取雇主的利润，而在这种情况下雇主对他们不应担负任何特别的责任。因此，实际上这是强加给雇主的负担，而这负担如果说应该属于谁的话，那么它应该属于整个社会。"

"洛克纳主义"的盛行，引发了数十年的劳资纠纷和工人运动。1908 年 3 月 8 日，1500 名妇女在纽约市游行，要求 8 小时工作制，以及男女同工同酬。1910 年 8 月，国际社会主义者第二次妇女代表大会倡议，以每年的 3 月 8 日作为全世界妇女的斗争日。这就是三八妇女节的由来。在后来无数次的罢工中，争取 8 小时工作制一直是工人运动长期奋斗的目标。

在罢工工人中流行着一首"八小时之歌"，歌中唱道："我们要把世界变个样，我们厌倦了白白的辛劳，光得到仅能糊口的工饷，从没有时间让我们去思考。我们要闻闻花香，我们要晒晒太阳，我们相信：上帝只允许八小时工作日。我们从船坞、车间和工场，召集了我们的队伍，争取八小时工作，八小时休息，八小时归自己！"

洛克纳没有错。他只是按照传统的商业惯例在经营着他的面包坊,对于商人来说,降低成本与增加收益在任何时代都是无可厚非的。但洛克纳给了那些信奉社会达尔文主义的大法官们一个表达自己政治主张的绝好机会。一些联邦法院的法官曾坦诚地承认:防卫对商业、财产与自由市场这种强者之天堂和弱者之地狱的攻击,正是他们的目的。

随着罗斯福新政和美国联邦大法官人选的变动,在 1937 年以后,“洛克纳主义”终结。

现在,8 小时工作制已经被世界上大多数国家的法律所确认。1994 年的《中华人民共和国劳动法》规定:“国家实行劳动者每日工作时间不超过 8 小时,平均每周工作时间不超过 44 小时的工时制度。”但 8 小时工作制从来没有被真正实行过。国务院研究室曾经发布的《中国农民工调研报告》显示,农民工每天工作大多超过 8 小时。在被调查者中,每天工作时间 8 小时以内的仅占 13.7%,8~9 小时的达到 40.3%,9~10 小时和 10 小时以上的分别占 23.48% 和 22.50%。

在中国至今尚无一例因为工作时长超过法定时间而产生的诉讼。中国“洛克纳主义”衣钵的继承者分布在官、产、学各个领域,成为主流价值观,雇员的基本权利在“人口红利”、“国际分工”名义下惨遭践踏。

我们不指望在现在的法律和社会环境下,政府直接指控某个企业违反《劳动法》中有关 8 小时劳动工时的规定。但可以期待有雇员如同当年的洛克纳,通过司法程序维护自己的权利,由此引发一场论战,并因此成为一个载入史册的著名小人物。那个人是谁呢?

三角工厂，一场唤醒良知的火灾

当我们梳理历史的时候，哪些事件会成为历史的里程碑或者分水岭呢？有些时候是一场战争，有些时候是一个会议，有些时候是一份宣言，有些时候是一个科学发现，有些时候是——一场灾难。

在纽约这座以众多的摩天大楼拼接起来的城市中，有两次巨大灾难改变了美国的历史。一次是 2001 年的"9·11"，美国世贸中心双子塔被恐怖分子袭击起火倒塌；一次是 1911 年 3 月 25 日的华盛顿广场大楼起火。两次灾难发生的时间相差几十年。

在纽约曼哈顿南部百老汇大街和第六大道之间，有一片长方形的绿地，名叫华盛顿广场。广场边上有一栋十层高的大楼，现在属于纽约大学。一百年前，每天也会有很多年轻的女孩走过窄窄的街道，进入这座大楼，不过她们不是去上课,而是去一家叫作三角内衣厂的工厂里做工。这家内衣厂位于这幢大楼的最上面的三层——第八层、第九层和第十层。

1911年3月26日《纽约时报》头版头条的标题特别长:"141名男女工人死于大火;被困华盛顿广场大楼高层;街上尸横遍地;楼内堆尸如山"。标题的下面是这样一段导语:"位于格林尼街与华盛顿广场拐角处的十层大楼中有三层昨天焚毁。大火中141名年轻的男女工人——其中至少125个姑娘——被烧死或者在跳到楼下的人行道上时摔死。"

这场发生在人们眼前的大火唤醒了纽约的良心,也震惊了全美国,并且引发了后来一连串社会改革。尽管罗斯福在二十年后才上台,可是,罗斯福政府的劳工部长后来说,1911年3月25日,"新政从这一天就已经开始了"。

三角内衣厂的这场大火被称为"改变了美国的大火灾"。

"现在躺在陈尸房等人去凭一颗牙齿或者一只烧焦的鞋子辨认的受害者中,大多数是16~23岁的姑娘,她们是三角内衣公司雇来缝制女用衬衫的。这些姑娘中大多数不会说英语,几乎所有人都是她们辛苦劳作的家庭中主要的经济来源。"《纽约时报》的报道这样描述死者的共同特征。对,她们是从落后地区来到发达地区打工的"外来妹",和20世纪80年代起从内地到广东等沿海地区打工的中国"外来妹"不同的是,她们来自外国。她们从波兰、意大利、爱尔兰、俄罗斯等地漂洋过海来到纽约,寻找自己的美国梦。她们大多还没有拿到美国"户口",年纪最小的只有14岁。

"4:40,大火爆发了,有些人跑下楼梯,幸免于难,但一两分钟之后,这条通道就被火封死了。姑娘们冲到窗口,开始往下跳。人群中人们叫喊着不要跳,她们跳了,穿透破碎的玻璃坠落,在人行道上相互挤压致死。至于没有跳的,就更不必说了,有的尸体只是一堆灰烬。"《纽约时报》这样描述当时的惨状。在网上查阅资料的时候,我从一位网名"江月"的博客上看到了更为细节的描写。这些细节来自一本近年出版的名为《三角工厂——改变美国的一场火灾》的纪实作品。

"没人知道火是怎样烧起来的。8楼车间里有很多张木制的大裁剪桌,桌上堆着布匹,地上到处是碎布头。借着满地的易燃物,火势迅速蔓延,火舌从一张桌子跳到另一张桌子,很快吞没了8楼,又窜到9楼。浓烟弥漫,几百名女工在呛人的浓烟和烈火中惊惶地乱跑,哭喊声、惨叫声、玻璃碎裂声,响成一片。"

"一群女工设法逃到防火梯上,试图通过防火梯逃生,但是,年久失修的逃生梯已经严重锈损,在姑娘们的重量下,防火梯轰然断裂,女工们惨叫着,从高楼上跌落。"

"大楼下面的人们绝望地看着着火的楼层,无法救助。顷刻,浓烟滚滚的窗口,出现几个姑娘的脸。她们爬上窗台,站在高高的窗台上,她们的背后是地狱般的烈火,火舌向她们逼近,舔向她们的头发和衣裙。浓烟中,人们看不清她们的脸,也看不见她们脸上绝望的表情。然而,熊熊烈火把她们的身影烙进了美国历史之中。"

"在无数双焦急、痛苦、绝望的眼睛注视下,姑娘们如同一只只火鸟,裙摆上带着火焰,从24米的高楼上纵身跃下,落到坚硬的人行道上。她们的四肢舒展开来,像一只只从高空掉下来的布娃娃,鲜血从她们破碎的身体里喷涌而出。接着,又一个女工从楼上跳下,鲜血四溅。又一个,又一个……"

"楼下,人们张开被单、毯子、被子,试图接住跳下来的女工们,但是,被子毛毯承受不住冲击力,高楼上跳下的身体穿过被单毛毯,沉重地摔在人行道上。地上四散着年轻姑娘们的尸体,鲜血染红了街道。水龙带里的水喷射到火场,又从空中落到地上,汇入地上的鲜血,淌入下水道……"

在阅读和引述这些极富画面感的文字的时候,我的泪水不断地涌出眼眶。

那一天正好是星期六,是发薪水的日子,姑娘们已经换下工装,穿上了自己的漂亮衣服,排队领工资,接下来是劳累一周盼来的一个难得的周末,惨剧就在这个时候发生了。

1911年3月25日，她们的鲜血流在街头，她们扭曲的身体躺在曼哈顿下东区的街道上。与此同时，她们制作的时髦漂亮的女式衬衣，挂在只隔一个街区的第五大道的时装店里，向世人展示着美丽，而美丽背后的悲惨现实，却需要她们用自己年轻的生命来展示。

就在一年前，在纽约的几百家血汗工厂工作的工人们曾经举行过声势浩大的罢工，要求提高工资、减少工时、改善工作条件。三角工厂的女工们也是其中的积极参与者，她们特别要求改善工厂的防火设施，但罢工以失败告终。由于生活所迫，姑娘们不得不回到她们已经意识到随时会发生火灾的工厂。

就在火灾发生的几个月前，纽约市消防局长克洛克在纽约州议会作证说，消防队救生梯只能达到7层楼的高度，而在纽约市，上千上万的人在7层以上的楼层上工作，一旦发生大火，这些人将无处逃生。事后，他痛苦地控诉道，企业主协会召集会议阻碍了要求他们加强防火措施动议的通过。

4月5日，一个阴沉的下午，12万工人组成了一条长长的、沉默的河流，河流载着椎心之痛，从曼哈顿的心脏淌过。那是一场沉默的游行，除了哭泣，没有口号。

在此之前，纽约人并不关心这些近在咫尺的血汗工厂里的工人们的境遇。但这次灾难唤醒了纽约人的良知。"我低下自己的头，对自己说，我是有责任的。是的，这个城市的每一个男人和女人都是有责任的。"一位学者在他的文章中这样写道。人们的负罪感最终落实为一步步的具体措施。

纽约建立了有25名成员的"改进工作场所安全委员会"。委员会头一年就在纽约视察了1836个工作场所，听取了222个人的相关证言。这个委员会的第一个四年任期，是大家公认的"工厂立法修法的黄金时期"。美国的《劳动法》就是在这一时期通过的。

三角公司火灾惨案成为立法的依据。《劳动法》规定，工作场所每三个月就必须进行一次防火训练。1912 年,立法规定,在 7 层以上有超过 200 名工作人员的楼层,必须安装自动防火喷淋系统。而在任何一个超过 2 层、雇员超过 25 名的工作场所,都必须安装自动报警系统。

根据委员会的建议,到 1914 年,纽约州共通过了 34 项改善工人工作条件和劳动安全的法律。这些法律的通过,被看作是"进步时代"最重要的成果。

斗转星移,20 世纪 80 年代,制造业开始向中国转移。1993 年 11 月 19 日,深圳葵涌镇的致丽玩具厂发生了一起类似的火灾,87 名女工因为工厂紧锁大门、窗户封闭而无法逃脱,葬身火海。多年之后,香港一些公益组织通过多年艰苦的努力,终于从贴牌的意大利公司那里要到了几十万美元的赔偿金,现在却因为当地不配合而找不到所有遇难者的名单和家属的联系方式,而这场仅仅过去十几年的惨剧已经在公众的视野中消失了。

在目睹三角公司火灾的人群中有一位名叫弗朗西斯·帕金斯的年轻女孩。1961 年 3 月 25 日,是三角女式衬衣工厂大火灾五十年纪念日。一群老妇人来到当年她们从烈火中逃生的大楼前,悼念死于那场大火的姐妹们。当年的那个小女孩,已经成为美国劳工部长——美国政府内阁中的第一位女性。在纪念仪式上弗朗西斯·帕金斯回忆了那场大火如何唤醒了美国的良心,也埋下了她心中为改变劳工命运和捍卫女性权利而奋斗的种子。

2001 年 2 月 15 日,三角女式衬衣工厂大火的最后一位幸存者——罗丝·弗雷曼女士去世,享年 107 岁。美国各大媒体报道了她去世的消息。

2001 年 3 月 14 日,纽约市议会以压倒性票数通过了一项反血汗工厂提案。根据这项提案,政府不得用纳税人的钱来购买血汗工厂的产品,诸如警察和消防队员的制服,等等。朱利安尼市长否决了这项提案,但市议会又以 44:4 的压倒性多数废除了市长的否决。

三角公司的事件后来被写进美国高中历史教材,成为美国现代主流价值观的一部分——生命的价值重于财富。

工厂地板上到处都是碎布头

通用大罢工——理性的胜利

为自身的利益或者自己群体的利益而斗争的人永远值得尊敬。而即使在最激烈的斗争中也能够坚持底线，不让自己的姿态变得丑陋的人更值得尊敬。

从1936年年底一直持续到第二年春天，长达44天的通用汽车工人大罢工的斗争中，双方都坚持住了他们的底线，工会和罢工工人赢得了胜利，而资本家和官员们同样赢得了人们的尊重。

在得到公司不阻挠工人加入工会，不得歧视、胁迫那些成为工会会员的工人，以及为员工增加2500万美元薪水的承诺之后，工会代表宣布罢工结束。

"'让我们和平共处地去一起生产汽车吧！'资方谈判代表、通用汽车副总裁纽德森面带微笑地说。人们放声大笑，高声喝彩。"《纽约时报》1936年2月11日发自底特律的报道像是在描述一次公司的庆典活动。

纽德森接着解释说:"我们想的最多的是使工人们尽快回去工作,使工厂重新开工,你们知道当一台庞大的机器停下来之后,重新启动它不得不使用更多的时间来重新校准飞轮。双方都渴望和平,消除敌意。"

在罢工中声名鹊起的美国产业工会联合会(简称产联)主席刘易斯抑制不住胜利的喜悦,把罢工的胜利归功于工人的坚持和理性:"这是工人运动的又一座里程碑,协议为工会提供了集体的谈判与安全性。在汽车业中第一次建立了理性的劳资关系。汽车工人应该为他们的成功而喜悦,他们在罢工中的效率与严谨十分感人,他们的奉献与自我牺牲得到了回报。"

在萧条的泥潭中挣扎了七年之后,到 1936 年,美国经济已经基本走出了危机,汽车产量终于超过了 1929 年的顶峰时期。在著名的企业强人斯隆的带领下,通用取代福特成为美国最大的汽车生产企业。

和福特等竞争对手相比,通用汽车的产品在市场上更受欢迎,工人们的薪水也相对高一点,但比起普通工人每月 1000 美元的收入,经理们 20 万美元的年薪还是高得有些离谱。为了更快地满足市场的需求,工人们被牢牢地绑在生产线上,按照传送带的节奏分秒不停地工作。

美国记者威廉·曼彻斯特的史诗巨著《光荣与梦想》中记录了一位工人的愤怒:"说我是赤色分子?我讨厌赶上这死机器的节奏就是赤色分子了?我下班回家,累得要死,连跟老婆睡觉的力气都没有了。"在当时,谁不老实就会被公司戴上"赤色分子"的高帽子。

卓别林拍摄的那部著名的电影《摩登时代》的上映时间正好是 1936 年。当电影在产业工人聚集的城市中放映的时候,那个著名的桥段——卓别林以滑稽的动作演绎着那个被流水线折磨得接近崩溃的工人,在休息时仍然机械地舞动双手追赶着流水线,观众中没有发出在其他城市通常会有的会心笑声——那就是他们每天工作的生动写照,他们笑不出来。

效益不错,通用汽车给股东的分红和员工的加薪接踵而至。然而工人们想要的并不仅仅是加薪,他们想要工人利益的集体谈判权。工人们的底气来自于工会的不断壮大。

随着汽车产业的蓬勃发展,1930年,全美汽车工人联合会(UAW)诞生,并迅速成为美国最大的工会。为了防止工会力量的不断渗透,通用汽车在工人中间发展了不少"工贼",为管理者通风报信,工会会员和那些被怀疑有对抗情绪的工人总是能够被轻易地甄别出来并以种种理由开除。工人们意识到,如果工会不能在企业内光明正大地存在,不取得集体谈判权,工人的权利将不可能得到保障。

1936年年底,汽车工人联合会给通用汽车公司写信,要求就集体谈判的问题和公司商谈。不出所料,公司毫不犹豫地拒绝了谈判的要求。12月28日,通用汽车克利夫兰工厂的一位工人扳下了流水线的电闸,工人们停止了工作。这一次,工人们没有像以往那样走上街头游行示威,而是在各自的工作岗位坐了下来——静坐罢工的创举由此诞生。工人们在车间里筑起了防线,抵抗由公司雇佣的打手护送愿意继续工作的非工会会员进入。同时,工人们并没有丧失理性给镇压带来借口,机器设备和公司财产被工人们用心地保护起来,没有丝毫的损害。

法院宣判了罢工的非法性,在保守派的压力下,密歇根州州长墨菲准备通过动用军队和警察结束罢工。但在最后时刻他动摇了。墨菲拨通了产联主席刘易斯的电话,威胁说要动武。刘易斯的回答是:"我会叫工人战斗到底,我会走到工厂最大的窗口前,打开窗子,脱下外衣,剥掉衬衫,露出胸膛。如果你下令开枪,那么就让你的第一颗子弹射进我的胸口,在我跌落的那一刻,你会听到你祖父的声音在你的耳边问你——弗兰克,你肯定这样做是对的吗?"在《光荣与梦想》中,曼彻斯特这样生动地描述道。

墨菲犹豫了,刘易斯击中了他的软肋——他的爷爷就是因为一次起义被绞死的。州长没有命令军队和警察强行进入工厂,而是负责隔离开罢工工人和公司雇来的打手,同时向公司施加压力让他们和工会进行谈判。关键时刻的优柔寡断让墨菲收获了一生中最大的荣誉。"州长墨菲得到了罗斯福总统的高度赞赏,许多人都打电报给他,赞美他将对立的双方拉到谈判桌前并最终达成协议的过程中所表现出的顽强和沉着。"《纽约时报》这样写道。

在保持冷静和理性同时,工会斗争的技巧也起到了关键作用。汽车工人联合会并没有号召所有汽车厂商罢工。在通用汽车因罢工而停产的同时,没有受到罢工干扰的福特和克莱斯勒等汽车厂商开足马力生产,迅速填补了通用汽车留下的市场空白。通用汽车的股东们坐不住了,他们向管理层施加尽快谈判结束罢工的压力,以期尽快恢复生产。这就是博弈的奇妙之处,最对立的双方反倒更快地找到了他们的共同利益。

罢工是这样结束的,"静坐示威的工人将于今日午后到晚上撤离三家占领的工厂。此前他们关掉了通用汽车生产线的机器,拥有 16.5 万人口的弗林特经济完全陷入了瘫痪。下星期或者十天之后,因为罢工被迫停工的 35000 名通用汽车的工人将会重返工作岗位。一想到每天会有 25～30 万美元的工资将重新发放,整个城市沉浸在狂欢之中"。

这一次,政府没有把高压水龙和枪弹对准罢工工人,政府成为劳资双方的斡旋者。工人们胜利了,他们的条件得到了部分满足,企业家也没有觉得自己是失败者。工人们复工了,生产线重新开动。在以后的几十年里,工会领导的罢工时有发生,工人的待遇逐渐提高,但与此同时,大量的汽车海水般涌入美国家庭。

第二次世界大战期间,通用汽车甚至成为美国最重要的坦克和大炮生产商。工会的斗争、工人薪酬福利待遇的提高,从来没有影响通用成为汽车业的翘楚。

在长达一个多世纪的漫长岁月中,美国汽车业承载了美国式资本主义的光荣与梦想。它彻底改变了美国人的生活方式,让美国成为一个车轮上的国家;它孕育了现代管理科学,让企业管理成为一门真正的学科;它推翻了人们对资本主义的传统认识,劳资双方通过谈判催生的福利制度让数百万蓝领工人成为体面的中产阶级。在这个过程中,股东、管理者和工人不断地通过博弈,推动着管理水平和技术水平的不断提高,也推动着社会的健康发展。

位于美国密歇根州伊利湖边的底特律是一个因为生产汽车而闻名天下的城市,如今它也因为美国汽车业的没落而衰败。通用汽车也风光不再,在政府的救助下艰难跋涉。

中国的经济学家普遍认为,通用走到今天这一步,原因既不是产品失败,也不是管理不善,而仅仅是因为僵硬而昂贵的雇佣协议,迫使它以有限的资产对在职和退休员工及其家属背负了近乎无限的责任包袱。由于 UAW 的存在,通用汽车的熟练工人的薪水远高于丰田公司工人的薪水。强大的工会和汽车工人高额的薪酬福利拖垮了通用汽车。

拥有最低价的员工,也就拥有最有竞争力的公司,也就拥有了最有竞争力的产品!经济学家们把向世界提供廉价工业品的中国经验推广到美国公司身上。果真如此吗?

2009 年 4 月 5 日,央视记者白岩松在底特律采访了新任通用汽车 CEO 韩德胜。白岩松带来了这样的问题:"工人的成本越来越高,那么在未来,这些问题会发生调整吗? 工人们会同意吗?"请注意韩德胜的回答:"通用人为通用作出了很大牺牲,不管是被临时解雇的工人,还是代表工人利益的工会,以及我们的领薪员工,他们已经为现在的局面作出了巨大牺牲,这是关于牺牲的问题。"没有人被他认为是公司的累赘,所有员工都作出了牺牲,他们不需要为通用汽车的破败负责。

从来没有哪家企业是靠低工资、低保障成为世界最强的企业,如果真是这样,那竞争力最强的企业应该大多诞生在第三世界国家才符合逻辑。仅仅用劳动力成本的高低来概括丰田的成功和通用汽车的失败，这也太贬低丰田了，这样的判断过于简单而且不符合事实。

只有生产低级产品的企业才把竞争力完全建立在劳动力成本上，技术创新、管理先进、敏锐的市场判断才是一家世界级企业成败的关键。

福特汽车生产流水线

杜鲁门的摇摆与硬气

 如何界定雇主与雇员之间的关系，在美国法律史上一直反反复复、纠缠不休。在经济利益、政治权谋的背后，隐藏着的是自由资本主义的传统信念与追求平等权利的进步思潮之间的碰撞。

 曾经担任耶鲁大学法学院院长的哈利·威灵顿（Harry Wellington）在他的著作《劳工和司法进程》中选择 19 世纪初作为他研究的起点，他给出的理由是："当雇工联盟作为共同法律同谋在美国法庭上被起诉之时，就是美国历史的开端时刻。"所谓雇工联盟，就是后来的工会，工会的出现意味着雇员之间可以形成一个组织和雇主进行谈判乃至斗争。在威灵顿看来，这种雇员组织的出现以及引起的恐慌是美国历史的一个新的开端。工会的出现和壮大意味着社会结构和生产方式发生了本质变化——美国真正进入到工业化社会。

在另外一种针锋相对的主流意识形态的语境中,劳工法的历史就是限制自由的过程。时至今日,有关工会的作用和劳工立法上的分歧虽然已经不再算是经济政治生活中最重要的课题,但依然担负着在美国社会中界定左、右或者共和、民主两党基本政治观点的任务。

在劳工立法的进程中,界定雇员和雇主权利义务的两部重要法律是 1935 年的《瓦格纳法》(又称《国家劳动关系法》)和 1947 年的《塔夫脱-哈特利法》(又称《劳工关系管理法》)。从两部法律的名字上看,后者更像是前者的实施细则,看上去有点像中国的《劳动法》与《劳动合同法》之间的关系。但实质上,《塔夫脱-哈特利法》是对《瓦格纳法》的一次重大修正。在共和党和部分民主党议员看来,《瓦格纳法》赋予工会的权利过分了,必须用新的法律加以限制。

在 1935 年 7 月 5 日通过的《瓦格纳法》中,工会的集体谈判权被得以确立。法案规定,雇主不得歧视加入工会的员工,不得拒绝和工会的谈判,不得暗地扶持资方控制的工会。法案还要求成立全国劳资关系委员会(NLRB)来裁决雇主和工会之间的纠纷。在狄克逊·韦克特所著的《大萧条时代》一书中,对于这一法案通过的合理性是这样分析的:"单个的工人总是无助的,除非他获得可以通过组织起来的工会委派他的代表和雇主之间进行谈判。"

作为民主党的总统继任者,杜鲁门当然要维护老总统罗斯福任上的举措,《瓦格纳法》可以算是罗斯福新政中最重要的组成部分之一。

对于临危受命接替总统职位的杜鲁门来说,1947 年 6 月 23 日是他就任总统后的第一个重大挫折。在他使用总统的否决权否决了两位参议员限制劳工的议案之后,参议院以超过 2/3 的多数票推翻了他的否决。

"今天参议院以 68:25 的投票结果——比必需的 2/3 票还多出 6 票,使杜鲁门总统对《塔夫脱-哈特利劳工法》议案的否决无效。东部时间下午 3 点 17 分,该议案成为国家法律。"《纽约时报》当天的报道以一贯平静的叙述开头。

接下来该文章描写道："参议院摒弃了杜鲁门总统最后一次简短的呼吁，在温暖、沉静、拥挤的会议厅里，参议院最终否定了从罗斯福到杜鲁门的多数劳工政策。20名民主党议员加入到了48名共和党议员的行列里，投票否定了总统的否决。"

总统在议会被同党抛弃，在美国历史上不是第一次，以后也出现过多次。一方面，这是美国民主政治成熟的标志之一，在关键的是非问题上，美国议员可以超越党派利益，依照自己的独立思考对自己的政党投出反对票，而依然可以心安理得地待在党内；另一方面，对于杜鲁门这样不是凭借竞选而是因偶然因素从副总统位置上坐上总统宝座的人来说，这是一个颜面尽失的时刻。

参议员巴克利在投票前宣读了总统写给他并委托其公开的信，信中立场坚决又情真意切："我强烈反对今天下午参议院表决的劳工议案。我希望重申我的立场。我确信该议案将严重危害我们的国家。现在是我们历史的关键时刻，任何危害国家团结的措施将不仅给这个国家也给整个世界带来显著的危害。"但他最终仍没有打动参议员们。

两年多前，当作为副总统的杜鲁门被第一夫人告知罗斯福总统已经离别人世的时候，这位总统的法律继任者懵懵懂懂地问："现在，我能为您做什么？"第一夫人不客气地回答说："不，提出这个问题的应当是我们，现在我们可以帮你什么忙？现在所有的困难和压力都在你这儿。"

当初被认为是一种党派斗争妥协产物的杜鲁门，从来没有想到会有机会成为总统，更别说作好当总统的准备了。"1945年4月13日清晨，天气暖和，哈里·杜鲁门尚未起床，朦胧中似乎有件特别紧急的事情使他再也睡不着了。忽然他想起来他现在已经是美国总统了。于是从床上一跃而起，一把抓过衣服来……"这是《光荣与梦想》中关于杜鲁门的煽情描写，据说在很长时间内，这位新总统都是处于这样一种状态。

在适应了新角色之后，杜鲁门下达了在日本空投原子弹的命令，迅速结束了第二次世界大战,并且在冷战初期实施马歇尔计划,由此杜鲁门的威信逐渐建立起来。在国内事务上,杜鲁门继承罗斯福的新政衣钵,提出了"公平施政"的理念。"该计划呼吁扩大社会保障范围,提高法定最低工资,通过政府投资确定充分就业,建造公共住房消除贫民窟,坚持长期的公共基础设施建设,政府资助科研项目。几个星期后他又增加了新的建议,如推广全民医保。"

当然,杜鲁门的方案遭到了共和党的强烈反对,在 1946 年的中期选举中,共和党的选举口号是:"你受够了吗?"众多的美国中产阶级用他们的选票回答:"受够了。"

中产阶级对新政的厌倦来自频繁的罢工,对那些正在望眼欲穿地筹划购买汽车的中产阶级家庭来说,汽车工人的罢工让他们心烦意乱。蓝领的不满来自社会对他们在第二次世界大战期间的无私奉献没有给予回馈。在 1941—1945 年期间,工人们自愿加班,赚到钱又积极购买公债。珍珠港事件后,罗斯福要求工会保证,战争一天不结束,工人一天不罢工。在这之后,除了偶尔的罢工,美国工人信守了这一诺言。

随着战争的结束,军工需求迅速降低,除了蓝领工人之外的所有人都在享受胜利的喜悦,因此蓝领工人用罢工表达他们的不满。从 1945 年 9 月福特汽车开始,罢工如多米诺骨牌般席卷美国。汽车工人、钢铁工人、煤炭工人、纺织工人都先后加入到罢工浪潮中,最严重的是 1946 年 4 月 18 日,两个最大的铁路工会宣布即将罢工,这意味着美国全国的交通将陷入瘫痪。一向和工会保持良好关系的杜鲁门被彻底激怒了。

在杜鲁门准备发表的对全国的广播中,他愤怒地写下了这样的话:"让我们把国家还给人民吧。让我们恢复交通,恢复生产,绞死几个叛徒,确保我们的民主制度吧。来吧弟兄们,动手干吧。"总统来到国会,要求授权他把所有罢工的工人强行征入美国武装部队,让军队接管铁路。在 48 小时的最后通牒之后,工会服软,要求全国煤矿和铁路工人恢复生产。杜鲁门终于硬气了一回,像一个

真正的总统了。他的助手说："他大摇大摆地回到白宫的时候,你可以听到他的睾丸碰的叮当作响。"(《光荣与梦想》)

杜鲁门赢得了和工会的战斗,却让共和党人抓住了把柄。新通过的《塔夫脱-哈特利劳工法》授权总统可以下令禁止危害国家安全和全国停顿的罢工行为,宣布只使用工会会员的公司为非法,宣布禁止工会会员胁迫雇主和其他非工会会员,宣布共产党员不能担任工会领导等政策。

从立法的时代背景上看,《瓦格纳法》和《塔夫脱-哈特利法》两部法律其实是左右两派在不同历史条件下的阶段性胜利而达成的最终平衡。正如《塔夫脱-哈特利法》的提案人之一塔夫脱参议员在他的提案最终在议会通过后所表达的:"雇主曾经在与个人的交涉中享有一切优势时,联邦政府改变了这一平衡关系,让现在的劳工领袖享有一切优势。而新议案的目的就是让这一平衡关系回到双方能够平等相处的地方。"《纽约时报》1947 年 6 月 24 日有关新的劳工法案通过的报道中用塔夫脱的这段话作为结尾。

六十多年后,这段话似乎依然立得住脚。只不过,这种平衡已经变得不重要。随着经济的发展和社会结构的变迁,新的矛盾代替了以往的矛盾。尽管在寒风中伫立"占领华尔街"的人们的身上依然可以看到曾经的岁月中工人争取劳工权利的影子,但显然,时过境迁,有关集体谈判权的激烈争执已经如过眼云烟。华尔街的贪婪需要新的法律来界定,以寻求新的平衡。

美国工会兴衰路

当中国人越来越多地卷入全球化进程之中，不得不和美国人打各种交道的时候，工会——这个对中国人来说熟悉而又陌生的组织，往往成为最大的麻烦制造者。说熟悉，是因为我们中的多数人都是工会会员，在工会可以定期领取从毛巾到食用油等各种福利，参加工会组织的业余文艺表演和职工运动会。陌生的是，美国的工会完全是另外一种组织，它无所不在，大而无形，却有着巨大的能量。尽管如今工会组织的风光早已不如从前，但工会的力量依然或多或少地影响着华盛顿的每一项重大决策。

美国的工会多如牛毛，最大也最具影响力的工会组织是劳联—产联（美国劳工联合会—产业工会联合会）。1955年，当时美国最大的两个工会组织——劳联和产联在分裂多年以后重新实现合并，这被看作是美国劳工运动的巅峰时刻。

"迈阿密海滩2月9日讯——在二十年的内战之后，一份详细的工会联合方案今天获得通过。这份盟约确定了美国劳工联合会和产业工会联合会的1500万成员将在今年年底聚集到同一旗帜下。新组织的章程将包含一个特别声明，宣布附属工会必须尊重兄弟工会业已建立的关系，它将号召所有的工会之间不要互相挖人。"这是《纽约时报》1955年2月10日相关报道的开头，最后一句话意味深长，工会之间的内斗消耗了工会组织太多的战斗力，现在他们终于重新联合在了一起。

美国有组织的劳工运动兴起于19世纪后期，伴随着美国的工业化浪潮而来。1886年，在雪茄工人刚萨斯的领导下，成立了第一个全国性的劳工组织——美国劳工联合会。劳联按照工人的工种组织各自的行业工会，电工、钳工、矿工、管道工、卡车司机各自组建自己的工会，这些行业工会成为劳联的下属工会。

这种组织方式沿袭了手工业时代匠人们的集体认同感，但在大工业兴起之后，一家企业中的工人从事着不同的工作，有着各种不同的工种，各行业工会更是有着不同的利益诉求，无法在和资本家的斗争中获得组织效率。

大萧条之后，产业工会兴起。"产业工会常被描述成垂直工会。其成员在一个产业中，从最高到最底层的人都有。在这个意义上，行业工会被描述为水平工会。它的会员同属一个技能层次，但分散在各行各业中。"《纽约时报》的报道补充了工会的背景资料后介绍了合并后的掌门人，"乔治·米尼继承了雪茄工人刚萨斯和煤矿工人威廉格林两位创建美国劳工联合会领袖的衣钵，他在长期的工会生涯之后登上了新的统帅地位。33年前当他在这里当选为463号管道工地方工会的干事时，开始了工会生涯。"

当劳联和产联宣布合并的时候，美国的雇员中有1/3的人是工会会员，乔治·米尼成为这支庞大政治势力的带头大哥。"他是当前流行的劳工工头行列里的独行僧。这些工头们倾向于赞同这样的观点：他们应当向商业执行官那样坐着司机开的大型高级轿车，住着时髦饭店的大套间。当一些劳工头目趋向于华而不实的时候，米尼先生却认真严肃，言语精炼，甚至在穿着上也很克制。"

历史上不管以什么主义作为意识形态的组织，当其成为一种重要的高层之后，其腐化似乎是一种无可避免的规律。在大萧条后罗斯福掌权的十几年的时间里，美国工会成为罗斯福"新政"中不可或缺的一枚棋子，工会获得了前所未有的大发展，工会领袖也随之登堂入室，成为华盛顿政治圈子的座上宾。香车美酒侵入了工会领袖们的生活，工会逐渐从公共舆论的同情对象演变为丑闻的制造者。劳联—产联的合并一方面是团结的需要，另一方面工会也需要在公众中恢复清廉公正的形象。

当时的美国总统艾森豪威尔马上向合并后的劳联—产联发出贺电，他说："新的劳工组织面临着一个重要的机遇，是向世界最有效地展示民主制度的程序。对社会经济有不同看法的派别必须得到严格的保护，而且他们的观点也能够得到准确的反映。劳工将以这样的方式来帮助国家走向正确的方向，并且增进每个公民的个人自由。"

劳联—产联的合并标志着工会已经逐渐转变为一种代表劳工利益的制度与机构，而不再是一种社会对抗运动。

当年产业工会的兴起，就是源于工人和雇主之间斗争的需要。1935年10月，劳联在新泽西州的大西洋城召开代表大会。会上，矿工工会主席刘易斯呼吁工人按照生产行业而不是技术行业来组织工会。所有汽车行业中的工人应当组成一个工会，所有钢铁行业中的工人也应当组成一个工会，如果不是这样的组织模式，工会就没有办法在整个企业甚至行业中举行大罢工。劳联否决了刘易斯的动议，在会上，怒不可遏的刘易斯甚至挥拳揍了反对者。之后，刘易斯宣布自己退出劳联，他也就此成为美国工人眼中真正的英雄。

劳联属下的8个产业工会跟随刘易斯出走，在1935年11月建立起了产业工人联合会。产联一成立，立即给汽车行业来了个下马威。产联号召通用汽车公司的工人与公司进行薪酬福利谈判，公司置之不理，工会会员开始罢工。

新的罢工模式被创造出来。原先的罢工都是工人离开工厂走上街头，而这一次，工人们干脆拉掉电闸，就地静坐。在通用汽车公司工人大罢工的同时，产联号召福特和克莱斯勒的工人照常上班，结果通用汽车的市场份额被迅速瓜分。劳资双方对峙了44天之后，通用汽车公司承认了工会的谈判权，答应了工人的大部分条件。产联在劳工运动中的声望迅速地建立起来。

使用同样的方式，产联在钢铁、煤炭等行业不断组织罢工，屡战屡胜，攻无不克，和劳联之间也形成分庭抗礼的态势。

根据诺贝尔经济奖得主克鲁格曼的统计，从1933—1938年短短五六年间，美国工会成员人数增加了300％。工会运动不仅大幅度提高了产业工人的工资和福利待遇，更成为美国经济走出低谷并且进入快速发展轨道的直接原因。到了20世纪50年代中期，美国社会进入了收入差距不断缩小、劳资矛盾日渐减弱、经济发展高速平稳的黄金时期。工会不再以经济对抗的方式存在，而成为一种社会机制，两大工会重新走到一起成为必然结果。

在之后的二十多年里，美国工会运动进入平稳期，工会会员人数保持稳定，直到20世纪80年代里根时代的到来。从那时开始，美国工会迅速衰落，人数不断下降，影响力日渐衰退。在大部分学者看来，这是经济全球化的自然结果，那些拥有最强工会的产业——汽车、钢铁、煤炭，在迅速增长的经济中逐渐变得不那么重要了。

但克鲁格曼不这么认为，他在《美国怎么了——一个自由主义者的良知》一书中写道："美国工会运动的极速衰落，并不像有人经常认为的那样，是全球化竞争的结果。美国工会的衰落是孤案。1960年加拿大和美国工会的参与率分别是32％和30％，到了1999年美国工会的参与率降到了13％，而加拿大的数据基本没有变。美国工会衰落的根源不是市场力量，而是保守主义运动制造的政治气氛，这种气氛允许雇主进行破坏工会的活动,惩罚支持工会组织者的工人。"

在 20 世纪 50—70 年代,美国国民收入中的劳工工资份额,从 1970 年的历史峰值 58％下降到 50％以下。克鲁格曼强调,这一变化与工会的衰落直接相关,而贫富差距的拉大,和美国现存的经济和国内政治问题密切相关。

20 世纪 80 年代,由于日本的迅速崛起,美国经济竞争力下滑,工会和民主党政策带来的社会福利,被归结为造成美国社会依赖性上升、税收负担加重、经济增长乏力的原因。打击工会力量成为里根政府和国会保守派的共识。

工会虽然不比往日的风光,但依然在美国政治经济生活中发挥着巨大的作用,靠选票吃饭的政客从来不敢小看工会的势力。

对于政客和投资机构来说,工会控制的养老基金已经成为美国资本市场的主力,取代投资银行和共同基金成为最大的机构投资人,在经济生活中具有巨大的发言权。而工会手上的选票更是政客们争相争取的稀缺资源,工会通过基层组织会号召会员及其家属将选票投给工会认可的对象。在 2008 年总统选举中,奥巴马能够成为黑马,工会的动员力量发挥了巨大的作用。

美国工会影响决策的手段已经变得十分老辣,工会早已不是由工人组织起来的草根组织,而是由精英人士操盘的利益集团。工会通过养老基金的运作可以直接影响公司的决策,例如威胁让工会养老基金抛售那些违背工会意愿公司的股票,向公司董事会施加压力。

对于中国来说,美国工会已经在实际上成为中国对美出口和投资的最大障碍之一。劳联—产联一直指责中国存在政府和企业对于劳动者的双重剥削,认为中国在国际贸易中采取了实质上的"社会倾销",严重危害美国工人利益。但对中国来说,无论是政府还是企业都缺乏对美国工会的研究和沟通,进行谈判时根本不把工会作为重要的利益相关方,在这方面吃亏不断。

对中国政府和企业来说,美国工会不是一个好应付的对手,但却是一个必须认真面对的对手。

经理的大门开始向妇女打开

"人人都知道这一点，就连大男子主义者也承认这一点，只不过还没有足够的证据证明它——妇女最终将会在美国商业和企业中获得成功。"这是《纽约时报》1969年1月6日，题为《经理的大门向职业妇女敞开》的文章的导语。四十多年之后回头再看，女性在商业和企业中的成功案例的确比比皆是。但真正的男女在商业和企业的平权依然有漫长的路要走。

尽管在世界500强企业中，现任女性CEO还没有超过20个，占比不到5%，但在高管和董事会成员中女性成员已经占到了15%。而在四十年前，除了家族继承，女性担任企业首脑或者高管的比例几乎为零。2012年，美国国会联合经济委员会主席马洛尼发布了一份报告显示，在全美劳动人口中，经理及非经理级别中，女性所占比例分别已经达到了 40% 和 49%。美国一份市场调查也显示,女性商务旅客已经接近客源的 50%。而在 1979 年,这个比例仅为 1%。

20 世纪 60 年代是美国女性全面进入职场的时代。《纽约时报》的文章进行了这样的预测:"今后的十年,报纸将不再报道女性第一次做了这个,第一次做了那个。第一批妇女进驻证券交易所,第一批妇女凭借自己的才能而不是仅仅因为继承当上公司总裁,诸如此类都将成为历史而不是新闻。"

在美国,20 世纪初开始,女性已经陆续进入职场。但长期以来,只有新移民和黑人的女儿才会到工厂谋求工人的岗位。受过教育的女性要么是教师、要么是护士,即使有进入公司或者政府部门工作的,一般都是扮演着秘书或者文书的角色。"而现在,任何一个白皮肤金发碧眼的漂亮女人都有希望赚上 100 万美元,和他的客户结婚,发现一个全新的世界并征服它。"这段评论的背景是,在过去,漂亮女人一般是不会去工作的,更不会进入公司当什么经理;而如今,漂亮女人不再把漂亮仅仅当作在婚姻中获得有利地位的砝码,而是可以加上她们的聪明和勤奋,直接赚钱,当然也不拒绝在工作中找到如意郎君的可能性。

女性大批进入企业成为职业经理人,是诞生在 20 世纪 60 年代末 70 年代初的女权运动的自然结果。波伏瓦的《第二性》一书是女权主义运动兴起的理论基础。1966 年,美国成立了全国性的妇女组织,组织起来的妇女们开始争取推翻歧视性的法律和惯例。例如在遗产和财产所有权的处置问题上、就业歧视和同工同酬问题上,以及有关避孕和堕胎的问题上普遍存在的歧视。

女权主义运动者用行动打破旧的观念和制度强加给女性的枷锁,甚至用过激的言辞来反抗。在女权主义高潮的 20 世纪 60 年代,女权主义者把婚姻称为"合法的强奸"和"无偿的劳动";在纽约曼哈顿,5 万名妇女昂首阔步地走过第五大道,一律不戴象征着对女性束缚的胸罩。这些过激行动带来了社会对女性权利的全面反思。女性意识到,获得工作才能获得更大的自由,只有经济上的独立才能带来心理上的独立。

除了女性自我意识的觉醒，技术的进步也为女性参与工作提供了可能性。洗衣机、电烤箱、电冰箱等家用电器的发明和普及，将女性从繁重的家务劳动中部分解放了出来。而经济从制造业向服务业的转型，带来了更多适合女性参与的岗位。

"今年，哈佛商学院 MBA 招收了 780 名新生，其中包括 31 名女性。哥伦比亚商学院招收女生的数量比去年翻了一番，达到 4％。"2013 年的这个数据引发了我的猜想。四十年前，《纽约时报》报道著名商学院招收女性 MBA 的占比，正好和如今世界 500 强女性 CEO 的占比相似，而世界级跨国公司 CEO 的年龄大体集中在 55 至 65 岁之间。也就是说，一流商学院女生的占比，就是四十年后世界 500 强女性 CEO 的占比。2013 年新入学的哈佛商学院的学生中，女性占到了 39％，创下有史以来的新高。如果我的假设成立，那么在 2053 年前后，世界 500 强的 CEO 中，女性将占到 40％左右的比例。从女性进入商业和企业的历史来看，这个预测一点也不骇人听闻，甚至趋于保守。

这一天的到来，应该是世界女权主义运动结束的时刻，因为男女已经在真正意义上实现了平等。而从目前的情况看，在美国，虽然基层职位男女基本上有差不多的机会，但即使在相同的岗位上，女性的薪酬也平均低于男性。美国政府 2012 年发布的一份报告显示，在美国，男性经理人每挣 1 美元，女性经理人仅能挣 81 美分。男女经理收入差距略有缩小，七年前的研究显示，男经理每挣 1 美元，女经理只挣 79 美分。

更让女权主义者耿耿于怀的是，女性职业经理人越往上走，遇到的瓶颈就越大。2009 年 5 月 10 日，《纽约时报》一篇名为《上班族中的母老虎》的报道中说，一家研究机构所作的专题调查显示：在经济危机中，职场"欺负人"的情况有日趋严重的趋势，发生在女性员工之间的欺负与被欺负的现象增加得更加明显。在男的欺负男的、男的欺负女的、女的欺负男的和女的欺负女的这四个选项之中，有 40％的欺负人现象发生在"女员工欺负女员工"的身上。

在职场中，这其实是一个常态，经济危机只不过是加剧了这种现象罢了。过于稀缺的升迁机会和更多女性希望获得职业成功的社会趋势，使女性之间的竞争更加激烈。有人说，为了达到同样程度的认可，证明自己有同样程度的领导才能，女性必须付出的努力是男性的两倍。一位美国著名的女性CEO，前不久大骂那些宣称自己可以在家庭和工作之间轻松切换、两不耽误的高级职业女性是在说谎，因为这是在误导职场的女性。她自己每天要处理200封邮件，参加好几个会议，每天工作十几个小时，很少有时间照顾家庭。

这种情况在一些容纳女性就业人口多的行业尤为突出，比如传媒、广告、大众消费品等行业，职场女性之间的竞争显得更加激烈。在这些企业中，女性员工甚至超过60%，但在管理层位置上，女性任职的比例却并不比其他公司高多少。而在普通行业中，公司内部如人力资源、财务、销售等部门，女性员工的比例也明显偏高，升迁渠道更是狭窄。在这样的公司或者部门里，女性的竞争对手首先是同性别、同级别的同事，而不是男性。

人多了，路窄了，职场氛围肯定会变得坏起来。

在职场中，女性经理人的成长，尤其是相貌漂亮的女性还会遇到和工作能力无关的问题。女性尤其是美女总是会受到来自男性上司出于各种目的的额外关照，你很难拒绝那些开始并没有任何附加条件的好意，而这些好意总会有一部分转变为骚扰。如果她拒绝了，她很有可能在职业发展上获得不公平的待遇。如果她顺从了或者主动地投怀送抱，那么这段经历很可能变成她一生无法摆脱的阴影，因为在此之后她所有的努力都会被打上独特的标签，她的才华和努力在其他同事那里将变得没有价值。

因为越来越多的女性进入职场，遏制性骚扰成为在工作场所维护男女平权的一项最重要任务。大部分女性处在较低职位上，她们的绩效、薪酬、升迁、雇佣多掌握在他们的男性上司和同事手中。除此之外，针对女性的就业歧视明的暗的也一直都存在。在美国，经过女权主义和人权运动的长期斗争，大多形成了反就业歧视的法律体系。除了招聘阶段，在升职、加薪、解雇等方面，如果雇员能够提出证据证明雇主有性别或者身份歧视行为，都会被归为就业歧视，可以向公平就业委员会提出起诉。

在商业和企业的职业经理人位置上，女性一直谋求获得公平的对待，法律虽然提供了某些保障，但绝非最根本的原因。女性在商业和公司最终的成功，是来自经济发展方式的转变。在漫长的人类社会中，原始狩猎、农耕社会和工业社会生产，男性的体力优势十分明显；而后工业化时代、信息时代，体力在经济总量中所占的比例将越来越小。这才是女性在商业社会真正和男性平权的本质因素。

黑人职场梦

"他的秘书不向他传播办公室的流言蜚语,因为他们相处得比大多数人更加克制。作为一家亿元公司的中级主管,他有权利到主管餐厅就餐,但他不能想象与公司总裁和其他高级主管们坐在大餐桌旁的情形。在公司的舞会上,他不敢邀请顶头上司的夫人共舞。偶尔他也会与同事们小酌,离开酒吧时,他的同事们冲向通往郊区的火车,而他则乘地铁向北回到市区的混合公寓。他的邻居们几乎没有像他这样努力在企业的管理层向上爬的。"《纽约时报》1970 年 4 月 19 日的一篇长篇报道这样描述一位黑皮肤的企业中层管理者磕磕碰碰的职场图景。

在刚刚过去的 20 世纪 60 年代,黑人民权运动取得了重大胜利,从法律上来说,黑人们获得了和白人及其他种族人群相同的政治权利。从奴隶到公民,美国黑人经历了长达百年的漫长历程,而完全消除歧视,实现真正的平等,可能需要更长的岁月。

1863 年 1 月 1 日,正处在南北战争胶着中的林肯总统正式签署了《解放宣言》,宣告黑人奴隶获得了解放,欢迎南方黑奴参加北方军队。1865 年 1 月 31 日,国会通过了《宪法》第十三条修正案,彻底否定了奴隶制度。1866 年,美国国会通过了《宪法》第十四条修正案,确认所有在美国出生的人,生来具有美国国籍。之后,黑人纷纷北上,加入到美国工业化、城市化的大潮中,黑人的廉价劳动力为美国经济在 19 世纪末的起飞发挥了重要作用。黑人的经济状况得到了大幅改善,获得了名义上的选举权,但存在于很多州的种族隔离制度让黑人成为事实上的二等公民。

1955 年 12 月 1 日晚,阿拉巴马州蒙哥马利市的一辆公共汽车上,42 岁的劳累了一天的黑人女裁缝罗莎·帕克斯,坐在了公共汽车上白人区的空椅子上,并且拒绝把座位让给一名后来上车的白人男子。咆哮的白人司机把罗莎赶下汽车,警察逮捕了她并处以罚金。罗莎决心发起挑战,在 26 岁的黑人领袖马丁·路德·金的带领下,全美爆发了长达 381 天的抵制巴士座位隔离运动。第二年,美国最高法院裁定巴士座位隔离制违反宪法。1957 年 9 月,美国阿肯色州小石城 9 名黑人学生初次与白人学生同校上学,遭到白人学生和家长的抵制,引发了一场种族对抗的大骚乱。美国总统艾森豪威尔下令调用联邦国民军伞兵部队紧急空降,护送这 9 名黑人学生到校上课。1963 年,肯尼迪向国会提交了《民权法案》。1963 年 8 月 28 日,美国黑人在首都华盛顿举行和平集会和游行,马丁·路德·金在林肯纪念堂前发表了"我有一个梦"的著名演讲:"我有一个梦,从前奴隶的子孙们和从前奴隶主的子孙们将能像兄弟般地坐在同一桌旁,那里黑人小男孩、小女孩可以和白人小男孩、小女孩,像兄弟姐妹一样手牵手并肩而行。"之后 25 万人参加了游行,其中有不少白人加入了游行的队伍。次年 6 月,在继位的约翰逊总统任内,《民权法案》终获国会通过,种族隔离政策正式结束。

如果你只关注美国的体育界和娱乐业,你会误以为种族歧视已经是一个过时的概念。在《福布斯》公布的美国黑人富豪榜中,美国电视女主持人奥普拉·温弗瑞以 27 亿美元身家稳占榜首,高尔夫球名将"老虎"伍兹排名第二。NBA和田径赛场上几乎是清一色的黑人,在流行音乐领域黑人歌手也独领风骚。

1989 年,科林·鲍威尔成为首位担任参谋长联席会议主席的黑人;2000年,他成为美国历史上首位黑人国务卿。2004 年,康多莉扎·赖斯接替鲍威尔,成为美国历史上首位女黑人国务卿。2008 年,伊利诺伊州参议员奥巴马成为美国建国 232 年以来首位黑人总统。这标志着黑人的政治地位达到有史以来的顶峰。然而,唯独在商界,黑人的地位提升得最慢。

美国人愿意选举一位黑人当总统,在公司里却不大接受一位黑人成为自己的上司,心理上的隔离感不会因为法律的平等而自然结束。"公司是反对社会融合的最后堡垒吗? 一位黑人招聘主管称确实如此。年轻黑人已经对在商界发展不抱任何幻想,部分原因是在高层缺少黑人的面孔。一项调查表明,90%的黑人主管认为黑人身份是妨碍他们进入高层的不利因素。而且许多黑人主管即使爬上了副总裁的高位,他们在一些特殊的领域里依然会受到排挤。"40 多年前的《纽约时报》的报道这样分析黑人在职场中的"玻璃天花板"。

黑人女作家杰茜卡·费伊·卡特说:"非洲裔美国人进入公司时背负'信任赤字',就算有哈佛的企管硕士或法学学士学位,他们还是要克服这种偏见。在美国企业界,权力的标志仍然是白人和男性。"

时至今日,《财富》500 强公司中的黑人 CEO 仍然只有四五个人,远远少于女性 CEO 的人数。一个有趣的现象是,在大公司中美国黑人的仕途不大顺畅,但黑人自主创业的比例却超过了白人。据美国人口普查局的估算,在过去 25年中,黑人创业人数增加了 37%,增幅远超过白人的 10% 和西班牙裔人的15%。这或许可以解释为黑人并不缺少商业天赋和创造力,但难以在科层组织内如鱼得水。

斯坦利·奥尼尔是极少数爬到跨国公司最高层的黑人。这位祖上是黑奴家庭的贫寒学子在几乎没有黑人立足之地的华尔街坐到了当年五大投行之一——美林证券掌门人的位置。从媒体的描述中，依然可以看到四十多年前《纽约时报》描述的那位黑人中层的影子，《纽约时报》曾经这样描述奥尼尔："在华尔街这个向来依靠人际关系作业的地方，奥尼尔显得有些格格不入。这或许也是因为贫寒的出身造就了奥尼尔在某种程度上的孤独和自卑个性。据称，奥尼尔在读大学的时候，还曾为了除去自己的南方口音而专门选修了演讲课程。"

奥尼尔在华尔街也没有太多亲密的朋友。作为一个高尔夫球迷，除了必要的客户应酬之外，他常常自己一个人打球。

奥尼尔是其家族中第一个上大学的人，他的大学生涯始于军队强行保护黑人学生进入校园的背景下。回想起第一次走进学校的时候，奥尼尔形容作为当时教室里仅有的几张黑人面孔之一，他的心情是惴惴不安的。

按照《平权法案》，美国严格规定在职场的招聘、升职、薪酬上不得对少数民族裔以任何方面的歧视，在公开的场合和媒体上，任何针对少数民族裔的歧视言行也都是政治不正确的典型，遭人唾弃。但作为一种潜规则，歧视不可能真正消除。

一项研究显示，肤色与收入密切相关，肤色浅的人比肤色深的人收入更高。这项由美国范德比尔特大学组织的调查，对象为 2084 名来自世界各地的合法移民。在这些移民中，浅肤色人的收入要比深肤色人的收入高出 8%～15%，他们之间唯一区别就是肤色深浅，其他方面的背景情况大致相同。北卡罗来纳大学经济学教授威廉·达里蒂也表示这项调查结果与他的研究观点完全一致。他说："我们发现，黑色或肤色中等程度深色的人在就业时，受到歧视性惩罚的可能性要比白人高出 10%～15%。这表明，许多雇主在招聘时不是看应聘者是不是有足够的技术和能力，而是看人家的肤色深浅。"他还表示，目前尚不清楚的是,这种歧视是有意识的还是下意识的。

作为单一种族国家,肤色的深浅从来没有成为中国社会和商业的明规则或潜规则,但以出生对一个人身份的影响却一直存在着。甚至直到今天,依然被一种叫作"户籍"的制度安排影响着,在某种程度上,"户籍"制度和"种族隔离"制度具有一定的相似性,都是建立在对权利的剥夺上面。如果说在美国对于肤色的有意无意的歧视仍然会长期存在,在中国乃至世界各地,因为地域、相貌、身高、民族等方面有意无意的歧视也仍将长期存在,那么,一部中国式的《平权法案》不应该再以任何借口拖延下去。

肯尼迪的 72 小时

"不要问你的国家能为你做什么,而要问你能为你的国家做什么。"约翰·肯尼迪在就职仪式上的这句名言和他与玛丽莲·梦露的绯闻以及在古巴问题上的叫板一起,成为这位在位时间最短的美国总统留给后人的关键记忆。

这位仅仅在位 1000 多天的总统在经济领域的遗产远不如在政治上留下得多,但却奠定了 20 世纪 60 年代"美国历史上最美好的经济时期"(保罗·克鲁格曼语)的基础。"当年的经济发展似乎令所有的人都有事可做。不仅工作机会充裕,工资也达到空前水平。"为了批判共和党的经济主张,诺贝尔经济学奖获得者、《纽约时报》撰稿人克鲁格曼对肯尼迪奠定的 60 年代赞赏有加。

"1961 年 1 月,国家已经处在衰退之中,失业人数高达 540 万,失业率达到 6%,肯尼迪的目标是刺激经济增长和减少失业,同时还要平衡预算和防止通货膨胀。为了帮助失业工人,肯尼迪艰难地迫使国会通过立法来提高失业补助金,制订再培训计划,把最低工资从每小时 1 美元提高到 1.25 美元。"《美国世纪》一书回顾了肯尼迪的"新经济"主张。为了刺激经济,肯尼迪废止了一些苛刻的财政政策,1961 年,在其任期内的第一个年度预算导致了美国历史上的第一次非战争、非经济危机引起的财政赤字,政府庞大的开销不可避免地带来通货膨胀。

肯尼迪的经济政策继承了罗斯福新政的基本理念。削减税收,增大政府支出,同时为了控制可能由此带来的通货膨胀要求钢铁企业不要搭车涨价。在保守派看来,政府对经济的干涉到了不能容忍的地步。

他们发起了绝地反击。在肯尼迪上任的第二年,1962 年的 4 月,钢铁巨头们改变了之前作出的不涨价的承诺,向总统的权威提出了挑战。他们不相信,作为自主经营的企业,为什么要问自己能为国家做什么,而不是相反。肯尼迪调动了所有能够使用的手段,用三天的时间打赢了这场战斗,用战果告诉美国公众——在美国,还是总统说了算。

《纽约时报》用一篇罕见的长篇报道再现了这惊心动魄的 72 小时。资深记者华莱士·卡罗尔的报道更像是一篇小说:"华盛顿 4 月 22 日讯——4 月 10 日,星期二下午,白宫显得特别安静,安静得让总统觉得他也许应该打个盹或者看一点轻松读物。只是为了确认一下,总统打电话给他的私人秘书伊芙琳·林肯,问今天还有什么安排。秘书告诉他五点三刻约了布劳先生。布劳先生?总统大声说。"看来,这是一位不速之客。

罗杰·布劳是当时美国钢铁公司的董事长。成立于 1901 年的美国钢铁公司,总部设在匹兹堡,由卡内基钢铁公司和联合钢铁公司等十几家企业合并而成,是当时世界上最大的钢铁公司,曾经控制着美国钢产量的 65%。它曾经先后吞并了 50 多家企业,成长成为钢铁业的巨无霸,在行业内说一不二。

布劳此行的目的是告诉总统,公司决定要把他们的钢材价格每吨提高 6 美元。稍早些时候,12 名董事在纽约作出了这个"艰难"的决定。出于礼貌,他们让董事长亲自前往白宫。

"五点三刻,总统在他的办公室接见了布劳。免去一切客套,布劳递给了总统一份四页的新闻通稿,总统念道:匹茨堡 4 月 10 日讯——近四年美国钢铁于今日首次宣布提高钢铁价格的整体水平。肯尼迪目光匆匆扫过这则简讯,接着他招来了劳动部部长哥德堡。总统面色铁青交给他这份文件,哥德堡看过,问布劳,既然决策已经作出,你还来干什么?布劳回答说,作为礼貌,他应该亲自通知总统。哥德堡反驳道,这是冒犯总统,很难说是礼貌。"《纽约时报》的报道极具画面感。现在已经很少有人这样写新闻报道,但这种推理加想象的报道方式读起来的确抓人。

这种公然的叫板在美国历史上从无先例。从 1961 年开始,总统就试图说服钢铁企业在秋天工资上涨后不要提高产品的价格,仅仅在上个周末,主要的钢铁公司还同意不再涨价。总统甚至想把钢铁业树为其他行业学习的样板,没想到,他们这么快就反悔了。

是因为总统年轻了?还是因为他的当选不孚众望?虽然有显赫的家族背景和第二次世界大战时战斗英雄的传奇经历,但作为总统候选人的肯尼迪只有 42 岁,的确是太年轻了。

是电视帮助肯尼迪最终战胜共和党候选人尼克松进驻了白宫。1960 年 9 月 26 日晚上,美国历史上第一次总统竞选辩论在芝加哥的 CBS 演播室里进行。肯尼迪的竞选对手,是已经在艾森豪威尔政府中当了八年副总统的理查德·尼克松。7000 万电视观众坐在电视机前观看了这场史无前例的辩论。

有趣的是,大多数通过收音机收听辩论的民众认为,尼克松在辩论中占据了上风,但绝大多数在现场和电视机前的观众都认为肯尼迪占据了上风。他看上去轻松而自信,而镜头前的尼克松脸色阴沉憔悴,脸上的化妆粉被汗水冲出

沟壑,显得慌张而狼狈。电视这种新的媒体在政治中首次成为了重要的传播
工具。

尽管在选举人票数上肯尼迪大获全胜,但两个人得到的选民票数只相差
0.1%,肯尼迪在天主教徒、黑人、学生、知识分子的拥戴下勉强成为新一任美国
总统。虽然出身商界家庭,但肯尼迪并不被商界普遍接受。

肯尼迪气坏了,他向自己的幕僚们爆出粗口:"我的父亲总是对我说,所有
的商人都是狗娘养的,我从来都不信,直到现在。"这句名言,成为这片长篇报道
中的最大亮点,肯尼迪将所有商人推到了自己的对立面。但同时,也获得了民
众的满堂喝彩。

显然,这是一句不应当从总统口中说出来的话。肯尼迪在多个场合进行了
解释,不否认,也不收回。肯尼迪解释,那句话只是转述父亲的话,自己引用自
己父亲的话并非全无道理。但父亲批评所有商人显然是不对的,因为他自己也
是曾经是个商人。他的批评来自于部分商人在一些时候的行为。

"有些概括显然是不准确的,也是不公平的。但在某一时刻他被欺骗了,因
此他的话在那时是对的。但那时过去的事了,我希望我们能一起奋斗。"在这件
事的处理上,显示了肯尼迪在政治上的成熟——唤起民众的情绪,在舆论上将
对手打入道德陷阱。

接下来的72小时里,肯尼迪和他的幕僚们投入了一场真正的战斗——

4月10日星期二晚8点,总统确定将在第二天下午三点举办新闻发布会,
进行正面反击。并亲自给所有重要政府成员打电话,让他们返回首都。

11日星期三凌晨4点,劳动统计局完成了所有钢铁行业数据资料的整理。

早晨8点,肯尼迪召集副总统、国务卿和各部部长进行早餐会,通报了总统
将要发表的声明。

上午11点,总统在去机场欢迎伊朗国王的路上得知第二大钢铁公司伯利
恒宣布提高钢铁价格,紧接着又有三家钢铁公司宣布跟进。

下午 3 点 30 分,肯尼迪召开新闻发布会,他强压怒火说:"钢铁行业的做法违抗了公众利益,是不公正的,也是不负责任的,他们表现了对广大公民的全然蔑视。"这一天,尚未宣布跟进提价的几家钢铁公司的老板分别接到了来自白宫高官或者他们朋友的问候电话,暗示他们小心考虑自己的站队。

下午 6 点,联邦贸易委员会主席保罗·迪克逊告诉记者,他将就钢铁公司是否违反了 1951 年一项反对企业串通价格的法案进行调查。与此同时,民主党全国委员会打电话给来自民主党的州长们,请他们公开声明支持总统,同时保证本周的钢铁生产商价格保持不变。在 24 小时之中,政府在多条线上采取了行动向钢铁行业施加压力。

12 日星期四凌晨 3 点,美联社记者林德接到联邦调查局探员的电话,要求"过来和你谈谈",林德之前报道过钢铁行业内部会议的消息。之后多名记者被邀请"喝茶"。

下午,肯尼迪给著名律师、老朋友克拉克·克利福德打电话,希望他能够给布劳带话,让其收回决定。

下午 7 点,总统的弟弟、司法部长肯尼迪命令大陪审团调查涨价事件。与此同时,司法部官员向美国钢铁、伯利恒等公司总部发出调查传票。

13 日星期五上午 11 点 45 分,国防部长麦克纳马拉召开新闻发布会,命令军工生产企业只能向不提价的钢铁公司进行采购。

下午 3 点 20 分,伯利恒钢铁公司宣布取消价格上涨的决定,涨价联盟瓦解。此时劳工部长哥德堡、美国钢铁董事长布劳和总统请来的中间人克利福德正在一家酒店举行秘密谈判。

下午 5 点 28 分,美联社发布消息,美国钢铁将恢复原来价格。得到消息时,肯尼迪刚刚结束了对一艘核潜艇的视察,距离布劳的拜访正好 72 小时。肯尼迪完胜。

政府管理市场运行的边界,永远是经济学家们最热烈的讨论话题。尽管肯尼迪在这 72 小时的所作所为引起了非常大的争议，但其坚决和果敢的作为让自己的经济政策得到了真正的执行。

现在看来，金融危机时中国的 4 万亿投资计划决定是非常坚决的，但由于对其后果估计不足，对经济的干预尚不够坚决。如果当时同时出台调控房地产的政策，就会逼迫资金进入实体经济而不是纷纷去炒房地产。当然这是马后炮，也是我研究这段美国经济史的一点感慨。

改造资本主义

Reform Capitalism

　　伟大的政治家都是因为在历史的关键时刻作出了顺应潮流而又超乎人们想象的举措而被尊为伟大的。 而时势造英雄，最坏的时刻，就是伟大的变革者诞生的时刻。

从浮华时代到大萧条

繁荣,然后毁灭。

"昨天,华尔街成了希望正在渐渐消失的大街,这里笼罩着的是出奇安静的忧虑和一种被麻痹催眠般的景象。男人和女人们挤在经纪人的办公室里,其中甚至还有那些早已被清扫出局的人。到处是一小群一小群的人聚在一起窃窃私语,以畏怯的语调谈论着日渐下跌的股价。他们正在创造金融史。银行家和经纪人都一致认为,这一代人以后不再会有机会看到这样的景象。对于大多数已经入市的股民来说,这越发令人畏怯,因为他们参与金融的经历仅限于牛市。"

1929 年 10 月 30 日的《纽约时报》这样记录了此前一天华尔街股市的最后崩盘。从上一个周四即 1929 年 10 月 24 日开始,上涨了七年的华尔街牛市走到了尽头。的确,那一代股民创造了金融史。到 1932 年,道琼斯工业股票指数下探到 41.22 点的最低点时,该指数已经比 1929 年 10 月的最高点 381.17 点下跌了 89%。

直到将近八十年后的 2008 年的冬天,由于次贷危机的爆发,人们才再一次领略到了类似的恐慌。此时,执掌美联储的伯南克正是一位"大萧条"的研究者。

在伯南克最有名的著作《大萧条》的第一页,他写道:"解释大萧条是宏观经济学的'圣杯'。大萧条的研究不仅使宏观经济学成为一个独立的研究领域,而且还持续影响着宏观经济学家们的信条、政策建议和研究进程(这一点常常没被充分认识到)。"

在又一次金融危机到来的时候,执掌金融政策的恰好是这位对史上最严重金融危机最具权威的研究者。就好像一位被担架抬进手术室的心脏病病人,碰到的正好是医院最牛的外科医生在值班。至少到目前为止,由于积极的应对政策,美国经济并没有陷入曾经发生过的大萧条中,这也算是以史为鉴的一次生动且成功的案例吧。

另外一本有关大萧条的著名著作,由美国学者狄克逊·韦克特撰写的《大萧条时代》,作者写下的第一句话是:"1929 年 10 月中旬,展现在一个中产阶级普通美国人面前的,是一眼望不到头的繁荣兴旺的远景。上一年,刚刚走马上任的胡佛总统一本正经地宣布:征服贫穷不再是一个遥不可及的幻想。我们有机会沿袭过去八年的政策,继续向前。在上帝的帮助下,我们很快就会看到,把贫穷从这个国家驱除出去指日可待。"然而,让胡佛没有想到的是,仅仅几个月之后,上帝就"歇工"了。

20 世纪 20 年代被称为美国的"浮华时代",也称"柯立芝繁荣"。

1923 年 8 月 2 日,总统哈定突然逝世,柯立芝继任总统,接着在 1924 的大选中获得连任。柯立芝信奉市场的力量,主张不干涉工商业的事务,被认为是一个自由放任经济政策的理论家和实践者。

　　作为工业国中唯一的受益者,当和平来临的时候,美国人惊喜地发现他们已经成为世界经济的主宰,他们年轻的祖国不仅拥有丰富的物质资源和人力资源,同时还拥有广阔的国内市场。到 1924 年,美国掌握着世界黄金储存量的一半,为经济繁荣奠定了基础。

　　然而真正使美国走向繁荣的是技术和管理的突破所带来的生产力水平的全面提高。汽车业、机电业和房地产业的全面崛起,把美国送入了一个工业化的新时代。

　　汽车业是这一轮经济增长的最强大动力。随着泰勒制、福特制管理方式的成熟和推广,汽车的生产速度大幅加快,汽车狂潮般地开始涌入普通美国家庭。福特公司为了推出新面世的 A 型车,在全国 2000 家报纸连续做了 5 天整版广告。1927 年 12 月 2 日,当 A 型车揭开面纱的时候,有 100 万人设法进入福特的展厅一睹新车的风采。从 1919—1929 年,美国的汽车数量从 600 万辆猛增到 2300 万辆,紧跟其后的是无线电收音机、电冰箱和电烤炉等电器的迅猛增长。

　　制造业的高速增长带动了相关股票价格的不断攀升,越来越多的人从成倍上涨的股票中获得他们从未梦想过的巨大财富,消费欲望被广告和商家的营销手段不断刺激着。美国人开始相信,由华尔街和福特公司们共同构成的美国经济无所不能。吃苦耐劳、集腋成裘的古训被快速致富的渴望所取代,商业被赋予了前所未有的崇高地位。

　　在这个新教徒国家,《圣经》被频繁地引用来解释商业,商业也被频繁地用来解释《圣经》。在一本畅销书中,耶稣被描绘成一位伟大的经理,是现代商业的奠基者,"他从商业阶级的底层挑选出 12 个人,把他们打造成了征服全世界的公司"。在华尔街崩盘之前的最后一期《时代》周刊发表了这样的宣言:人们普遍同意这样一句老生常谈——美国人最伟大的功绩就是商业。

　　美国文化史学者弗雷德里克·艾伦 1931 年的著作《浮华时代》记录了这样一个小故事:一家公司发明了这样一种刺激销售人员的方法,在公司举行的年会上,销售业绩最好的推销员面前摆放的是牡蛎、烤火鸡和精心制作的冰激凌,销售业绩次之的则没有了牡蛎,依此类推,销售业绩越差的面前的食物就越寒酸,在业绩最差的推销员前面,只有一小盘煮豆子。这种在现在看来惨无人道的激励方式,在当时竟被作为公司的先进理念广为传播。

拥有百万财富成为唯一的成功象征,欲望号街车沿着繁荣大道一路高歌。下一个目的地是哪里呢?——佛罗里达。

"去佛罗里达,那里是企业家的金銮。黄昏里坐看棕榈叶婆娑,被太阳吻红的天边留下斑斑点点。"如此文艺腔的句子,不是来自某位女文青,而是来自一位银行家的手笔,用来作为一篇鼓动大家去佛罗里达投资的文章结尾。

1925年夏天,在佛罗里达的迈阿密,2500多个房地产代理机构和数万投资者,让这个城市更加灼热。人们卷起袖子步履匆匆地往返奔波,看地、买房、签约,投资者们相信,已经变成了汽车轮子上的美国,人人都想要到佛罗里达度假,到那里投资买房是一桩稳赚不赔的买卖,什么样的房子都能卖出去,只要是在佛罗里达。与此同时,在每一座大城市的周边也是一派繁荣景象,大量的耕地变成了住宅。

然而,一场飓风席卷了迈阿密,成千上万个偷工减料的别墅屋顶被掀翻,飓风之后,普通百姓对房地产投机失去了信心。依然对柯立芝繁荣所带来的无限机遇满心期待的人们,把目光从迈阿密海滨和大城市的郊区重新转到了纽约下城那条五百米长的街道上,大牛市上演了。投机热潮正迅速传遍全国,一夜致富的神话挂在每一个人的嘴边。一位投资分析师这样评论道:医生发现病人们每天谈论的都是股市,理发师拿着热毛巾,停下手里的活,和顾客谈论着股票。

并非没有唱空者。早在1925年年底,《纽约时报》的财经评论员亚历山大·诺伊斯就发出了股市可能暴跌的警告。他认为投机买卖如此红火的原因来自于华尔街巨大的银行储备、宽松的金融政策,尤其是汽车制造公司惊人的销售量所带来的巨大收益。而各种有关"联合"、"购并"、"控股"的谣传,使投机者的投资情绪达到了顶峰。人们都在寻找正在升值的东西,当这种东西是持续上涨的股票时,所有人赌一把的胃口就被吊了起来。诺伊斯在他的评论中对于股票市场的未来表现出了深重的忧虑:"1925 年的投机狂热在我们的工业和金融史上,究竟意味着什么,让我们拭目以待。"

四年以后,人们等来了大萧条。

当富人越来越富的时候,千百万中低收入者也在掏空他们的积蓄,降低他们的购买力,通过投机来抵押他们的未来。终于,这个建立在沙滩上的高塔坍塌了。

当我们回顾发生在美国 20 世纪 20 年代那个浮华时代所发生的一切,再回头看看在中国近十年所发生的故事,其相似之处,让人脊梁发冷。

制造业的高度繁荣,带来财富的快速增长;财富的快速增长,带来信心的爆棚。通过投资快速致富,成为每一个人的梦想。那么最后,我们会沿着这样一个惯性走向 1929 年吗?因为有前车之鉴,发生的概率已经要小得多,但这一切,都要基于一种正确的判断和选择。

让我再最后重复一遍我的同行诺伊斯说过的话:让我们拭目以待!

名垂"笑史"的胡佛

在历史上,有的政治人物会被后人推上神坛,有的会被后人打入地狱,但只有极少的著名政治人物以成为民间笑话的方式名垂青史。1929 年上任的第 31 位美国总统胡佛就是其中的一个。

在他四年任期中,有三年半是在大萧条中度过的。除了科罗拉多大峡谷中的胡佛大坝,胡佛的名字和"大萧条"三个字更紧密地联系在一起。

在他四年的任期结束以后,再被人提起的时候,他的名字总是和艰难与痛苦的记忆联系在一起。躺在纽约中央公园长椅上无家可归的流浪者们把他们盖在身上的报纸称作"胡佛毯";因为买不起汽油,用骡马拉着走的破汽车被命名为"胡佛车";男人们把裤子口袋翻出来抖抖,以示囊中羞涩的动作被诙谐地自嘲为挥动"胡佛旗";城市郊区的棚户区被称作"胡佛村";用来打牙祭的野兔被叫作"胡佛猪"。还有一个更刻薄的段子:胡佛和他的阁僚梅隆走在街上,向梅隆借5美分,打算给一个朋友打个电话。梅隆扔给胡佛10美分,说:"给你所有的朋友都打一遍吧。"

胡佛没有意识到,在他上台的时候,美国已经快要走到了"浮华时代"的终点,等待他的是如过山车般的跌落。在当选美国总统后,胡佛曾经心满意足地宣称,在美国,征服贫穷已经不再是一个遥不可及的梦想,"我们尚未达到目标,但我们有机会沿袭过去八年来的政策,继续向前,在上帝的帮助下,我们很快就会看到,把贫穷从这个国家驱逐出去的日子就在前头"。胡佛没有想到的是,在股市大崩盘之后,上帝就离开了美国。

每一个政客都试图和胡佛划清界限,胡佛成了大萧条的替罪羊。较为主流的说法是胡佛的反危机措施死板而教条,在缓解大萧条方面没有什么作为,错过了最宝贵时间。还有一种截然相反的说法是胡佛根本不是什么也没做,而是做得太多又太傻,是他费尽心思把股市大崩盘搞成了经济大萧条。

信奉凯恩斯主义的人们相信,假如胡佛在其任期内就开始罗斯福式的新政,那么大萧条就不会持续那么长时间。崇尚古典自由主义学说的人们相信,假如胡佛什么也别做,市场会自动修复,大萧条也许根本不会发生。

胡佛的悲哀是,一些具体的决策,无论左派还是右派,无论政客还是学者,无论富翁还是贫民,都给出了惊人一致的评价——愚蠢。比如,签署《霍利-斯穆特关税法》,这项法案对美国经济乃至世界经济深陷危机起到了推波助澜作用。法案虽然以两位议员的名义命名,但这笔坏账毫无疑问地被记在了胡佛的头上。

1930年6月16号的《纽约时报》用一个长长的标题表达了他们的严谨态度:"胡佛说他将签署关税法案,并对授权纠正错误、结束外国抗议的变通条款大加赞颂。"文章说:"总统的声明没有对即将生效的法案是好是坏发表意见。尽管总统表明了自己的观点——在目前的体制下,没有一项制定或者将要制定的关税法案是完美的。最后,总统说实际上我们拥有了一条纠正关税不公正行为的高效而科学的路径。从他坚定的语气中可以断言,总统打算在必要的时候在被赋予更大权力的关税委员会的允许范围内亲自修改法案。"

当一个法案将要被通过的时候,被着重强调的是对这个法案的纠正措施有多么重要。这种逻辑上的滑稽反映的其实是法案出台时复杂的背景。究竟是什么原因,令这个被称为"蠢猪般的法案"能够通过国会的投票,并被总统最终签署呢?

实际上《霍利-斯穆特关税法》并不是因经济危机的到来而设计出的应对措施。第一次世界大战结束后,为保护国内市场,各国相继开征新关税。美国的农场主们认为农业遭受的打击最大,因此一直吵闹着要求提高农业关税。为了赢得竞选,从民主党占优势的农村获取更多的选票,在 1928 年竞选期间,胡佛答应要提高农产品的进口关税。大选中共和党人胡佛靠这项承诺赢得了不少本应属于民主党的选票,最终于 1929 年 5 月成功入主白宫。信守诺言的胡佛打算兑现他的承诺。

《纽约时报》的文章说:"总统认为,根据 1928 年堪萨斯共和党全国代表人会所制定的施政纲领,共和党政府及联邦议会修正关税的做法是正确的。"经济危机的到来似乎正好是瞌睡时的枕头。当然,如果胡佛意识到大萧条将持续如此长的时间,而不是他自己预料的顶多半年,他就不会签署这个法案了。

身为众议院筹款委员会主席的霍利积极行动,花了 43 个白天加 5 个夜晚走访农场主和工商业者,搜集了厚达 11000 页的证词,并在此基础上拿出了一个方案,该方案建议增加 845 种商品(主要是农产品)的关税,并减少 85 种商品(主要是工业品)的关税。法案在众议院通过后递交到参议院,在参议院金融委员会主席斯姆特主持下,方案改为提高 177 项并降低 254 项关税,然后便是漫长的讨价还价,最终提案在 1930 年 3 月付诸表决,并以 44∶42 的勉强多数在参议院通过。

　　原本极力推动这一法案的霍利，其初衷是不改变工业品关税，而单纯提高农业品的关税。而来自工业州的议员们在利益集团的游说下，也纷纷要求提高工业品的关税。在博弈、妥协、交易之下，《霍利-斯穆特关税法》成为一个融合了各种诉求的"四不像"法案。根据这项法案，进口商品的税率平均从 40％升至 48％，3200 种外国商品（占总数的 60％）的关税上涨。

　　在议会通过该法案之后，经济学家们普遍感觉大难临头。在弗兰克·费特尔的主持下，1028 名经济学家联名上书胡佛总统，呼吁否决该法案。这些来自不同学派、平时分歧甚多的经济学家，在这个问题上意见空前统一。他们认为此法案不仅是以邻为壑的不公平竞争，而且必将是作茧自缚的蠢行。企业家也加入到反对者的行列，汽车业大亨亨利·福特花了一个晚上苦口婆心地劝说胡佛否决法案。

　　这些话，胡佛都没有听进去。于是，他在后人的笑话中被记住。

　　时至今日，仍然会有学者对于当时《霍利-斯穆特关税法》为什么会被通过而感到匪夷所思。在法国人勒庞的《乌合之众》一书中阐述了这样一种观点：群体更倾向于制定出比单个人更愚蠢的决定。这个法案的通过可以用来作为佐证这一理论的最好案例——一个大家都认为愚蠢的决定，居然被民主国家的议会通过了。

　　这个被称为"20 世纪美国国会所通过的最愚蠢的法案"，在经济萧条席卷美国进而影响全球的关键时刻，大幅度提高关税，最终不仅导致各国之间的关税大战，让经济危机的周期大大延长，也大大加剧了世界范围内的民族主义，给本已动荡的国际局势又添了把干柴。

　　其实，提高关税对进出口的直接影响并不太大，关键是其中释放的以邻为壑的态度。各国政府最初的反应是抗议，34 个国家提出了抗议，财大气粗的美国根本不予理会。美国满不在乎，各国只好以牙还牙。贸易战的严重后果是，1932 年美国从欧洲进口总值仅 3.9 亿美元，而 1929 年为 13.34 亿美元；同期美

国向欧洲出口总值为 7.84 亿美元,而 1929 年高达 23.41 亿美元。1929—1933
年经济危机后,整个资本主义世界陷入全面大萧条,1929—1934 年,全球贸易总
量缩水达 60％以上。

"粗犷的个人主义"是胡佛对自己执政理念的描述,他认为"经济伤口必须
通过经济体的细胞——生产者和消费者自己的活动来愈合,政府应该做的事是
鼓励个体、企业和政府的自愿合作"。在危机初期,胡佛坚持他的思想,但在危
机朝着不可控的方向滑去的时候,他又仓促间出台了一系列措施,结果是落得
两头不讨好。无论是左派还是右派,都把他当作大萧条的头号责任者。

值得一提的还有,胡佛的中文名字叫胡华。作为一名斯坦福大学地质专业
的毕业生,胡佛曾经在中国天津为一家矿山企业工作近十五年。后来胡佛成为
一名颇受称赞的美国商务部部长,再后来成为备受奚落的美国总统。那个时
代,他所制定的政策对他曾经生活工作十五年的中国并没有发生太大的影响。
倒是七十多年之后的 2007 年,又有 1028 名经济学家向政府发出公开信,反对
美国对中国的贸易保护主义政策,并且提醒政府不要成为"胡佛的继承者",胡
佛因此再次和中国发生关联。

和当年不同的是,那时美国的贸易保护主义面向全世界发达国家,而现在,
则似乎只有一个主要对象,那就是——中国。在今后的若干年内,我们都要提
防"胡佛的继承者",他们藏在众多的美国议员和政客的内心深处,一有风吹草
动便蠢蠢欲动。

罗斯福第一，上帝第二

　　伟大的政治家都是因为在历史的关键时刻作出了顺应潮流而又超乎人们想象的举措而被尊为伟大的。

　　1933年3月4日，星期六，新任总统罗斯福从胡佛手中接过了领导美国的权力。此时已持续近四年的大萧条已经让美国——这个新崛起的世界头号工业国变得千疮百孔、风雨飘摇。在早春的寒风中，罗斯福面对国会山下草坪上十多万群众和收音机前的数百万听众发表了20分钟的讲演。

　　"我相信，唯一让我们恐惧的就是恐惧本身，一种无名的、丧失理智的、毫无道理的畏惧心理。它让我们什么事也办不成，使我们无法由退却转为进攻。"罗斯福要驱赶过去的四年给美国人带来的恐惧，他呼唤行动。"这些黑暗的日子，如果让我们懂得：我们真正的命运不是要被别人照顾,而是要照顾我们自己,照顾我们的同胞,那么我们为此而付出的全部代价都是值得的。这个国家现在需要行动,现在就开始的行动。"

行动从哪里开始呢?

上任的第二天,即星期天的晚上,罗斯福发布了作为总统的第一项政令:下令全国银行从周一开始,也即3月6号,停业四天。行动开始了,从华尔街。

《纽约时报》1933年3月6日的头条是这样报道的:"华盛顿3月5日讯——为了防止金银币、金银条的出口和藏匿,今晚11点,罗斯福总统发表了一项声明,下令从明天起至星期四为银行停业期。今天早些时候,他已经召集国会于星期四开会。"

对于从建国开始就以防止权力的滥用为宪法最高原则的美国,罗斯福怎样证明他宣布银行停业的行为是合法的呢?在美国记者曼彻斯特的《光荣与梦想》一书中有这样一段描述:"晚上,他动手干了起来。他一边咬着往上翘的烟嘴,一边起草文件,援用那几乎被人忘记了的第一次世界大战时期定下来的《对敌通商法》,宣布全国银行一律休假四天。"

和《纽约时报》的报道相比,接近于小说的《光荣与梦想》更试图把罗斯福的上台塑造成一个旷世英雄的横空出世。而《纽约时报》的表述是:"甚至当罗斯福总统宣誓就职两小时后还在检阅参加典礼的游行队伍时,他的内阁成员与其他关系密切的顾问就已在检阅台后开始商议了。总统今晚的声明中所包括的许多条措施早在这些非正式会议上试探性地提出了。财政部长和国务卿在与其他官员商议之后,就离开现场,通过电报、电话将联邦储备银行行长及各大银行家于今天召集起来,同他们一起,让即将发表的总统声明的内容得到完善。总统在与联邦储备系统官员和银行家开了一整天的会,并与内阁成员开过特别会议之后,于今晚发布了声明。"

在《光荣与梦想》一书的描述中,罗斯福的这一天是独自在新搬进的椭圆形办公室里度过的。懊丧的胡佛在搬家的时候,连一支笔或者一张便签都没有给新总统留下,于是,总统大叫一声,找来了秘书和助手,找来了纸笔,开始学着当总统。在几个小时的深思之后,一项具有标志意义的法案就此诞生了。

盼望改变现状的美国人,更需要看到一个力挽狂澜的英雄拯救民众于水火之中。一位住在加利福尼亚州的记者甚至在打字机上打下了这样"出格"的话:"就是罗斯福一把火烧了国会,我们也会大声欢呼:好哇,火到底是点着了。"

其实,宣布银行停业根本算不上是大萧条战略反攻的号角,那只不过是一件接管了国家权力的人不得不做的事儿。美国金融体系的全面崩溃早就开始了。在 1929 年华尔街股灾之后,美联储采取的出人意料的紧缩性货币政策对经济不但没有起到挽救的作用,反而雪上加霜,最终演变成大萧条,国民收入水平下降了 31%,价格水平下降了 30%,失业率达到 20%。当金融机构出现经营困难的时候,美联储并没有发挥最后贷款人的作用,流动性挤兑自然就出现了。大萧条带来的紧张不安和四起的谣言让人们不再安心把钱放到银行,而是统统取回家藏起来,成千上万的金融机构被迫关闭。到 1932 年 10 月,金融体系到了坍塌的边缘,内华达州第一个宣布银行休假,以挽救一连串银行倒闭的风险。紧接着其他各州都在步其后尘,纷纷宣布银行放假。仿佛回到了古代,全美国陷入了不知道拿什么和人交换东西的境地。一些地方发行了自己的代金券,墨西哥币、加拿大币被广泛使用。

到罗斯福就任的那一天,除 10 个州外,其余各州都宣布了银行的停业期。在这种情况之下,罗斯福所做的其实就是对现实的确认和正视。面对着国会和最高法院强大的保守势力,罗斯福必须迅速建立起自己的统一战线,他没有像很多人所预想的那样选用左派人士对政府进行大换血,而是留用了不少胡佛政府的成员,任命共和党人士沃丁担任财政部长。国难当头,需要面对唯一的敌人是恐惧,而不是政治对手。罗斯福的政策让他获得了广泛的支持。

在四天之后的国会会议上,罗斯福的努力获得了回报。国会特别会议开始,《紧急银行法》在只有一份草案、还未来得及印刷发放到议员们手里时,就高票获得通过,前后只用了 38 分钟。在这项在保守派看来不可思议的法案中赋予了总统至高无上的权力。根据法案,国会今后要无条件地通过总统和财政部长"已经采取和今后将要采取"的一切措施。"百日新政"由此拉开序幕。

在之后的一百天中,罗斯福利用国会授予的权力制定了一系列法案,完成了资本主义有史以来最全面和深入的政府干预。一系列针对华尔街的改革法案接踵出炉:复兴金融公司被要求筹集资金重组银行,并发放更多的货币;金本位被废止;《联邦证券法》通过,发行股票被要求必须进行信息披露;商业银行和投资银行被要求分业经营;银行存款必须进行保险以确保其安全性……

罗斯福是一个天才的沟通者,他不但说服昔日的政敌加盟新政大业,说服国会给自己最大的授权,说服华尔街接受苛刻的监管,更是首创了著名的"炉边谈话"。从 3 月 12 日开始的每个星期日的夜晚,罗斯福都通过广播这一新媒体和全国听众交谈,用通俗的语言、亲切的语气解释他的政府正在做的一切,邀请全国人民通力合作,驱除恐惧、迎接希望。

在古典自由主义经济学家看来,罗斯福新政是对市场经济最大的一次反动,人为地打断了市场的自我修复机制。不少学者用毕生的精力试图证明,所谓的罗斯福新政,其实是由一连串缺乏内在逻辑、散乱而自相矛盾的政策组成的怪胎。罗斯福本人对经济一窍不通,所谓新政,并没有救美国于水火,而几年后爆发的第二次世界大战才是美国走出萧条的真正原因。对罗斯福新政功过评价的争论到现在仍然在继续。

这些经济学家们总希望通过数学模型的计算来框定人类社会的发展规律,但真正的政治家是绝不会教条到按照经济学的逻辑来思考经济,他们思考任何问题的角度都只有一个——人心。

作为一名天生的政治家,罗斯福敏锐地认识到,股市暴跌、银行破产、工厂停工、用户挤兑,所有的这一切都源于对未来更坏结果的恐惧。他所需要做的就是通过行动来重新唤起美国人民心中面对困境的勇气。罗斯福做到了这一点。

写到这里，联想到为应对 2008 年到来的金融危机，中国政府做出了 4 万亿巨额投资的举措。不少经济学家认为这一计划出台过于仓促，数额也过于庞大，是造成当下货币超发、房价飞涨、通货膨胀的主要原因，以此质疑这一政策的合理性。但在我看来，温总理所言"信心比黄金更重要"，其实就是"唯一让我们恐惧的是恐惧本身"的中国版，这依然是政治家们对经济政策的政治思考，无法用经济学的逻辑来评定是非。

坐在轮椅上的罗斯福，他的耳朵所能够倾听到的声音，比以往的任何一位总统都多，大约有 100 多个人可以不必经过秘书事先通报就直接请他听电话。上任后，他给秘书班子立的第一条规矩就是不许挂断任何一个因为有困难而向白宫求助的电话，必须有一个相关的负责人和求助者谈谈。人们从后来写给总统的群众来信中发现，有不少都是因为给白宫打过电话寻求帮助而写来的感谢信。

在罗斯福声誉最鼎盛的时期，纽约市的小学生中进行了一次民意测验，罗斯福是最受欢迎的人，上帝排在第二位。

有人说，罗斯福当时在美国的威望和得到的授权都超过了希特勒在德国的状况。但美国人是幸运的，如他们以往的总统华盛顿和林肯一样，罗斯福自愿选择在宪法的约束下行使人民赋予他的权利，这也是在这个新大陆二百多年来许多次危机一直没有转化为灾难的真正原因。

罗斯福的"炉边谈话"给美国人民带来了信心和希望。

违宪的《全国工业复兴法》

时势造英雄。最坏的时刻，就是伟大的变革者诞生的时刻。

在上任的头几天就颁布《紧急银行法》稳定了金融秩序之后，罗斯福开始对整个资本主义制度挥起了手术刀。从 1933 年 3 月 9 日到 6 月 16 日，罗斯福以疾风暴雨式的速度制定了十几项法案，"百日新政"之说由此而来。

《纽约时报》1933 年 6 月 17 日头版，名为《总统启动复兴计划，签署银行、铁路和工业法案》的文章是这样开头的："史无前例地在和平时期对国家经济生活采取控制做法的罗斯福总统，今天开始将其从萧条中复兴的计划付诸实施。在两个小时之内，他签署了国会的数个法案，使他获得了控制工业、协调铁路以及启动耗资 33 亿美元的公共工程计划的权利，随后拉开了积极实施诸如此类重大措施的序幕。"

人民已经将权力毫无保留地交给了罗斯福，而罗斯福没有浪费这些权力。

在这一天，包括《格里斯-斯蒂格尔银行改革法案》、《农业信贷法案》、《征税法案》、《全国工业复兴法》等重要法规都被通过。

公共工程署成立，这个机构负责通过投资兴修水利、建设州际高速公路、植树造林、整治国土等项目创造就业。

在通过的法案中，最重要的就是《全国工业复兴法》。根据《全国工业复兴法》，联邦政府成立了国家复兴管理署，指导劳资双方订立本行业的"公平竞争法规"，要求各工业部门制定生产规模、产品价格、市场分配、工人工资标准及工时数等，由雇主、工人和消费者共同监督生产。如果发现企业有违规行为，总统有权吊销其营业执照。

复兴署的官员们为工业复兴法实施设计了仪式化的"蓝鹰"标志。图案是一个一脚踩着齿轮、一脚踩着闪电的雄鹰，鹰下面的一行字是"我们各尽其职"。《全国工业复兴法》规定，凡是自愿遵守法规的企业被允许在其产品上贴"蓝鹰"标志。几周之内，250 万雇主签署了这个法规，全国近 90％ 的企业参加了蓝鹰运动。

罗斯福在为《全国工业复兴法》所作的长篇发言中表示，该法案的执行将有望在短时间内创造 100 万个就业机会。他号召各行各业的雇主们多多合作，减少工人的工作时间，以尽量多雇一些人。

"总统说，该方案对企业和工人都是一种挑战，他保证政府对双方都有所保护，防止不公平的做法。"《纽约时报》报道中的这句话的现实背景是，在此之前，美国政府的基本立场是站在雇主一方的。现在政府宣称自己站在中立的立场上，实际上是对过去立场的背叛。这一法令理所当然引发了企业家阶层和保守势力的反对。但基于罗斯福当时获得了民众的拥戴和崇拜，没人敢于站出来反对这一法案。

"《全国工业复兴法》或许会被作为美国国会迄今为止制定的最重要、最具深远意义的法规而载入史册。它代表着有利于美国繁荣稳定的最大努力。"罗斯福这样评价他一手推进的这部法律。

《全国工业复兴法》的真正内涵是，通过制度的约束，强制企业维护工人的权利和尊严，创造更多的就业机会。其中影响最深远的一条是法案的第七条第一款："工人有组织和通过他们自己选择的代表进行集体谈判工资的权利。不得限制工人以不参加公会作为受雇条件。雇主应该遵守总统批准的有关工资、工时的规定。"

在今天，中国的中华全国总工会推行的最重要的一项工会工作，就是工资的集体谈判制度。罗斯福不会想到，一项挽救资本主义制度于水火的美国法令，在几十年后仍然成为一个后发大国推进社会公平、促进经济可持续发展的不二法宝。

在巨大的危机面前，当年的杰斐逊总统的政见、也是大多数美国人的坚定信念——"管得最少的政府便是最好的政府"被抛到九霄云外。有人私下里议论，美国已经被赤化，成为了一个社会主义国家，而其他的人回答是："那又怎样？"美国学者狄克逊·韦克特在他的《大萧条时代》一书中这样评价道："在新政的这段蜜月期里，总统和人民之间是真正的爱情婚配，双方也许都有少许的不理性，相信对方是绝对可靠的——但话说回来，爱情毕竟是超越逻辑的。"

差不多两年之后，美国人恢复了逻辑。1935 年 5 月 27 日，美国最高法院裁决《全国工业复兴法》违宪。但该项法案所倡导的理念已经深入人心，千万普通劳动者被唤醒，用组织工会和罢工来维护自己的权利。

《全国工业复兴法》赋予了工会新的历史地位。约翰·刘易斯任主席的美国矿工联合会成为推动工会发展的急先锋。刘易斯曾参与制订《全国工业复兴法》的劳工条款，并相信该条款能够促进整个劳工运动的复兴。他派人员到全国各矿区宣传，以罗斯福的名义号召工人参加工会。他们取得了成功，在《全国工业复兴法》实施的两年中,工会会员增加迅速。橡胶工人、电气工人、铜矿工人、石油工人、记者、旅馆和饭店服务员也都组织起了自己的工会。

《全国工业复兴法》中虽然授予工会和劳工权利,但很多雇主并不买账,于是罢工成为劳工斗争的武器。1934年,美国劳工共发生罢工1856次,约有150万工人参加,大多数罢工原因是要求资方承认工会的合法地位。

在《全国工业复兴法》被判违宪之后,保护劳工权益的立法并没有停滞下来。在随后的几年中,一些可操作性更强的劳工权益保护法律被相继制定出来。

其实罗斯福和后来大多数学者都看清了一个事实:美国经济危机的真正根源既不是股票市场的崩盘,也不是市场投资不足,而是由于巨大的贫富差距导致的生产能力过剩和消费不足。进行大规模的基础建设投资的目的主要是为了增加就业岗位,而不是拉动GDP。有了这样的认知,罗斯福新政的主要内涵在于缩小贫富差距,让广大工人提高收入并提供社会保障,从而提高全社会大多数人的消费信心和消费能力。

在这样的认识下,1935年美国颁布《国家劳工关系法》,规定了工会的职能,即通过劳资双方集体谈判达成的劳动协议可以决定工人的工资、福利,这极大地提高了工会的地位和作用。

工会以"集体讨价"的方式决定全体工会会员在合约期间的薪水和其他福利待遇。合约快要期满时就开始谈判下一个合约,如果双方不能达成一致意见,员工就举行罢工。

1938年,美国国会通过了《工资立法》和《工时立法》,两者合称为《公平劳动标准法》,其中对工人的最低工资水平和劳动时间进行了规定。《公平劳动标准法》颁布后,政府在劳工部设立工资与工时司。如果某个行业代表雇主与雇员的团体均提出建议,工资与工时司司长有权提高该行业的最低工资标准。

近七十年来,美国最低工资的标准一直随着物价的水平逐步攀升,它并不是由政府制定的,而是由工会组织通过集体商议、仲裁,最终以立法形式确定。2007 年通过的法案规定最低工资将从 1997 年的 5.15 美元每小时,分三步走,涨到 2009 年的 7.25 美元每小时。

《国家劳工关系法》和《公平劳动标准法》最终造就了美国庞大的中产阶级队伍。使美国国民的消费能力和国家的生产能力相匹配,造就了美国数十年的经济繁荣。

长期以来,中国地方政府几乎完全站在企业方的立场上,压制企业员工争取提高工资福利的努力,低工资、低福利、低保障成为地方政府招商引资的法宝。招商引资的成功增加了税收,却没有造就一个庞大的、具有一定消费能力的群体。

如果说中国的贫富悬殊和美国 20 世纪 30 年代有什么不同的话,那么是中国普通劳动者得到的更少,消费能力更低,而没有消费能力的支撑,中国经济发展的未来便无从谈起。

正如罗斯福曾经说过的那样:"有两种繁荣理论:一种是试图让富人更富,希望多少有些好处滴落到普通人的身上;而我主张让平庸之辈能够舒适而安全,那么,他们的繁荣就会像酵母一样发酵,让所有的人都能获益。"

"新政"之前,在发生劳资纠纷时,国家一般是不干预的;即使干预,一般也是站在资方一边,压制劳方。"新政"期间,罗斯福政府认识到,如果完全让垄断资本各行其是,而不对其过分剥削、压迫行为进行限制,导致工人处境继续恶化,资本主义的继续运行是不可能的。西方国家一次次的经济危机说明了一个基本问题:没有劳动者利益和资本利益的共同增长,社会生产发展是不可持续的。

劳资双方通过艰难的博弈创造出的和谐才是真的和谐,这种博弈成为企业转型和寻求发展的一个不可忽视的外在压力。否则,企业将永远满足于躺在低廉劳动成本的低端制造业上,难以产生真正具有核心竞争力的企业。没有美国工会的压力,没有美国政府在劳工关系上的强力推动,也就不可能有美国企业的真正成长。

对于每一个具体的企业来说,降低劳动力成本是一个自然而然的追求,提高全社会劳动者的收入水平也不是企业的分内责任。但从美国曾经走过的路来看,劳动者权益被国家立法严格保护是一个必然会到来的时刻,劳动力市场完全靠市场调控的日子终将过去。

不论是从国家安定的角度看,还是从经济结构调整的需求来看,这一步必须迈出。中国企业沿袭了二十多年低工资、高消耗的发展模式已经走到了尽头,尽管这样在短时间内会给企业带来阵痛。如何应对更加严格的员工权益保护、更高比例的工薪支出,很快将成为众多企业面临的新课题。

一位英国经济学家在罗斯福去世的时候说的一段话或许可以用来评价罗斯福:"罗斯福先生或许对自己提出的许多问题都给出了错误的答案,但是,他是现代美国第一个提出了正确问题的总统。"

对中国的现实来说,同理,提出对的问题比用对的方法解决问题更重要。

给华尔街订规矩

在贪婪的沃土上最容易长出来的是骗子。华尔街显然是一个贪婪的土壤最肥沃的地方。每一次退潮,没穿泳裤的人都会出丑。每一次金融海啸过后,华尔街都会有骗子现出原形。

1933 年 11 月 1 日,《纽约时报》的头版头条这样写道:"阿尔伯特·威金今天在参议院银行与货币委员会面前承认,在 1929 年股市暴跌前一个月,他开始卖空大通国民银行的股票。"威金先生是大通银行的老板。这家成立于 1799 年、比摩根银行的历史还长的银行,一向有着良好的口碑。在股灾到来的前几个月,威金通过几个自己注册的关联公司大肆卖空自己公司的股票。因为偶然的原因,他的卑劣行为被发现了。

如果有人卖空自己掌管的公司的股票,那么他就有故意让自己股票下跌的动机，而想让自己公司的股票下跌对于掌管公司的人来说，就像试图弄脏自己的衣服一样容易。在股灾中备受打击的人们愤怒了，他们把威金传唤到国会接受质询。

律师出身的银行与货币委员会顾问皮考拉向威金提问："作为银行首脑，卖空自己公司的股票是否是道德的？"威金先生的回答是："我认为让自己银行的股票交投活跃是值得称赞的。"

威金不承认自己的行为违法，甚至都不承认违反道德。每个人都觉得威金这么做不对，但没人能够引用哪条法律将他绳之以法。从这条买卖金钱的街道形成的那天起，游戏规则一直掌握在华尔街的手里，显然也不能指望他们会订立对自己不利的规则。

罗斯福下决心要终止这种无法无天的状况，他要给华尔街订规矩。最先通过的是《斯蒂格尔法案》，将银行的储蓄部门与投资部门强行分拆成分立的公司。接着《1933年证券法》获得通过。

1933年5月27日，美国总统罗斯福签署了美国历史上第一部规范证券交易的法律《联邦证券法》，要求所有的新股发行必须在联邦证券交易委员会注册，而且必须披露特定的信息。同时法律明确规定，公司高级职员卖空自己公司股票属非法行为。威金虽然逃过了法律的制裁，但这一明显不利于股民的漏洞总算被堵上了。

股市崩盘之后，道琼斯工业指数一路下降到41.22点，和1929年的最高点相比，跌幅达89.19%。1929年纽约交易所一个交易席位价值50万美元，而现在还不足7万美元。1929年的股票崩盘被认为是导致大萧条的根本原因，公众将主要责任归咎于政府对股票市场监管不力，任由华尔街的大鳄兴风作浪。

华盛顿此时拿华尔街开刀，在华尔街看来，是罗斯福需要一只替罪羊。但罗斯福坚持认为，这既是一个道德问题，也是一个经济问题。在1932年竞选的时候，罗斯福就提出对股市进行更为严格的监管。在一次演说中，他说："政府无法阻止个人作出错误的判断,但政府却可以在很大程度上阻止狡猾的人用谎言和隐瞒信息的方式进行欺骗。"上任后罗斯福开始履行自己竞选时的承诺。

在谈到证券市场的时候,罗斯福会经常引用一本名叫《别人的金钱》的名著。那本书中有这样一句话:"公开化被公正地赞誉为治疗社会和产业疾病的良方。人们认为太阳光是最好的消毒剂,而电灯的光明则是最有效的警察。"

1933 年 3 月 29 日,罗斯福将《1933 年证券法》提交国会,这项法案的另外一个名字是《证券真实法》。议案在国会遭到了华尔街及其代言人的激烈反对,他们认为有些条款似乎过于严酷。面对强大的压力,议案被一再修改,最终通过的时候比当初的动议宽松了许多。

罗斯福没有太较真,而是留了后手。一年之后,又一项有关证券监管的法案被提交国会。1934 年 5 月 27 日的《纽约时报》写道:"经过长时间的激烈辩论之后,今天与会者就《证券交易所管理法》全面达成协议。众参两院马上有望批准此法案。根据这个法案的规定,股票市场的管理将集中由名为证券交易委员会的新机构进行,该机构由总统任命的 5 名成员组成。""对于证券交易中故意的违规行为和触犯法律的行为,判以两年以下的监禁和 10000 元以下的罚款,或者两者兼判。"

在华尔街拒绝监管的保守势力中,冲在最前面的是纽约证交所主席理查德·惠特尼,即使在大股灾之后,他依然用"完美无瑕"来形容他掌管下的纽约证交所。他的底气来自股市崩盘时他传奇般的"英雄壮举"。在股灾来临的时候,他果断地吃进那些迅速下跌的股票,试图挽救即将崩塌的大厦。虽然并没有产生什么实际意义,但却为他赢得了华尔街拯救者的声誉。

惠特尼和罗斯福同样来自康涅狄格州的格罗顿,两人同是哈佛大学的校友。

看上去,惠特尼是那种典型的华尔街老牌贵族,是出身富贵之家的老牌金融家,外表风流倜傥、生活奢华、出手大方、交友甚广。他在华尔街开办有自己的经纪公司,他的兄弟乔治是摩根财团的高级合伙人,他的岳父是纽约联邦俱乐部的前任主席。他在纽约有好几处豪宅,周末则在新泽西自家的农场里打狐狸。

20世纪30年代初期,惠特尼成为纽约证券交易所的总裁,傲慢的华尔街作风越来越明显,甚至对于当了美国总统的老同学罗斯福他也不放在眼里。在各种场合猛烈抨击罗斯福新政当局的每一项改革措施,成为他标志性的举动。

但在一掷千金的豪迈和对总统指手画脚的气概之下隐藏着一个惊天的秘密。惠特尼一直在走下坡路,他的经纪公司赚不了多少钱,而他的自有资金在自己愚蠢的投资理财手段打理下,也在不断缩水。但因为他总是能借到钱,挥金如土的生活方式没有任何收敛。最终,惠特尼陷入了债务累累的绝境。

当圈子里的人渐渐有所察觉、借钱越来越难的时候,惠特尼就只得依靠挪用公款和金融诈骗来渡过难关了。他盗用纽约游艇俱乐部交给他保管的资金,盗窃纽约证券交易所用于救济经纪人遗属的基金,甚至偷窃了妻子和岳父的财富。直到1938年,惠特尼的骗局终于再也支撑不下去了,一个来自华尔街的惊天大丑闻被昭告于天下。

左翼的《国家》杂志幸灾乐祸地写道:"即使J. P. 摩根偷拿圣约翰大教堂的银餐具时被捉拿,都不会比这件事更让华尔街尴尬。"

约翰戈登在他的著作《伟大的博弈》中这样写道:"惠特尼的丑闻彻底改变了原来的力量均衡。道格拉斯和证券交易委员会迅速抓住了这个保守主义集团土崩瓦解的好时机。纽约证交所有了新的章程。交易所总裁成为一名拿薪水的职业经理人,而不再是交易所的会员。"

成立由总统任命的独立的证券交易委员会对证交所进行监管,对故意操纵股票的人治罪,这才是罗斯福想要的。致力于推动这项法案的议员皮考拉在接受《纽约时报》的采访时高兴地说:"根据《证券交易所管理法》,投资者将获得比以前更全面更可靠的有关数据,这样能够给投资者更大的信心。该法案将使操纵股市的人走向穷途末路。"

法案通过后,美国证券交易委员会横空出世。罗斯福任命自己的老朋友肯尼迪担任首任证监会主席。此肯尼迪就是后来成为美国总统的那个肯尼迪的亲生父亲。这个任命被不少人反对。在他们看来,这就像派狐狸去看管鸡窝。《新闻周刊》这样评价道:"肯尼迪先生——从前的投机者和庄家,现在的工作是制止投机和坐庄。"

人们看到了老肯尼迪的历史,却没有看到他的内心。和绝大多数投机商不同,肯尼迪在政治上有雄心。在罗斯福竞选州长和总统的时候,他都鼎力相助。事实证明,这是他最成功的投资。在资助罗斯福的时候,肯尼迪其实就作出了自己的人生选择——他背弃了华尔街,背弃了自己的过去。在不长的任期内,这位最熟悉华尔街投资伎俩的前投机者,探索出了监管华尔街的一套方法,并被他的继任者道格拉斯发扬光大。美国证券业的监管体系就此奠基。

这套制度至今仍然是美国证券市场的定海神针。在之后的几十年时间里,虽然美国和资本主义世界又经历过好几次重大的危机,但以纽交所为代表的美国证券市场一直表现出相对的稳定性。即使是在 2008 年这次被称为自大萧条后最严重的金融危机中,纽交所的股指也没有像投行等其他金融业务那样陷入崩溃的边缘。

一个法律完善、治理有方的证券市场的珍贵价值在于,即使投机的泡沫破灭,泡沫下面潜伏的是一家家上市公司的真实业绩——那才是经济和社会发展的核心动力。这也就可以解释,为什么每一次看上去的灭顶之灾,几年以后看来都是浮云。法制下的证券市场是资本主义的真正基石。

金本位制的终结

有些历史,永远不会被盖棺论定。

人类文明的历史有多长,黄金的历史就有多长。在 1933 年 3 月 11 日之前,黄金是世界的终极货币。在罗斯福宣誓就职后的一星期,黄金作为流通货币的功能在美国终结。这一天总统宣布银行一律停止黄金的兑换。1933 年 4 月 5 日,罗斯福下令禁止私人囤积价值超过 100 美元的黄金。个人、企业和其他组织必须到联邦储备银行或是美国联邦储备委员会的成员银行,按照每盎司黄金 20.67 美元的价格交出他们手中的黄金。任何被发现违反规定的人将面临最多十年的监禁以及高达 1 万美元的罚金。6 月 5 日,国会通过议案,正式取消金本位制。

谁也没有想到,当时的一项应对危机的临时性措施会彻底推翻了人们认为天经地义的金本位制度。美国民间拥有黄金的权利被剥夺,四十年后,当美国公民再次获得拥有黄金的权利时,黄金在全世界已经变成一种普通的贵金属。黄金,这个世界货币体系的锚从此被拔起。

在当时,没有人讨论过金本位制的终结对国家和世界的未来会产生什么样的影响。直到 1934 年 1 月国会通过《黄金储备法案》,规定黄金兑美元的价格从原来每盎司 20.67 美元改为每盎司 35 美元。人们的愤怒也来自于此,仅仅几个月时间之后,他们用黄金兑换回来的美元在手中就贬值了近 70%。

一些个人和机构向最高法院提起了诉讼,一年之后,最高法院的判决以无可奈何的口吻宣判:就这样吧。《纽约时报》1935 年 2 月 19 日的特稿是这样描述的:"联邦最高法院的多数派在首席法官的带领下,在今天的诉讼案判决中以5 票战胜了他们的 4 位同僚。诉讼的起因是第 73 届国会废除了一条关于黄金支付的条款。最高法院最后裁定,债权人必须接受已经贬值的货币。多数派与少数派在这一点上是意见一致的——政府合同中黄金条款的废除是违宪的。但多数派并没有判定政府应该向诉讼人提供赔偿,因为实际上他们没有任何损失。"

既然公众已经不能合法持有黄金,那么黄金能够兑换多少美元还有多少意义呢?人们的愤怒来源于这又是一次让老实人吃亏的变卦行为。那些在法令出台前大量囤积了黄金而在先前拒绝兑换的华尔街大亨们,此时把他们的黄金运到伦敦就可以卖到每盎司 35 美元的好价钱。和投机者的巨额收入相比,那些听从政府召唤、响应国家政策的守法公民的确是吃了大亏。

这种愤怒成为银行家掌控世界阴谋论的又一有力证据。在著名的《货币战争》一书中,罗斯福废除金本位制就是送给华尔街大亨们的礼物。这些大亨们在 1929 年股市崩盘前已经获得了内幕消息,从股市上撤离了资金兑换成黄金,而废除金本位制,正好是他们在伦敦兑现盈利的最佳时机。

在《货币战争》中,这个阴谋被分成三个阶段:"第一步就是废除黄金在美国国内的流通与兑换,1933 年美国废除金本位实现了这一步。第二步则是在世界范围内废除黄金的货币功能,1944 年布雷顿森林体系所建立的美元兑换体系实现了第二步。后来在 1971 年,尼克松终于完成了第三步。凯恩斯摇旗呐喊,银行家推波助澜,罗斯福瞒天过海,终于拔掉了金本位这个镇魔瓶盖,赤字财政与廉价债务货币这一对孪生兄弟终于从牢牢的禁锢中挣扎出来。"

这种缺乏细节和过程的小说体描述虽然并不被正史研究者认同,但金本位制在全球范围内被摧毁后导致的赤字财政和廉价债务的泛滥,却是一个反复出现、不容回避的事实。金本位的废除为各国货币普遍贬值、推行通货膨胀政策打开了方便之门。没有了金本位制,各国为了弥补财政赤字或扩军备战或拯救危机,会滥发不兑换的纸币,加速经常性的通货膨胀,这不仅使各国货币流通和信用制度遭到破坏,而且加剧了各国出口贸易的萎缩及国际收支的恶化。2008年金融危机后,美国一再施行美元的"量化宽松"政策就是一个典型案例。

此外,没有了金本位,汇率的剧烈波动冲击着世界汇率制度。没有了金本位制度,汇率的决定过程变得复杂,国际收支状况和通货膨胀引起的供求变化,对汇率起着决定性的作用。汇率从一个单纯的货币结算制度变成了世界各国政治、经济博弈的擂台。在这场比赛中,经济发展水平和金融管理水平落后的国家往往成为任人宰割的羔羊。

但除了从结果倒推的猜测,没有任何证据表明罗斯福和银行家们一起合谋摧毁了金本位。罗斯福没有拯救银行家的兴趣,废除金本位为的是拯救摇摇欲坠的美国经济。

在历史上,自从英国于 1816 年率先实行金本位制以后,到 1914 年第一次世界大战以前,主要资本主义国家都实行了金本位制。第一次世界大战爆发后,各国为了筹集军费,纷纷超额发行纸币,禁止黄金自由输出,金本位制实际上已经名存实亡。第一次世界大战以后,各国企图恢复金本位制。但是,由于金铸币流通的基础已经遭到严重的削弱,不可能恢复典型的金本位制。

　　大萧条时期，美国急需大量公共开支，胡佛却顽固地坚持保守的货币政策，反对赤字开支。罗斯福上台后除了运用联邦赤字开支以促进就业、实施救助，别无他法。而要实现这一目标，就必须摆脱金本位制的束缚。

　　美国取消金本位制的当天，华尔街上的股票价格上升，交投活跃。同时，美元贬值也刺激了出口。1934 年的出口额比 1933 年增加了 27％。

　　《罗斯福传记》的作者弗雷德尔评论道："罗斯福的货币政策造成一种重大变革，放弃了金本位的僵硬制度，代之以管理通货的灵活制度。货币主义成为新政混合体的关键组成部分。"

　　《纽约时报》的这篇报道中的这段话为罗斯福废除金本位制进行了开脱："法院指出，由于国会认为黄金条款妨碍了其确定一种新货币政策的权威，因此废除这一条款并不是突发奇想或者随心所欲。"当天同一版面的一篇特写描述了投反对票的法官麦克雷诺兹的愤怒："这个 73 岁的田纳西人不停地喘着气，几乎不看自己的讲稿。他指出罗马皇帝尼禄曾经采用过使货币贬值的方法，他断然地说，宪法消失了。"如果他能看到罗斯福摧毁金本位制给美国带来的好处，他还会这么愤怒吗？

　　罗斯福没有想到的是，放弃金本位制，给后来的美国总统们带来一次又一次让美国转嫁危机的机会。从尼克松到奥巴马，当国内经济发生危机的时候，祭出"量化宽松"货币贬值的宝剑，总能让美国成为最轻的受害者。

　　1971 年，布雷顿森林体系崩溃，金本位残存的最后一根绳索断裂了。美国开始了靠印钞机掌控世界经济的新时代。依靠经济实力，美国垄断了国际贸易结算货币的地位，美国靠他们印刷的美元在全世界购买他们任何想买的东西。

　　2008 年 3 月 20 日晚，春寒料峭，我和我央视《对话》栏目的同事在上海黄金交易所采访。从外面看，这幢还没有来得及挂任何标志的建筑只是一个普通的写字楼。但在这里，全中国的数百个黄金交易会员及所属的数十万客户，进行着每天 60 吨左右的黄金交易。为了与国际黄金市场接轨，每个周一到周四的晚上九点到第二天凌晨两点半,这幢写字楼八楼的灯都会亮着。黄金夜市的开办,使得中国的黄金投资者们能够与国际黄金市场随时保持同步。

在此之前的 2008 年 3 月 14 日,国际黄金价格历史性地突破了每盎司 1000 美元大关。当时没有人真正地意识到,黄金的快速上涨预示着一场金融危机的到来。在那期《对话》节目中,众多业界大腕和金融专家和我们一起探讨了是否有炒家在背后兴风作浪、黄金的前世今生、黄金的价值到底有多大、百姓应不应该投资黄金、要不要藏金于民、中国应不应该增加黄金储备以抵御金融风险等林林总总的问题。但我们却和一个最重大的问题擦肩而过——黄金的大幅上涨和国际货币体系的关系是什么?眼下,当黄金价格超过每盎司 1500 美元的时候,我除了感叹自己的功力不够,也感叹市场风云变幻的诡异。谁能告诉我,黄金现在的价位对于几年后国际金融状况的关系是什么?金本位虽然被摧毁,也看不到重新恢复的可能性,但黄金依然不是一种普通的贵金属。

在那期节目的结尾,我曾写下了这样一段话:"在人类历史上,恐怕没有另外一样东西,像黄金这样在几千年的经济和社会活动中,扮演着如此重要的角色;也没有哪样东西,在经历了数千年的沧海桑田之后,依然和人类有如此深的情缘。在未来,维护国家经济安全、保障金融秩序稳定的过程中,它是否能够继续发挥作用,让我们拭目以待。"

先知凯恩斯

所有的经济学家都建言当下,但大多数人的依据是过去。只有极少数的天才,他们想清楚了未来,在此基础上评论现在。因为他们站在别人不曾达到的高度和角度上,所以没人相信他们。但时间会证明他们曾经的预言,大师就是这样诞生的。

当 20 世纪 20 年代开始的时候,没有人认为凯恩斯会成为可以和亚当·斯密比肩的经济学大师,没有人相信他会有和马克思同样多的追随者,没有人相信他会成为"资本主义的救星"。在人们的眼里,他只是一个任性的英国官僚,在他并不在行的经济学领域信口开河。

1919 年,巴黎和会重新划分了第一次世界大战后的世界格局。作为英国财政部参加巴黎和会的首席代表,凯恩斯竟不可思议地把屁股坐在了德国一方,在他看来,对德国过于苛刻的赔款要求将让世界自食其果。在痛打落水狗、坐地分赃、品尝胜利果实的当口,谁会在意一个官僚故弄玄虚的论调呢?这不是"英奸"才会有的立场嘛?无人搭理的凯恩斯愤而辞职,他郁郁寡欢地回到了母校剑桥任教。几个月之后,凯恩斯用一本书来推论给德国太强的赔款压力会带来什么样的后果——这本《凡尔赛和约的经济后果》是凯恩斯以一个经济学家身份登场的第一本著作。

凯恩斯在书中指出:凡尔赛和约向德国人索取 400 亿美元的战争赔款,要这么多钱不仅是不道德的,而且也是反常的。德国人就是愿意付这笔钱,他们也不可能付得起,如果硬要索取这笔钱,将这笔债务强压在德国人头上,那么,就非常可能会酿成一场因绝望而发生的革命。那样就不仅会毁了德国,而且会毁了其他国家,就像在挖现有经济制度的墙角,破坏世界的社会秩序。

十几年后,当德国的坦克开进波兰的时候,不知道是否还会有政治家们记住凯恩斯的谶言。但后人记得。在《纽约时报 100 年》这部《纽约时报》20 个世纪重要文章精选中,编辑选择了一篇书评作为 20 世界 20 年代的开始。在 1920 年 2 月 29 日的《纽约时报》书评版上发表的这篇文章,由一位当时名声显赫、现在无人所知的哥伦比亚大学历史学教授查尔斯·唐纳撰写,文章题为"凯恩斯先生对和平条约攻击的错误和弱点所在"。

除了对于凯恩斯给予德国的"同情"进行冷嘲热讽,这篇书评着重反击凯恩斯在书中所持的另外一个观点——协约国应该取消相互之间欠下的因战争而发生的债务。凯恩斯说:"在我看来这将对世界的繁荣产生重要作用。英国和美国是有关的两个主要国家,他们如果可以这么做,那就说明他们具有远见卓识的治国之才。"

作为一名美国教授,对于凯恩斯的建议查尔斯·唐纳当然无法苟同。因为这牵扯到美国 100 亿的债权。这 100 亿正是美国战争红利的重要组成部分,凯恩斯想慷美国人之慨,岂能容忍。唐纳在用数千字对凯恩斯进行批判之后,在书评的结尾写下了颇具主流意识的精妙结尾："凡尔赛协约并不完美,但由于该条约是为了将数亿因战争而有辱人格的臣服于德国、奥地利、俄罗斯以及土耳其的人们解放出来,因此它无疑是人类历史上一份了不起的文件,这一事实至少是一个可使之罪名减轻一些的情节。"

作为一个评论家,在文章的末尾抛开具体的争论,而给出一个显而易见的正确结论,显然是高招。

但历史会忽略细节,直指问题的核心:凯恩斯到底说得对不对?

八十年后,《纽约时报 100 年》的编辑在这篇书评的后面加了这样的编者按:"以一本书拉开一个年代的序幕,这种情况非常罕见。这本书(《凡尔赛和约的经济后果》)准确地预见了是什么不久将大错特错,将世界带入苦难之中。然而 20 世纪 20 年代就是以这本书开始的。对即将成为本世纪最著名的经济学家凯恩斯而言,《凡尔赛和约的经济后果》就是一张灾难处方。极少有书像这本一样获得如此巨大的关注,并已被事实证明非常正确。但是当时的政治领导人却未对他的观点予以重视。"

如果,历史按照凯恩斯的观点重新演绎一遍呢?美国免除了法国和英国的战争借款,然后协约国也自然地降低对德国的赔款要求——于是德国不会发生后来的膨胀,德国的民怨也就不会沸腾,纳粹党就不会有那么广泛的群众基础,啤酒馆政变也不一定能够发生,希特勒也就不会表现出他卓越的演说才能,纳粹和希特勒就不会上台。那么第一次世界大战就可能是世界上唯一一次世界大战,全世界的历史就会完全被改写。但历史如果真的按照凯恩斯的指令改变方向了,那么凯恩斯就不会被记住,也不会成为大师,被记住的会是执掌乾坤的政治家。

从来,人们都是在付出惨重的教训之后,才开始依稀地回忆起先知曾经发出的孤独呐喊。有了《凡尔赛和约的经济后果》一书作铺垫,当 1936 年凯恩斯的代表作《就业、利息和货币通论》发表之后,引起的就不再是一场波澜,而是经济学的一场革命。凯恩斯的理论反对 18 世纪亚当·斯密以来尊重市场机制、反对人为干预的经济学思想,主张政府应积极扮演经济舵手的角色,透过财政与货币政策来对抗经济衰退乃至经济萧条。凯恩斯的思想不仅是书本里的学说,也成为 20 世纪二三十年代世界性经济萧条时的有效对策。他的这些思想为政府干涉经济以摆脱经济萧条和防止经济过热提供了理论依据,创立了宏观经济学的基本思想。在战后,他的思想更是被世界上大多数国家所接受,构筑起资本主义社会繁荣期的政策思维。

凯恩斯是这个世界上极为罕见的,含着金钥匙出生,并且用这把金钥匙打开他遇到的所有锁的人。1883 年 6 月 5 日,凯恩斯出生在一个大学教授的家庭。他的父亲约翰·内维尔·凯恩斯是剑桥大学哲学和政治经济学的教授。他的母亲是一位成功的作家和社会改革的先驱,曾担任剑桥市市长。

1902 年,他以数学、历史和英语三项第一的成绩毕业从伊顿公学毕业。他成功考取剑桥国王学院(剑桥大学)的奖学金。毕业后,他曾经在英国财政部印度事务部工作,担任过剑桥大学皇家学院的经济学讲师,创立了政治经济学俱乐部,并因其最初著作《指数编制方法》而获"亚当·斯密奖",成为英国财政部巴黎和会代表。第二次世界大战后,凯恩斯出席布雷顿森林联合国货币金融会议,参与了国际货币基金组织、国际复兴开发银行(即世界银行)和关贸总协定(世贸组织之前身)等机构(它们构成了"华盛顿体系")的组建工作,是当今世界经济秩序的主要奠基人之一。

作为凯恩斯一生的学术对手,经济学家哈耶克这样评价凯恩斯:"他能够同时做无数的事情:教经济学,组织芭蕾演出,搞金融投机,收藏绘画,开办投资信托公司,为剑桥学院筹集资金,还是一家保险公司的董事,实际经营着剑桥艺术剧院,亲临剧院关心旅馆提供的食物和酒水这样的细节问题。"这番颇具醋意的评价,不知是有意还是无意还忽略掉了以下一些重要信息:凯恩斯还是一个双性恋者,先后和男人、女人恋爱并生活在一起;凯恩斯十分善于言辞,文笔也很出色；除了写书和教学，凯恩斯几度左右英国的经济政策制定，并直接影响罗斯福和希特勒的经济政策。

作为一名英国经济学家，凯恩斯的名字却和美国总统罗斯福紧密地联系在一起。普遍的看法是罗斯福新政正是凯恩斯主义的实践。虽然凯恩斯的大作《就业、利息和货币通论》是在1936年才发表的，但凯恩斯的基本思想在20世纪20年代就开始通过他的论文和专栏深刻地影响着罗斯福智囊团里的年轻学者们。尤其是在第二次新政期间，罗斯福的一些主要顾问多数是凯恩斯主义者，有的人转而相信凯恩斯主义，有的人则具有与凯恩斯类似的见解。

另外一种看法是，凯恩斯是否影响了罗斯福新政是一笔糊涂账，但凯恩斯肯定影响了希特勒。凯恩斯的国家干预主义正与希特勒短期内提振德国经济、壮大德国实力的诉求合拍。凯恩斯真正帮到的是希特勒。

从战后一直到现在，经济学家们其实只能站成两队，要么站在亚当·斯密后面，要么站在凯恩斯后面。显然在经济学家里，亚当·斯密身后的那支队伍要长得多，但真正能对政策发生影响的一定是站在凯恩斯后面的人。显而易见，如果政府不能对经济进行有效的干预，那么在和平世界里还要政治家干什么？因此，每一个政治家基本上都是一个天生的凯恩斯主义者。

其实世界经济发展到今天，凯恩斯主义和古典经济学原理已经如同和面的过程——面多了加水、水多了加面，这思想、那主义最后还是决定于谁是和面的人。

凯恩斯

罗斯福："免于匮乏"的自由

"罗斯福总统今天任命高等法院法官伯恩斯为稳定经济办公室主任，赋予他至高的权利控制民间购买力，并成立了一个委员会，协调指挥抵制生活费不断上涨的斗争，并要求立刻稳定农产品价格、城市和农村的租金以及企业支付的工资。"没错，这是《纽约时报》1942 年 10 月 4 日的报道。

如果把罗斯福的名字换成同一时代的斯大林，这则报道似乎会显得更符合逻辑。"稳定经济"、"控制购买力"、"委员会"这些和计划经济如影相随的词汇为什么充斥在崇尚自由经济和个人奋斗的美国政治当中？在怎样的背景下美国人会给政府如此全面干预经济的权力？美国人对于政府控制经济的最后底线在哪里？后人怎样评价这场因战争以及通货膨胀引发的政府对经济异乎寻常的管控？

"根据白宫的指令，物价管理官员对大量食品的价格规定了自周一起生效、为期 60 天的非常时期最高限价，这使物价管理办公室对百姓日用品的控制范围从 60％上升到 90％。"《纽约时报》的报道在阐明经济管控的主要内容之后引用了罗斯福总统的讲话，为他出台这种"大逆不道"的经济政策进行辩护，"我相信从现在开始，生活费用的真正稳定将大大有助于我们赢得这场战争，使战后更容易向和平环境过渡，并将受到全国各地的农民、工人和家庭主妇们的衷心拥护。"

通过新政的执行，美国经济开始缓慢地回升，到 1937 年失业率从 1932 年的 25％下降到 14％，到 1941 年美国参战前下降到 9.9％。由于战争的开销急剧上升，在长达数年的通货紧缩之后，人们又不得不面对通货膨胀的压力。

打仗是世界上最昂贵的消费行为。军费支出初期即达每天 1 亿左右，联邦政府不得不走上赤字预算的道路。庞大的政府开支用来购买飞机大炮，而生产军火和军需品在带来就业的同时，也带来急剧增长的工资收入，这些钱必然涌向生活必需品，通货膨胀转眼之间就成为美国民众最大的困扰。

在最初，稳定物价的行为没有起到期望的效果之后，罗斯福在 1942 年年底加大了反通货膨胀的力度，抛出对价格全面管制的杀手锏。到 1943 年 4 月，对所有影响生活费用的商品规定了最高限价，对轮胎、汽油、食糖、咖啡、牛油、酒、烟等商品实行定量配给，同时又对囤积居奇和黑市交易进行惩治。

在这段日子里，罗斯福著名的"炉边谈话"从消除恐惧的鼓舞变成了对国民循循善诱的说服。他强调，如果出现恶性通货膨胀，就会动摇整个战时经济体制，以致威胁整个战局。

在以后的两年里，价格管制发挥了作用，CPI 上涨不到 2％。在扬汤止沸的同时，罗斯福没忘记釜底抽薪。工薪的上限被核定为 25000 美元，超过部分将缴纳高额的所得税。同时实行代扣所得税制度，第一次实现了让高收入人群足额缴纳所得税。同时罗斯福开展了推销战时公债的运动，并且带头认购，发行的 7 次公债锁定了 1350 亿美元的购买力。

虽然遭受到保守派甚至一部分普通劳动者强烈的反对，但罗斯福不为所动，并最终获得了大部分美国人的支持。经历过大萧条的美国人已经从过去十几年的教训深刻地认识到，完全自由的资本主义并不完美，大部分民众享有生活的基本保障并不会导致穷人的懒惰，反倒有利于创造共同享有的繁荣。

令人担心的恶性通货膨胀最终没有发生，大部分美国人感觉到他们的生活真的好了起来，美国终于从大萧条中走了出来。

战时经济在一定程度上证实了凯恩斯经济理论，没有人怀疑猛增的政府开支导致了经济的兴旺。

这一事实在后来的日子里分别成为支持和反对罗斯福新政者用来支撑自己观点的论据。在反对者看来，是战争而不是罗斯福新政结束了大萧条，从"百日新政"到价格管制，都是罗斯福为了忽悠大众选票使出的花拳绣腿，除了劳民伤财和干涉自由，没有起到任何积极的作用。

对于曾经发生的历史，也许我们永远也无法证明行为和结果之间如同数学公式般的因果关系。但多数人是否受益总是可以用来作为佐证一种思想是否进步的标尺，罗斯福的思想和其推动的新政经得起这一标尺的检验。

虽然人们总是把凯恩斯和罗斯福联系在一起，但事实上罗斯福的新政思想并不是一种系统的经济理论，而是充满了感性的人性光辉："一个健全和强大的民主国家的基础并无神秘之处，它只是基于那些要求于政治和经济制度的简单明了的基本东西——机会均等、工作、安全、自由和进步。"(《罗斯福传》)

"极端的新政支持者认为，财富的重新分配原本就是现代政府的主要功能。极端的新政反对者认为，那些接受救助的人愚蠢地花光了他们的那一点财富，而纳税人却因此得到惩罚。"(《大萧条时代》)罗斯福绕开了这种尖锐的对立，他认为，新政非但没有抑制，反而促进了自由竞争和个人奋斗，它给了小企业和大企业、公众和垄断者平等的机会。

在第三次当选总统的两个月后，罗斯福发表了《致国会 1941 年度的国情咨文》，在这篇被誉为和独立宣言比肩的不朽文献中，罗斯福全面地阐述了他的理念。他希望今后的世界，将以人类四大基本自由为基础：第一是言论和发表意见的自由——遍及世界各地；第二是每个人以自己的方式崇奉上帝的自由——遍及世界各地；第三是免于匮乏的自由——它意味着可以使每个国家保证居民过上健康和体面生活的经济谅解——遍及世界各地；第四是免于恐惧的自由——它意味着世界范围的裁军，并使之如此全面和达到这样的程度，以致任何国家都不会处于能对别国采取有形侵略行为的地位——遍及世界各地。

在这篇国情咨文中，罗斯福对美国崇尚自由进行了全新的诠释，在坚守言论和信仰自由的同时，把"免于匮乏"的自由加入进来。而这一条正是罗斯福新政最核心的理念。也正是这样的理念，让罗斯福可以冒着被贬损为"社会主义者"的风险，对日用品价格实行了全面而严厉的管制。在他看来，让普通劳动者"免于匮乏"是天赋人权的一部分，这既是符合道义的，在实践中也经得起经济规律的考验。

罗斯福的思想和实践，显然动了自由市场经济崇尚者的奶酪。基于维护传统经济学理论完美性的需要，对新政的质疑从来没有停止过。

和当年的美国一样，基础建设投资和战争开支都将同样不可避免地带来通货膨胀。在普通生活日用品价格不断攀升的同时，房价令人瞠目结舌的上涨成为当下的中国和当年的美国最显著的不同之处。日用品的全面价格管制已经不合时宜，但通过限购对房价实施的强力管制还是实施了。现在看来，管制行动显得有些犹豫，但无疑这是一种迟来的正确选择，否则任由通货膨胀发展，将更加快速地扩大收入差距制造的更大的社会不公。

当普遍性的腐败、体制的沉疴和经济转型的压力与这一经济决策交织在一起的时候，现在来评价得失为时尚早。但罗斯福的战时经济策略给我们的启示是,当政府开支不可避免地急剧膨胀的时候,把促进社会公正的思想作为经济政策的指导思想并以此为契机改造分配机制是一种正确的选择,遗憾的是,我们没有看到这种思路在实际工作中的系统性体现。

罗斯福的战时经济政策在一定程度上消除了社会差别。"从 1939 年到 1944 年间,5％最富裕的美国人拥有的财富份额从 23.7％下降到了 16.8％。"(《美国世纪》)房价的下跌(如果真的跌下来的话)和普通体力劳动者薪酬的上涨、社会保障体系的建立、保障性住房的大规模建设可以算作消除社会收入差别的部分结果,但税收制度的调整和实施、对权力寻租的遏制、对垄断行为的打击、对中小企业的扶持都是更具改变空间的着力点。

即使如此受到美国人情感认同的罗斯福,其主持的新政也依然处于争议之中。当后来的专家抱着如同质疑罗斯福新政的劲头再来对中国刚刚经历的这段历史评头论足的时候,留给他们的将是什么样的证明抑或是把柄呢?

商业与商人

Business & Businessman

一个企业的真正竞争力绝不能来自政府的扶持和救助，也不能来自对市场的一味迎合。真正的竞争力只能来自于企业的技术创新、管理水平和每个员工的努力工作。

MBA，有没有用？

一个新事物刚刚出现的时候，就如同一个孩子的诞生。大部分人会表达由衷或不由衷的喜悦和祝贺。但总会有人对孩子的未来表示担心，碰上有不开眼的还会小声地说："这孩子早晚是要死的。"媒体常常承担这样的角色。

1908 年 10 月 1 日，MBA 这个新生儿呱呱坠地。这一天，哈佛商学院正式开学，迎来了首批 49 位学生。两年以后，1910 年 9 月，他们成为首批 MBA 毕业生，到现在已经超过了一百年。

在开学的一个多月前，1908 年 8 月 20 日，《纽约时报》用一个豆腐块大小的版面报道了哈佛大学即将开办一个完全与众不同的商学教育模式的消息："新学院一开始就将获得大学学士作为录取的前提条件。在这一普通教育的基础上，它设置了两年制课程、部分为必修课、部分为选修课，目的是为培养商学管理硕士，并集中反映以下特殊职业领域：银行学和金融学、会计学与审计学、运输、商法、经济资源及公共服务等。"报道还列出了讲师的名单，他们中有政府高级官员、大企业的财务主任、知名律师、著名法官等，其中还有管理学鼻祖——大名鼎鼎的泰勒。

10月2日，哈佛商学院开学的第二天，《纽约时报》发表了一则饶有趣味的短评。评论先从德国诗人歌德的从政经历讲起。当年，27岁的歌德被魏玛公国的卡尔奥古斯都伯爵任命为内阁大臣。这一提议曾经遭到伯爵的顾问弗里奇的强烈反对，此人甚至以辞职相威胁，反对对歌德的任命。他实在是看不出写出《少年维特的烦恼》和管理国家之间的关系。而伯爵的理由是，像歌德这样的天才，根本用不着通过从底层干起，来积累管理国家的经验。三年时间证明了伯爵的正确，歌德把魏玛公国的事务打理得井井有条。《纽约时报》运用春秋笔法隐喻的是：虽然哈佛试图造就那些没有底层工作经验但能够担当高级管理职务的人才，但普通本科毕业生能和歌德这样的天才相比吗？

除了课程的学习，评论强调："该学院的学生每年夏天将去工厂和商号实习，并与他们自己一生中最重要的工作中将与之共事的那些人建立联系。"这则一千字的评论有这样一个意味深长的结尾："然而，《哈泼斯》周刊最近所做的一项调查显示，现职企业总管中有90%的人一开始都是从最底层的工作做起。此外，就在新学院成立的那一天，刚从哈佛毕业的美国总统之子就穿上了工装裤，开始为一家地毯公司拣选羊毛，周薪为8美元。"当时的美国总统是西奥多·罗斯福，他最心爱的小儿子1918年阵亡在欧洲战场，因而没有办法用他的经历来佐证这个持续了百年的争论——学管理到底是应该进课堂还是下车间。

自1910年哈佛商学院正式成立以来，美国MBA毕业生总数已超过100万人。在哈佛商学院的校友名录中有这样一些显赫的名字：美国前总统乔治·布什、世界银行前行长沃尔芬森、前国防部长麦克纳马拉、通用CEO伊梅尔特、通

用汽车前总裁瓦格纳、宝洁公司 CEO 雷富礼、前劳工部长赵小兰……现在每年
会有超过 20 万 MBA 从分布在美洲、欧洲、亚洲等世界各地的商学院毕业。

在哈佛商学院历史上最为人所称道的一届是 1947 级 MBA,被称为出类拔
萃的一代,从中成长起来的政界高官和商业领袖远高于其他届,至今仍被当作
哈佛商学院的骄傲。

1945 年第二次世界大战结束,士兵们陆续从欧洲和亚洲战场返回国内。如
何安置这些劳苦功高又一度远离社会和商业的退伍军人呢? 美国政府作出了
最聪明也最划算的决定:让他们回到学校,学费由美国政府来买单。也就是因
为这个原因,那些在平时被 MBA 高昂的学费挡在门外的普通人家的子弟第一
次有机会进入了这样一个以往专为有钱人开办的学院。对于年龄偏大的退伍
军人们来说,MBA 这样一个听上去和实际工作联系最紧密、最容易找到工作的
教育方式自然成为最受他们欢迎的课程。

哈佛商学院 1947 级招收的 MBA 学生中,近 90% 都是这些渴望学习、渴望
迅速融入社会的二战退伍兵。就如同 1977 年、1978 年在中国考入大学的那些
学生,他们的信念是:"把失去的时间补回来。"据说,这些学生入校以后每天平
均的睡觉时间是 3~4 小时。二十年以后,人们发现,众多美国著名公司的高管
都来自于哈佛商学院 1949 年毕业的那 700 多个 MBA。

从此之后,MBA 一定要招收有一定工作经验的本科毕业生而不是"校门对
校门"的应届毕业生,慢慢成为商学院的共识。到底是实践出真知还是课堂出
真知也似乎有了答案:实践和课堂加起来才出真知。

和美国如火如荼的 MBA 教育相比,欧洲人一直不认同美国人创造的这种
"非驴非马"的教育模式。大学是搞学术、诞生思想的地方,怎么可以成为经理
们的职业培训班呢? 一直到 20 世纪 50 年代。在法国和瑞士才产生了"山寨
版"的 MBA 商学院,随后在 60 年代,英国也出现了商学院。但直到 20 世纪 80
年代,欧洲著名大学也都没有开办 MBA 教育,商学院大都是独立的学院,和美

国的商学院相比,欧洲的商学院更像是高级职业培训学校。

欧洲真正大规模兴办 MBA 教育并不比中国早很多。到目前为止,在 MBA 教育领域,美国仍然是一枝独秀。即使在中国的 MBA 教育大跃进式发展的背景下,现在每年毕业的 MBA 学生中依然有一半多来自美国。

在经历了从第二次世界大战结束到 20 世纪 80 年代的黄金发展期后,90 年代初,MBA 的发展陷入前所未有的尴尬境地。美国至少有一半的管理学院关闭,报纸上频频出现"MBA 无需申请"的广告,哈佛商学院的 MBA 毕业生竟然开始找不到工作。

除了经济衰退,不少专家认为 MBA 教育的本身问题也是导致 MBA 不再受追捧的重要原因。一位著名教授做了大量数据研究之后,得到一个结论:除了头 25 家的商学院给学生后来的收入有明显的增加之外,普通大学的 MBA 根本不能给学生带来价值。

对 MBA 教育给予最猛烈抨击的是加拿大麦基尔大学著名管理学教授亨利·明茨伯格。他认为:"MBA 课程训练出来的毕业生犹如雇佣兵,除了少数的例外,他们对任何行业或企业都没有承诺感。这些 MBA 课程创造了一套错误的企业价值观。"他对哈佛商学院引以为豪的案例教学法的批评尤为猛烈,认为案例方法只训练人们对自己几乎一无所知的事务妄加发言。有人甚至再次提出了 MBA 教育有没有必要搞的质疑。一些企业也推波助澜,声称不再喜欢雇佣 MBA 的学生,而更愿意雇佣本科学生。宝洁公司就明确拒绝招收 MBA 的学生,只招收优秀的本科学生,自己培养。

在中国,20 世纪 80 年代 MBA 教育发展的速度超过了任何国家的任何时代。念 MBA 被看作是一个乌鸡变凤凰的必修课程。有钱的高管,一般会选择去念更昂贵的 EMBA,戏称"容易的 MBA"。即便如此,依旧有不同的声音。

在 2006 年年初,"2005CCTV 中国年度雇主调查"活动的颁奖晚会上,获奖最佳雇主代表马云在回答"孙悟空有一个难得的进修机会的时候,作为唐僧的你会不会放他走"这一问题时选择了"不会",并大声宣布,工作是最好的学习,他们公司所有去念 MBA 的回来以后都比以前傻了,他至今没有看到念完以后变聪明的,现场哗然。

作为活动的总导演,坐在编辑机前的我犹豫了很长时间是否把这段话删掉。在央视这样一个平台上,在"雇主调查"这样很认真地讨论员工关系和管理之道的节目中,马云这样一个知名度很高的著名企业家,以这样一种简单片面的语言来评价一种国际通行的教育方式,对几十万名学生的动机和努力进行否定是否合适? 但最后我还是没有下剪刀。作为一名有影响力的企业家,他应当清楚地知道他当时表达的是什么意思,会导致什么影响,并且作为一个成功企业的领导者,在这件事情上他有发言权。

发生在 MBA 学生身上的问题,是学生的问题还是老师的问题还是学校的问题,或者是 MBA 教育本身的问题? 可能都有。但从哈佛商学院开始的 MBA 教育百年的历史看,其价值是显而易见的。尽管我们可以举出巴菲特没有通过哈佛商学院的申请以及现在全世界最知名的企业家几乎没有多少是 MBA 毕业生的例子,但越来越多的人愿意花钱和时间进入 MBA 的课堂也是同样存在的现实。

两年的时间,是继续工作还是回到课堂,哪个价值更大? 不同人可能有不同的答案。

福特：把自己的脚放入他人的鞋子

  在 20 世纪初的美国是"大王"频出的时代。铁路大王斯坦福、银行大王摩根、石油大王洛克菲勒、钢铁大王卡耐基，当然，还有汽车大王福特。虽然同被称作大王，但我认为福特和之前的大王有着本质的不同——福特是一位真正的企业家，而其他人只是成功的生意人。

  在纪录片《大国崛起》中有这样的一段解说："1913 年8 月，一个炎热的早晨，当工人们第一次把零件安装在缓缓移动的汽车车身上时，标准化、流水线和科学管理融为一体的现代大规模生产就此开始了。犹如第一次工业革命时期诞生了现代意义的工厂，福特的这一创造成为人类生产方式变革进程中的又一个里程碑。每一天，都有大量的煤、铁、砂子和橡胶从流水线的一头运进去，有2500 辆 T 型车从另一头运出来。在这座大工厂里，有多达 8 万人在这里工作。1924 年,第 1000 万辆 T 型汽车正式下线,售价从最初的 800 美元降到了 290 美元。汽车开始进入美国的千家万户。"

流水线彻底改变了汽车的生产方式,同时也成为现代工业的基本生产方式。时间过去了近百年,流水线仍然是小到儿童玩具大到重型卡车的基本生产方式。

亨利·福特为制造汽车而生。15 岁的时候,福特就在自家的工具间里制造出了一台内燃机。1887 年,24 岁的福特进入爱迪生的电灯公司,成为一名技术员。十年之后,亨利·福特辞去了工程师的职位,在底特律和别人合伙创立了汽车公司。直到 1947 年去世,福特一生都在领导着以自己名字命名的汽车公司。1936 年,福特还成立了以自己名字命名的基金会,慷慨地捐助教育、科学研究和社会改良等事业。在长达几十年的时间里,福特基金会的捐助额一直名列美国榜首。

如果需要用一个人来诠释熊彼特描述的那种企业家,那么福特一定是最典型的人选。在熊彼特看来,资本主义之所以会有跨越式的发展,就是因为出现了这样一批企业家,他们通过整合资源,创造新的技术、新的生产方式、新的组织模式,通过创新打破原来的经济均衡,在满足客户需求的同时获得利润。

福特让汽车真正进入了美国家庭,比这个贡献更伟大的是流水线所带来的工业生产方式和管理方式的真正革命。福特所引领的变革被后人称作"福特主义"。

流水线在极大地提高了生产效率的同时,也带来了弊端。在流水线上,每个工人被固定在一个工位上,长期进行动作单一的操作。手工业时代匠人们通过一双巧手制造一个产品的成就感荡然无存,人成了机器的一部分。福特认识到,工人们必须得到另外的补偿,才能够寻找到工作的意义。他赋予了"福特主义"新的内容——让工人成为企业利润的分红者。

1914 年 1 月 11 日的《纽约时报》发表了以"亨利·福特解释他为什么要发掉 1000 万美元"为题的长篇报道。文章写道:"星期二全世界被报纸的一份宣告震惊了。它宣称福特公司已经通过了一个和雇员平分利润的方案。据说公司将拿出公司 1914 年 50％的利润,估计 1000 万美元,在雇员中分配。它将按照现在日工资的比例,装在员工每周的工资袋中。红利的价值是如此之高,以至于可能超过他的工资。即使是每天只挣 2.34 美元最低工资的清洁工,也将得到 5 美元。"

在 20 世纪初的美国,这样的举动称得上石破天惊。《纽约时报》1914 年 1 月 7 日的社论用"一个工业乌托邦"为题揶揄福特的做法,并轻率地下了这样的结论:"福特公司管理层的理论显然是空想的并将在实践中走入死胡同","公司关于优待雇员的理论带有乌托邦的色彩——分享利润并不会改变人的本性"。《纽约时报》近一百年前的社论和当下中国众多的经济学家谈及《劳动合同法》时的言论有惊人的相似。也许这九十多年正好是中国与美国在发展阶段上的距离?

在《纽约时报》的长篇报道中,福特这样解释他为什么这么做:"我想强调,这并不是增加工资而是利润分享的方法,员工的工作效率一直很高,而且很忠诚,我们认为他们应当和我们一道来分享成果。如今你想从别人那里得到点什么,那你就必须出个好价钱。如果你想得到他的最佳发挥,你必须真正地酬谢他,必须给他生活的希望。"

福特彻底颠覆了传统经济学为企业下的定义,他说:"作为领导者,雇主的目标应该是,比同行业的任何一家企业都能给工人更高的工资。"

经过分析,福特发现在制造 T 型车的 7882 项工作中,有 4034 项并不需要健全的身体能力。这成了福特工厂雇佣残疾人士的理论基础,上万名残疾人士平等地获取到正常工资。

高工资结合福利有助于实现低成本。工人对工厂有深厚的感情,提高效率、增产节约的创造性办法层出不穷,这让福特工厂里的技术创新和管理创新总是走在其他企业前面。

亨利·福特曾经说过:成功的秘诀在于把自己的脚放入他人的鞋子里,进而用他人的角度来考虑事物,服务就是这样的精神,站在客人的立场去看整个世界。工人和客户同样是他的客人。

正像《大国崛起》中的解说词描述的那样:福特赢了,在与雇员分享50％利润的同时,福特把T型车的价格从800美元降低到290美元。请记住福特作出这个决定的时间——1914年。这个时间比起罗斯福新政中相关劳动法案的出台早了整整二十年!

福特所崇尚的变革从来都不是在政府的压力下作出的,无论是技术上、管理上还是对待员工的态度上。福特主动做出的这一切也不是来自于所谓的"企业社会责任"或者"资本家的慈悲心肠",而是出于独立地经营一家公司、提高其生产效率的考虑。这才是真正的企业家精神。

福特所尊崇的理念让他的后辈们在几十年后避免像通用那样在国会遭受议员们的羞辱,也让福特在同样遭受重创的时候依然可以有尊严地沿着自己的方向前行。

一个企业的真正竞争力绝不能来自政府的扶持和救助,也不能来自对市场的一味迎合。真正的竞争力只能来自于企业的技术创新、管理水平和每个员工的努力工作。

在长达一个世纪的漫长岁月中,美国汽车业承载了美国式资本主义的光荣与梦想。它彻底改变了美国人的生活方式,让美国成为一个装在车轮上的国家;它孕育了现代管理科学,让企业管理成为一门真正的学科;它推翻了人们对资本主义的传统认识,福利制度让数百万蓝领工人成为体面的中产阶级。

如今,汽车行业在中国开始扮演着差不多的角色。

在中国广东南海的本田汽车配件厂里,两位从技工学校毕业的工人领导了中国汽车行业中的第一次罢工。罢工的诉求是增加工资。在一百年前福特的工厂里,一名一线工人购买一辆自己生产的T型车需要三四个月的薪水。一百年后,本田工厂的工人购买一辆最廉价的汽车至少需要三四年的薪水。尽管如此,学者们仍然为中国工人要求更高的工资而忧心忡忡。

拥有最低价的员工,也就拥有最有竞争力的公司,也就拥有最有竞争力的产品,也就拥有中国经济的繁荣,这种逻辑一直主宰着中国经济的发展模式。

1947 年 4 月 3 日,亨利福特走完了他"技术员—工程师—创业者—企业家—慈善家"的一生。葬礼的那一天,美国所有的汽车生产线停工一分钟,以纪念这位"汽车界的哥白尼"。

1999 年,《财富》杂志将福特评为"20 世纪最伟大的企业家",以表彰他和福特汽车公司对人类发展所作出的贡献。2005 年《福布斯》杂志公布了有史以来最有影响力的 20 位企业家,亨利·福特名列榜首。

20 世纪最伟大的企业家——亨利·福特

福特为什么要上市？

　　至今仍然有不少美国人认为福特是汽车的发明人，就像至今仍然有不少中国人认为长城是唯一（或者两个之一）从太空中可以用肉眼看到的建筑物。此类误传的产生，与其说是误会，不如说是愿望。在天空中能否用肉眼看到长城其实并不影响长城的伟大，当然汽车是不是福特发明同样不能影响这个人和他所创建的公司，对汽车、美国人、对世界的价值。

　　汽车不是亨利·福特发明的，但他一生的工作对汽车行业、制造业、管理学和整个世界的影响并不比发明汽车逊色。是他让汽车从有钱人的玩具变成普通人获得自由的工具；是他最早使用了流水线制造汽车让生产的速度迅速提升、成本迅速下降；是他率先给工人们开出了每天 5 美元的高工资，并让企业家们改变了高工资只是提高了成本、破坏了经济规律的看法。

福特一生看不起华尔街上那些"贪婪的野蛮人",他认为:"股东们,在我看来,应当是那些活跃于该产业、把公司看作是一个提供服务的工具而非赚钱机器的人。"显然,华尔街的那些人并不具备福特对于股东的要求,所以直到在其去世八年之后,福特才上市成为一家公众公司。

"世界上最大的家族工业帝国——福特汽车公司的普通股票将于明年1月首次公开发售。昨天发布的一项声明为金融史上最大的一次股票发售扫清了道路。这项声明说福特家族将出让五十二年前创立的这家公司的多数控制权,60%的股份将发售给投资者,家族仅保留40%。"《纽约时报》1955年11月7日的报道把福特的上市当成一枚重磅炸弹。"开始发售股票以后的福特将和通用汽车、克莱斯勒以及其他1100家公司一样,在纽约证交所上市。交易所总裁芬斯顿为福特的决定欢呼,称它是美国公司公有化历史上的里程碑。"到了20世纪50年代,巨型公司还徘徊于证券市场之外是极少的个案,福特公司姗姗来迟的上市缘于亨利·福特的固执。

1903年6月16日,福特汽车公司在底特律的一间破旧的车间成立。除了一些图纸和工具,全部财产就是12位投资者筹措的28000美元。新公司的运气不错,靠手工敲敲打打攒出来的第一辆车很快就找到了买主。这让眼看着银行存款只剩下223美元的股东们喜出望外。

从1903年至1908年间,亨利·福特和他的工程师们热火朝天地制造出了19种车型,从字母表中的A直到S。这些五花八门的汽车有的根本没有卖出过一辆。在不断变换的过程中,福特在寻找他梦想中的那一辆能够被大家都喜欢、让更多的人买得起的车型——T型车。

股东们越来越难以忍受福特的偏执,逐渐退出。在他们看来,福特要制造老百姓都买得起的汽车的说法是不可能实现的疯话。福特不断地买下他们的股份,终于成为绝对控股的大股东,福特终于熬到了自己说了算的时候。T型车在 1908 年 10 月 1 日上市,低价、可靠,第一年的产量就达到了 10660 辆,打破了汽车业有史以来的所有纪录。T 型车一生产就是十九年。

在福特看来,开豪华汽车,给汽车更多行驶之外的功能是一种腐败,凡是敬畏上帝的人都不应该这样做。T 型车就是福特实践这一理念的产物。20 世纪 20 年代初,T 型车的产量占美国汽车产量的 90％,是世界汽车产量的 2/3。美国真正进入汽车时代,是从 T 型车开始的。

美国历史学家弗雷德里克·艾伦在他的《美国的崛起——沸腾五十年》中这样评价福特的理念和实践:"实际上福特所做的所有事情——降低价格、提高生产效率、故意提高工人工资等,就是用前所未有的方式证明现代工业的一项伟大原则:批量生产的动态逻辑。这个原则就是:生产厂家生产的商品越多,那么它生产的成本就越低,产品的价格就越低,人们的生活就越好,他们所能购买的东西就越多。让这种丰富而经济的生产原则成为可能。"从这个角度来看,福特是最早的社会企业家——他用经营企业的方式实现自己的社会理想。

这种理念让福特公司的目标放在生产更多的廉价产品而不是为股东赚取更多利润。这种理念一直保持至今,它使福特公司在金融危机发生的时候成为美国三大汽车制造商中唯一没有接受政府救助,保持公司独立性的企业。

亨利·福特的理念证明,世界上并不只有一种对公司的正确定义。不以股东利益最大化为目标的公司一样可以活得长久,甚至更好。众多日本企业的成功也证明了这一点。

福特说:"做生意是这样一个过程:以公平的价格买进原料,以尽可能低的成本把这些原材料转化为可消费的产品,再把它提供给消费者。赌博、投机和损人利己的交易,这些只会阻碍商业的进一步发展。"坚守这样信念的人,怎么能容忍自己的公司上市,被华尔街的投资者们炒来炒去呢?

"股票将由发布声明的福特基金会而不是由公司发售。基金会是福特家族在 1936 年建立的大型慈善信托公司,以拨款促进国际国内事务中广泛领域里的人类福利事业。"《纽约时报》中的这段话道出了福特的后人们违反老福特的意愿、最终决定福特上市的根本原因。

1935年,美国国会通过财富税法案,要对价值5000万美元以上的资产征收70％的遗产税。这意味着,如果福特去世,福特家族必须卖掉公司股票,才支付得起数目巨大的遗产税。亨利·福特不想百年之后让他亲手创建的公司落在别人手里,他接受了自己的继承人、大儿子埃兹尔·福特提出的解决方案,福特基金会应运而生。1936年1月15日,福特基金会正式成立,基金会将福特家族的资产与公司资产区分开,达到了合理避税的目的。

既然成立基金会让福特在合理避税的同时又能够让家族自主决定他们花钱的方向,福特公司为什么还一定要上市呢?

《纽约时报》的报道是这样解释的:"基金会理事想使投资者多样化的希望是福特家族作出允许出售福特股票决定的主要因素。家族最终同意了理事们的观点,认为基金会把所有的鸡蛋都放在一个篮子里是不可靠的。这一决策是在福特家族与基金会理事经过两年多的协商后达成的。理事们劝说家族允许公众共享福特汽车的收益。"卖掉基金会所持的大部分股份,一方面使基金会获得了真正独立永续运转的可能,另一方面由于股份的高度分散,并不会导致公司实际控制权的旁落。

变卖股份让基金会拥有了大量可支配的资金。上市后基金会的第一笔捐款就超过了福特基金会自成立十八年以来的全部捐赠数。这笔钱一半捐给了全国615家私立文理科大学和学院,用于提高教师的工资待遇,另一半分别捐给了3500家私立非营利性医院和45家私立医科学校。整个20世纪下半叶,除个别年份外,福特基金会的资产和支出都位居各基金会榜首。迄今为止,福特基金依然以上百亿的雄厚资产居美国私人基金会规模之首,每年将数十亿元的资金用于公益事业。

亨利·福特连同洛克菲勒、卡耐基等同时代著名企业家建立起来的基金会，以及我们现在看到的比尔·盖茨建立的基金会，成为美国社会促进公平公正、消除贫困、促进文化艺术发展的重要推动者。现在美国的大学和众多科学研究、社会研究的主要捐赠资金都是来源于这些"老钱"。

从政府的角度来看，遗产税的征收极大地促进了企业家建立个人基金会的积极性，而成熟的资本市场又让这些基金能够不断地增值保值。公益事业通过私人基金会得到了极大的发展。基金会的理事们通过专业化的管理，将企业创造的财富用到促进社会福祉的地方。这一系列的制度安排和企业家们源于个人信仰的社会责任感，造就了私人基金会的成长和发展，也造就了社会的不断进步。

面对一个郭美美就导致全社会慈善捐款大幅回落的现实，我们不得不深思，为什么中国式的官办慈善事业难以持续发展，为什么本应依靠社会力量解决的社会问题总是由政府来包办？当合理的机制建立起来之后，企业家一定会按照自己的愿望来扶持公益事业，社会也才能走上健康永续进步的道路。

米老鼠：萧条时期的经济学家

并不是所有的商业奇迹都诞生于经济蓬勃发展、科技突飞猛进的时代，作为经济周期所不可避免的一个环节——衰退，同样可以成就传奇。

迪士尼就是这样一家公司。取名自创始人华特·迪士尼的这家娱乐和传媒巨头，目前的业务涵盖影视节目制作、主题公园、玩具、图书、电子游戏和传媒网络。在《商业周刊》的世界百强品牌排名中，迪士尼位列第九。

如果这个星球上还有人不知道华特·迪士尼是谁、不知道迪士尼公司是一家什么样的公司的话，那么几乎没有人不认识那只名叫米奇的可爱老鼠。20 世纪，在全球范围内，如果把儿童和成年人算在一起的话，没有哪个人物形象的知名度超过米老鼠。

而在大萧条时代，米奇几乎成为仅次于罗斯福的"显要人物"。在大萧条最深重的时候,《纽约时报》1935 年 3 月 10 日的一篇名为《米奇充当经济学家》的长篇报道是这样开头的:"最近,米老鼠大受喝彩,远远超过了他在世界范围内已经获得的那些称赞。最新的赞美是送给大企业家米奇的。他是世界上的超级推销员,他为失业者找到工作,他将公司从破产的境地救出。无论他在何处奔走,希望的曙光都会穿破云层。他已经成为世界上最知名的国际性人物,他让全世界的人们在无精打采的时刻也能放声大笑。"

米奇并非出生在大萧条时代,而是诞生于 1928 年迪士尼公司制作的世界第一部有声动画片《蒸汽船威利》中。在此之前,迪士尼曾经创作过一只叫奥斯瓦尔德的长耳朵卡通兔形象,很受观众欢迎。迪士尼和设计师们一起讨论,怎么能创造出一个更可爱的卡通形象。他们把这只兔子的耳朵变圆,给短裤加上纽扣,给大脚穿上鞋子,双手戴上手套,再加上一条可爱的尾巴。迪士尼的夫人给它起了个响亮的名字——Mickey Mouse(米奇老鼠)。超级巨星米老鼠就此诞生。

在最初的年月里,动画片仅仅是作为故事片之前的"加演"来放映的,通常只有七八分钟。美国人在电影院里认识了这个可爱的家伙,但米老鼠并没有为公司带来太大的利润。但在愁云密布的大萧条年代,米奇的魅力开始体现出来,它带来的欢笑冲淡了人们对现实的恐惧和绝望。

"米奇卷起袖子要大干一场,它努力去对付世界的经济问题,它全力以赴挽救陷入困境的经济。企业家和银行家们无法战胜的困难,却被小小却力大无穷的米奇征服了。"《纽约时报》的报道这样解释他们给米奇戴上"经济学家"高帽的理由。

"它使一家有着 200 万美元资产的玩具公司避免了破产的命运。随后,又帮助一家业务陷入停滞的公司恢复了元气,8 周之后增加了 2700 名工人,售出 200 万只手表。它使一家编织厂在大萧条中有着做不完的生意,这家工厂一年生产 100 万件印有米老鼠肖像的毛衣。"几乎在米奇的形象被人们喜欢上的同时,许可授权成为迪士尼公司最主要的挣钱途径。

从第一份许可证在 1930 年颁发给一家玩具制造商,到 1935 年,迪士尼已经向美国及欧洲的公司颁发了上百份许可证,这些公司生产从文具、手绢到电冰箱等上千种商品。

许可授权带来的资金让迪士尼可以创作出更吸引人的作品,而这些作品又进一步扩大了米老鼠的知名度,让更多的厂商为了获得米老鼠形象的使用权而甘愿掏更多的银子。

在大萧条时代,为什么一只顽皮的老鼠能够获得所有人的喜爱? 人们一直试图用各种理论来解释这个不可思议的现象。有人说,因为米老鼠有一点无助、有一点机灵、有一点疯狂,并且喜欢恶作剧,无论是大人和儿童,每个人都可以从米老鼠的身上找到自己或者自己心底的简单小愿望。而直白也最能被人们所认可的原因其实非常简单,那就是每一部米老鼠的短片都能让人们欢笑,从而忘却眼前的所有烦恼。

还需要指出的是,大萧条带来了人们生活方式的改变,人们有更多的闲暇,可以消费那些不用花太多的钱但可以消磨时光的产品。图书、电影、广播,即使是简单的家庭游戏如拼图、跳棋、国际象棋、套圈,也都大受欢迎,要么消磨时间,要么排遣焦虑。

而有声电影的出现给人们带来前所未有的新刺激,电影工业在大萧条时期竟出现了一个小高潮。这也是米老鼠大行其道的经济背景。有人统计,过去的几十年中,美国遭遇过 7 次经济不景气,其中有 5 次让当年的电影票房急剧攀升。

所谓"危机",永远是危险中孕育着机会。1937 年,在米老鼠系列电影及其产业链取得空前成功之后,迪士尼在公司内部的一片反对之声中投入巨资拍摄了《白雪公主和七个小矮人》。他不满足于动画片作为"加演"的地位,而是破天荒地要把动画片拍成"大片"。这部电影史上第一部动画长片成为最经典的迪士尼电影。作为世界上第一部长篇动画电影,同时也是世界上第一次发行的电影原声音乐唱片,还是第一部举行隆重首映式的动画电影。这不仅使动画电影成为一种主流的电影形态,也奠定了直到目前仍然通行的电影发行模式。

"动画片开创了一个新兴的工业。"《纽约时报》1938 年 5 月 2 日的社论这样评价道。在《白雪公主和七个小矮人》上映后不久,117 家玩具制造商被获准使用"白雪公主"的形象。或许在几十年后来看,《纽约时报》对米老鼠和迪士尼公司对于美国经济复苏所起的作用有夸大之嫌。但在经济低迷时期,通过创新为经济的下一轮发展寻找到突破口,似乎已经是世界经济发展的一个规律。美国经济之所以能够在过去一百年里不断地引领世界的发展,靠的就是不断的转型和创新。

华特·迪士尼的一生都在扮演着这样一个创新者的角色,他的商业洞察力永远走在时代之前。

1901 年,华特·迪士尼出生于美国芝加哥。5 岁的时候,迪士尼的全家搬到了一个农场,在农场度过了幸福的童年时代。从小和鸡、鸭、猪等动物混迹在一起,带给了他日后创作卡通形象的灵感。

9 岁的时候,迪士尼来到城里,开始了长达六年的报童生涯。卖报之余,他最喜欢的便是画漫画。16 岁的迪士尼在夜校学习美术,并且开始给杂志画漫画。1918 年,迪士尼被派往法国参加了第一次世界大战。1925 年,迪士尼和哥哥合伙建立了动画作坊。1928 年,"米老鼠"问世。之后的几十年,米老鼠成为迪士尼的标志。他异想天开地要把梦幻搬到现实中来,而不仅仅停留在银幕上。1955 年,迪士尼把动画片所运用的表现手法与游乐园的功能相结合,推出了世界上第一个现代意义上的主题公园——洛杉矶迪士尼乐园。1966 年 12 月 15 日,迪士尼病逝。如今迪士尼已经成为全世界最主要的文化和娱乐产品的供应商。

斗转星移,在香港拥有了一家迪士尼主题公园之后,上海的迪士尼主题公园已经破土动工。几年后,中国将成为继美国本土之后,第二个拥有两个迪士尼乐园的国家。非常有意思的是，有一个更可以让国人骄傲和自豪的数字是，我国动画片的产量已经达到了 22 万分钟——全世界排名第一。这似乎是一夜之间取得的战绩。这些动漫可以供一个电视频道每天播出十个小时而不重样，而事实上能够放映的只是其中的一小部分。

或许是从当年迪士尼的成功获得了灵感，各地方政府纷纷把动漫产业当成了政府扶持的重点。各地陆续出台了一系列对动漫产业的扶持政策，随后我们看到的是动漫产业的规模迅速扩大。但除了在此之前一些民营机构创造的如《喜羊羊与灰太狼》等奇迹之外，大部分的动漫节目除了制造者之外，没有一个观众看过。

不可否认的是，迪士尼当年的成功也曾经获得过政府的支持和推动。但和现在我们政府在动漫以及文化产业上不计成本地砸钱完全是两码事。如果说通过巨额投资可以让我们在不长的时间内拥有高铁、大飞机、核电站是可以预见的结果的话，试图依靠政府大量的资助产生文化产品完全是不可预期的。

米老鼠与华特·迪士尼

当麦当劳走向华尔街

　　1966 年是一个全球动荡开始蔓延的年份。越南战争全面升级，美国国内黑人争取权利引发的暴乱此起彼伏。"国内动乱已经成为美国风景的一个组成部分。"(沃尔特·拉菲德等:《美国世纪》)

　　这一年，麦当劳上市了。

　　"一张上面列有 10 个品种的食品单(其中没有一道食品的价格超过 29 美分)，使得路边的汉堡包连锁店获得空前成功，并且已经符合在纽交所上市的要求。这便是芝加哥的麦当劳公司。它已经开设了 81 家店铺及 714 家街边汽车专卖店。"从来只报道财经大事的《纽约时报》注意到了这家连锁餐厅和使它获得巨大成功的商业模式。

　　作为一种美国人热爱的快餐食品，汉堡包早在 1903

年在密苏里州圣路易斯安那采购展览会上就已经出现了,美国人已经吃了半个多世纪。

作为一种为开车人服务的汽车餐厅,在美国也已经存在了二十多年。早在1940年,麦当劳兄弟(理查·麦当劳,Richard McDonald 和莫里森·麦当劳,Maurice McDonald)便在洛杉矶开始经营当时美国极其流行的汽车餐厅。

两兄弟自己制作汉堡、热狗、奶昔,准备一打左右有伞的椅子,招待停车场内车中的客人。到 20 世纪 40 年代中期,餐厅已经扩大至可容纳 125 部汽车,并雇用了 20 名服务员,菜单上提供 25 种产品,年营业额达到 20 万美元。50 年代,随着汽车的普及和高速公路网的建成,汽车餐厅遍地开花,成为美国餐饮业最流行的经营方式。

然而,麦当劳真正的成功,被记在麦当劳公司曾经的经理人雷·克洛克的名下。是克洛克而不是麦当劳兄弟,被当作这个全球最大餐饮公司的创始人。雷·克洛克所创造的不是一种产品,而是一种全新的商业模式——连锁经营。

1966 年 7 月 17 日的《纽约时报》以“连锁店走向华尔街”为题全面介绍了麦当劳的连锁经营商业模式:“麦当劳的总裁哈里·丁萨尼伯恩强调说,麦当劳总部不生产也不销售食品、装备。他还说,麦当劳能够上市,是因为它知道如何运转这一机构。公司职员的工作是向连锁店的经营者提出建议,除了要充分符合麦当劳制定的产品质量标准之外,还包括购买设备、装备食品、操作方式、广告及经营一家成功企业必需的其他细节。”

1955 年,麦当劳的行政总裁雷·克洛克“内部创业”,获得了在伊利诺伊州开设麦当劳餐厅的授权,这也是公司的第 9 个分店。1960 年,雷·克洛克正式将“Dick and Mac McDonald”餐厅更名为更为简练的“McDonald's”。第二年雷·克洛克和他的合伙人以 270 万美元收购了麦当劳兄弟的餐厅,开始以全新的商业模式运作麦当劳餐厅。新公司运营不久,雷·克洛克便在伊利诺伊州的埃尔克格罗夫村成立了汉堡包大学,为全世界的麦当劳经理提供专门训练。此后,麦当劳以不可思议的速度在美国和全世界复制连锁店。1984 年,雷·克洛克病逝,那一年,麦当劳售出了第 500 亿个汉堡包。如今,麦当劳公司在全球拥有超过 32000 家快餐厅,分布在全球 120 多个国家和地区。

1992 年,在"东方风来满眼春"的南方谈话后不久,麦当劳在北京的第一家餐厅在王府井和长安街交叉路口的东北角开业了。在当时,这被解读为中国继续改革开放的信号,登上了全世界所有主流媒体的重要版面。

那一年,我来北京出差,就住在不远处东单三条的铁道部招待所。凌晨起床去看升旗,居然看到麦当劳的员工已经在打扫卫生了。他们用抹布认真地擦拭门口的灯杆,用水清洗门口的人行道——我只能用震惊来形容自己当时的感受,当然震惊的还有价格。虽然战战兢兢地和同事吃了一次"美国大餐",因为花掉了一个月工资的四分之一而心疼不已,但我还是很认真地认可了这一餐的性价比。在此之前,我从来没有见识过餐厅可以这么干净。

在相当长的时间里,去麦当劳和肯德基就餐是一项先富裕起来的中国人的身份标志。据说在十年以前,很多小城市第一家麦当劳餐厅的服务员都来自在当地颇有背景的家庭。麦当劳在中国以及其他发展中国家的发展路径,完全不同于其在美国本土的成长路径。在中国的汽车社会到来之前二十年,麦当劳和其所营造的美国文化氛围就颠覆了消费模式和收入水平相匹配的思维惯性。

在刚来北京工作的头几年里,如果有从农村或者小县城来的远房亲戚,我都会毫不犹豫地把他们带到麦当劳或者肯德基饱餐一顿。因为我发现这是一个用较少的时间成本和花销就能在亲戚当中赢得口碑的捷径。凡是第一次进入美式快餐店的中国人,几乎都受到一次从视觉到理念的强烈冲击。超越日常生活经验的标准化服务和清洁的环境氛围,让麦当劳迅速地在中国站稳了脚跟并快速扩张。

曾经一度,商界和媒体界长时间讨论"为什么洋快餐打败了中式快餐"的话题。在一个以饮食文化发达而自豪的国度里,品种少、制作简单的洋快餐大行其道,的确让广大餐饮工作者不服气。最终,大家更多地把麦当劳和肯德基在中国的成功解读为标准化的成功,认为中餐制作的复杂性决定了其不容易标准化。

的确,标准化是提供连锁加盟方式成功的基础。但麦当劳成功的真正秘笈是其在合作机制设计上的成功和标准执行的成功。

麦当劳公司的收入主要来源于房地产营运收入、从加盟店收取的服务费和直营店的盈余三部分。麦当劳公司负责运用其丰富的开店经验代加盟商寻找合适的开店地址,并长期承租或购进土地和房屋,然后将店面出租给各加盟店,获取其中的差额。这种方式可以用土地和房屋抵押获得贷款,既解决了加盟者开店的资金困难,又增加了麦当劳公司的收入。同时,因为控制了店面的所有或租赁权,有利于对加盟商的管理。

在形成对加盟商的有力制约之后,麦当劳对加盟商的扶持非常周到。收取的首期特许费和年金都很低,减轻了分店的负担,同时绝不在设备采购和原料提供上获取暴利。制约共赢的机制保证了麦当劳从产品到服务标准化的贯彻。

完备的员工培训体系是麦当劳成功的另一大法宝。麦当劳成立第二年就建立了汉堡包大学,脱产培训主要在这所建立在芝加哥的汉堡大学完成,汉堡大学是对分店经理和重要职员进行培训的基地。1992年在北京开办的中国第一家麦当劳餐馆的主要管理人员就毕业于汉堡包大学。汉堡包大学不但提供基本操作讲座课程,同时对于高层管理人员进行公司理念、提高利润的方式、房地产、法律、财务分析和人际关系等各方面的培训。

此外,麦当劳的广告宣传模式也独具特色。麦当劳坚持统一广告与区域性广告相结合的原则,在不同的地区设立广告基金,在宣传同一个品牌时可以实行不同的创意。在世界各地,结合本地促销重点和当地价值观、消费习俗的广告,让麦当劳餐厅永远吸引着当地消费者的眼球。而那个摆放在每一家加盟连锁餐厅门口的麦当劳叔叔,永远顶着一头火红的爆炸头的小丑,被不断地塑造成为"小孩最好的朋友"的形象，时刻吸引着孩子们把他们的父母拉进麦当劳餐厅。

近年来，无论是在美国本土还是世界各地，抵制麦当劳的运动不断出现。以麦当劳为代表的美式快餐被形容为高热量、缺乏均衡营养、容易导致肥胖和其他疾病的"垃圾食品"。但与此同时，麦当劳却依然以较快的速度发展着。"麦当劳中国"在其二十周年庆典上宣布的未来发展目标是——2015 年在中国的销售额增长到 2009 年的 3 倍。

如今，当消费被赋予了拉动内需的主要角色时，作为最古老的行业，中国的连锁餐饮业不断有公司走向华尔街，进入上市公司的行列。过去半个多世纪麦当劳在全球的成功反复证明了，所谓生意，其本质上是用来满足人的需求的。一家经营有方的餐饮企业的价值并不输于高科技公司。比起波音飞机、苹果公司、谷歌，由麦当劳、肯德基、沃尔玛、宝洁等传统行业构成的跨国公司同样影响着我们的生活，传统行业将永远是经济发展的基础。而这些最简单的生意，从本质上更能判定一家企业的商业模式和管理水平。

信用卡是怎么火起来的

"这种为了支付的目的并通过给予信用的行为而创造出来的信用支付手段,在贸易中起着与现金完全相同的作用,一部分原因是它可以直接发挥现金的作用,另一部分原因则是它立刻可以转化为现款,作为小额支付或作为非银行阶级(特别是对于工薪阶级)的支付手段。实现新组合的人们,在信用支付的帮助下,可以获得生产手段的现有存量。而那些从其手中购入生产性服务的人们,根据其具体情况,也可以直接通过市场来获得消费品。"

这段读起来有些拗口的文字,来自著名经济学家熊彼特的不朽著作《财富增长论》1926 年再版时的第二章中。如果不作特别的说明,这段话非常像信用卡发明者对其发明原理的论述。当我读到这段文字之后,也试图寻找熊彼特和信用卡诞生之间的关联。熊彼特在这本著作中专门用一个章节来讨论信用对经济循环的影响,而事实上这段文字是对当时已在广泛使用的银行券经济价值的分析。也就是说,信用卡的发明和流行与熊彼特无关。

其实只要再向前走半步,熊彼特就可以是信用卡的发明者。但遗憾的是,几十年之后当信用卡被发明并广泛使用的时候,没有任何人承认他们是受到熊彼特理论的启发,也没有任何迹象表明两者之间有传承、哪怕是启发的关系。

新的商业模式和商业工具,永远是那些深度卷入充满"铜臭"气味的生意中的商人——或者称为企业家的人在商业实践中创造的。所以马云说,企业家千万不要听经济学家的话——即使是最伟大的经济学家,我深以为然,何况,如今我们经常能听到离我们不远的那些经济学家更像是系统学习过经济学常识的评论家。

信用卡是在 20 世纪 60 年代末突然热起来的。"在你的邮箱里,甚至门脚下,总是会有一些你不想要和不受欢迎的东西——一叠崭新的塑料信用卡堆积在其他已有的信用卡上面。你喜爱的银行卡和你可能从来未曾听说过的银行卡正在蠢蠢欲动。他们想要的是你的钱和迄今为止被当地的大商家所垄断的收费和分期付款业务。昨天,纽约行际万事达卡结算办公室宣布,纽约市区有300 万人持有该卡。而美洲银行卡据说已经有 60 万持卡人。"这是 1969 年 7 月 8 日《纽约时报》的报道,这篇文章的题目是"尽管有些商店拒绝使用,银行信用卡仍旧火了起来"。

开始时,纽约的一些大商店并不欢迎银行卡,但仅仅在两个月后,商店的坚冰就被打破,没有人会拒绝给他们带来生意的新玩意儿。"美国主导时尚的服饰连锁店之一弗兰克西蒙公司最近决定接受万事达银行信用卡,因为他自己的信用卡运作已经无利可图。而且在三个城市进行的银行信用卡使用结果令人鼓舞。弗兰克西蒙公司的首席执行官举例说,银行卡可以吸引更多携带银行卡到纽约和其他大城市的旅游者,创造更多的销售机会。"这是 1969 年 9 月 26 日

《纽约时报》另一篇报道中的片段。

关于第一信用卡的诞生有各种说法,比较被接受的一种说法是这样一个传奇故事:1949 年纽约曼哈顿商人麦克纳马拉有一次和他的律师在一家餐厅吃晚餐。当他送走客人叫来服务员结账的时候才发现自己身无分文。万般无奈之下,他只好给自己的妻子打电话让她赶紧送钱过来。一个真正的商人总是会在每一次自己的经历中发现商机——麦克纳马拉想到,如果有种类似卡片的东西可以随时带在身边,能代替现金支付就方便多了。商人的另外一个特质是说干就干。不久之后,麦克纳马拉与他的好友合作投资 1 万美元,在纽约创立了"晚餐俱乐部"(Diners Club),准备向人们推销可以用来支付餐费的卡片。

第一个问题当然是:怎么赚钱? 按现在的说法是解决盈利模式的问题。他们决定,不向自己的用户收钱,而是向愿意加入的餐馆收一笔折扣,毕竟他们的卡片会为餐厅带来顾客。晚餐俱乐部迈出了当代信用卡历史的第一步。这张被翻译成"大莱卡"的信用卡鼻祖,至今虽然已式微,但依然是不少老派美国人出门旅行时最喜欢的支付工具。大莱付账卡没有银行背景,不提供循环信贷,持卡人必须每月偿还全额欠款,也没有预先设定的固定的信贷限额。

大莱卡在餐饮界做得风生水起之后,它把付账卡生意扩大到其他旅游娱乐方面,到 1960 年前后,持卡人数已达 125 万人。大莱的支付卡生意直接威胁到美国运通的旅行支票。随着战后美国经济的迅猛发展,美国大众到国外旅行的人数日益增加,运通的旅行支票成了最受欢迎的支付手段。1955 年,运通为客户提供了约 125 亿美元的旅行支票,占据了全世界旅行支票行业市场份额的 75%。

随着大莱卡对运通旅行支票业务的不断蚕食,到了 1958 年 10 月,运通终于坐不住了,决定发行自己的付账卡。第二年,运通推出第一张用塑料制作的卡片。塑料卡上的卡号、持卡人姓名等主要信息,都制成凸纹,可以在刷卡机上把这些信息通过复印纸印到收卡单上。这一创新,不仅明显降低了伪冒风险,而且收款员也不必再用手抄写信用卡信息,大大简化了刷卡程序。从外观上看,此时的支付卡除了没有磁条,外形已经接近于我们现在使用的信用卡。

大莱卡发行第二年,银行业才醒悟过来:别人抢走了本该属于他们的生意。1951 年,纽约弗兰克林国民银行发行了第一张现代意义上的信用卡。这些信用卡用来赠给那些有实力的潜在客户。银行与商户签订协议,当进行交易时,商户将信用卡上的信息复印在销货单上。银行则按售货单的交易额直接向商店付账,并记在客户在弗兰克林银行开立的账户上。信用卡为银行带来了存款客户,成百上千的银行开始效仿弗兰克林国民银行的信用卡方案。

但在整个 20 世纪 50 年代,信用卡的生意并不理想,很多银行信用卡亏损严重。这是因为:一方面消费热潮并未到来,另一方面由于美国当时的金融管制,大量银行只能在本地区营业,银行只能和本地的商家签订协议,而持卡人恰恰在外地更需要信用卡。为弥补这一缺陷,美洲银行开始与加利福尼亚州之外的十几家银行达成了许可协议,授权其发行美洲银行卡。这就是维萨卡(Visa)的前身。1966 年,另外 16 家没有被邀请的银行在纽约成立了另一个组织——银行同业信用卡协会,就是今天万事达卡国际组织(Master Card International)的前身。

随着维萨卡组织和万事达卡组织的不断壮大,多数银行不再坚持单干,纷纷加入这两家信用卡组织。起源于银行的信用卡即时信贷和循环信贷也是起源于付账卡的信用卡所不具有的。银行信用卡后来居上,成为全世界人最常用的支付手段。

信用卡的出现和普及,也源于美国经济的发展和人们生活方式的改变。20 世纪 50 年代,随着高速公路网的建成,美国人口重心从都市迁向郊区。传统的家庭小店,渐渐被品种齐全、规模庞大的连锁店取代。人们有更多的时间外出旅行,有更强烈的消费欲望。简便的支付方式和借钱消费的诱惑,迎合了新一代美国人的需求。到了 60 年代末,信用卡终于出现井喷式增长,信用卡从有钱人身份的象征,过渡到平民百姓的日常支付工具,随后出现了《纽约时报》报道的那一幕。

回顾信用卡发展的历史,饶有趣味的是:正是由于美国法律对跨州银行业务的禁止,逼着银行不得不联合起来,成立中立的信用卡联盟,而信用卡联盟的产生为信用卡系统开拓了更广阔的天地。美国的银行家们没有去抱怨行业监管的无理,没有坐等银行法松绑以后再去建立全国性市场,而是通过不断创新,硬是闯出一条柳暗花明的路来。

2013年春节,我到缅甸去旅行。对于这个国家的封闭和落后我作好了各种准备,但依然没有想到——在这个国家的任何营业场所都不能使用任何信用卡。这超出了我的预设范围,最后只好厚着脸皮向接待我的朋友借钱。在我回到国内一个月之后,我被告知缅甸已经从2013年3月起开通了面向外国人的信用卡业务。你懂的,这标志着这个国家红红火火的资本时代,终于来了。

直销：夫人并不总是在家

　　所谓商业模式，其实是人们社会交往方式的自然延伸，它的诞生、发展、兴盛和衰落本身就是人类文明进程和社会形态变化的缩影。"直销"在美国的前世今生就是一个恰当的案例。

　　"如同美国土生土长的苹果派和街角药店一样，挨家挨户推销正处在一个迅速发展的时期，全国各地都有嗓音悦耳的男人和女人按你家的门铃，推销各式各样的产品，几个星期后，他们会再次拜访，推销更多的产品。"这是 1968 年 2 月 25 日《纽约时报》题为"夫人并不总是在家"的开篇导语。

　　20 世纪 60 年代，直销成为美国最时髦的商业模式和最热烈的媒体话题。而雅芳公司是当时最成功的直销公司。看看拥有淘宝和天猫的阿里巴巴及其领袖马云在中国现在的热度，就可以想象雅芳当年的风头有多么强劲。

"刚刚结束的一年，雅芳的销售额上涨了 16％，利润上涨了 18％。雅芳的规模比国内第二大化妆品公司大上一倍还多，雅芳公司的盈利能力如此之强，是因为它的营销成本低，它的广告费投入不到销售额的 3％，而在其他化妆品公司，广告费占到销售额的 15％～30％。"较少的广告投入是直销公司说服顾客自己的产品为何价格低廉的通常套路，与如今电商把省去了昂贵的店面投入作为电商必然低价的说辞如出一辙。

直销大行其道是从 20 世纪 60 年代的美国开始的。美国第一家采用直销方式经营的公司不是雅芳，而是一家名叫健尔力的公司，后来公司改名为纽崔莱。对，就是现在安利公司纽崔莱品牌的缔造者。

纽崔莱的诞生和中国有关。1915 年，纽崔莱创始人卡尔·宏邦作为一家食品公司的员工来到中国上海工作，于 1927 年回到美国。在中国的十几年时间里，他对食品中维生素和人体健康的关系进行了研究。1934 年，卡尔成立了自己的公司，销售自己配制的维生素和微量元素合成产品。

之后，两位来自美国加利福尼亚州的商人——麦亭格和卡谢伯里在销售他们的维生素丸的时候，采用多层次酬金分配的直销制度。

这种全新的直销方式将平面结构的代理商制度改变为金字塔结构，从一层计酬改为多层计酬。这种结构让每个直销员的酬劳不再仅仅来源于他本人的销售额以及直接吸收培训发展的直销员。他的所有由他发展的直销员及其吸收的更多的直销员的销售额，都永远有他的一份。这种直销方式的魔力在于，很多人不是为了使用产品，而是为了成为经销商而购买产品。在这种商业模式中，消费者和经销商合二为一，销售产品和发展下线合二为一。每一个经销商都是从购买产品开始，逐渐转变成经销商。一些具有商业天赋却缺少创业资本的人在这种商业模式中大显身手，很快在自己的旗下发展了一层又一层的经销商，而自己成为金字塔顶端的得利者。

这种多层次直销在中国被称为传销,在 20 世纪 90 年代曾经迅速在中国演变为疯狂的"老鼠会"而被政府取缔。众多的直销公司不得不在中国实行传统的单层直销模式。

多层直销是商业史上的一个创举。凭借这种营销模式,纽崔莱公司创造了惊人的业绩。当时正处在大萧条时期,这种新颖的销售方式吸引了众多失业工人和家庭妇女。1959 年,纽崔莱公司的经销商杰·温安洛和理查·狄维士看准了这一方式的商业前景,决定另立门户,大干一场。他们把公司起名为安利公司,推销清洁剂和洗衣粉。风水轮流转,1972 年,直销风头不再,纽崔莱被它的前经销商创建的安利收购。

在这场直销热潮中,一些更加老牌的公司嗅到了直销散发出来的金钱气息。它们把自己的销售主战场从店铺全面转为直销,转型最成功的就是我们开头提到的雅芳。雅芳是一家创办于 1886 年的化妆品公司。1939 年,公司改为现名,后来改为一家直销公司。如今,雅芳依然是世界上最大的美容化妆品公司之一,雅芳公司的员工、经销商以及顾客几乎都是女性。

但如果你真的认为直销的兴旺是由于低价,那你的理解就太简单了。直销的兴盛和后来的衰败,实际上是美国妇女地位变化的温度计,也是妇女权利运动的副产品。

20 世纪 60 年代的美国同样是激情燃烧的岁月。女权运动和学生运动、黑人民权运动一起,彼此呼应、此起彼伏。妇女解放运动在 20 世纪 60 年代波澜壮阔的土壤是第二次世界大战。在第二次世界大战之前,美国社会的氛围是相当保守的,白人妇女很少参加工作。战争爆发,大量的中青年男性走上战场,而军工生产需要大量的人力。此时,女性开始走向工厂,走入车间,甚至出现在生产坦克、飞机、大炮的流水线上。

工作、参与社会,唤醒了女性的自我意识。女性第一次认识到,拥有工作、自己养活自己和围着老公、孩子、锅台转的人生有多么大的不同。第二次世界大战胜利后，男性们从战场回到了家园，女人们只能让出她们的岗位。一些人被迫回到家中，一些人兴高采烈地回到家中，重新做起了家庭主妇。而郊区化生活、汽车社会和婴儿潮的到来，让女人们暂时找到了美好生活的感受。

直销，恰好在此时粉墨登场。根据当时的权威调查，直销经销商中只有 8% 是 25 岁以下，有 63% 是在 25～44 岁，24% 是在 45～64 岁，大多数有高中文凭。在个性方面，直销商比较外向、主动、热情而且富有冒险精神。一个成功的直销商必须是一个良好的沟通者，而且有强烈的工作动机。也就是说，直销恰好让那些有强烈的工作愿望、但又为家庭所累的女性们有了一个新的选择，她们可以一边照顾家庭，一边实现自己的职业梦想。20 世纪 50 年代到 60 年代末，自然也成为美国直销业的黄金年代。

从 20 世纪 60 年代末开始，受黑人民权运动影响，美国女性迎来了第二次妇女解放运动，这场起源于 20 世纪 60 年代末的运动一直持续到 80 年代，其根本目标是消除两性的差别。而获得同工同酬的劳动机会又是其核心诉求。

1970 年 8 月 26 日，妇女们在全国各地以及纽约第五大道游行，庆祝妇女获得选举权十五周年。这次游行标志着男女平等主义运动达到顶峰。"20 世纪 70 年代初，1971 年到 1974 年，国会颁发了空前数量的促进男女平等的法律，国会禁止了医疗培训计划中的性别歧视，使得配偶双方都工作的中产阶级家庭可以为了抚育婴儿申请减税。最高法院禁止在招工广告里提到性别，并使武装部队中的男女成员的津贴达到平等。"《美国世纪》一书描述了这一历程。"妇女越来越多地参与以往看来属于往纯男性工作的领域，妇女正在成为房地产经纪人、保险理赔核算人、公共汽车司机和酒吧侍者；她们中间的法官、律师、医生、工程师、牧师和主持人也多了起来，尤为重要的是她们以空前的速度进入劳动力市场，并且新来者主要是已婚和有孩子的妇女。"

雅芳公司在美国发展的最高峰是 20 世纪 60 年代末 70 年代初。1968 年 6 月的《财富》杂志根据投资者的调查，认为它是五年内最赚钱的公司。但正如

《纽约时报》所指出的，它的繁荣注定了它的结束。因为有更多的妇女加入了工作的行列，减少了潜在的劳动力，同时可拜访的客户数量也在逐渐减少。雅芳公司的股票在 60 年代末是最好的炒作对象，在 1972 年达到最高峰。之后开始逐步衰落，被迫将市场重点逐渐向东亚等地转移。

20 世纪 70 年代，直销以传销的名字进入东南亚，并迅速演变为"老鼠会"，到 1998 年，许多"老鼠会"先后崩盘，引起多起社会不稳定事件。在这种情况之下，1998 年 4 月 21 日，直销全面被禁。而雅芳、安利等公司在中国创造的店铺加单层直销的新模式，终于在中国生存了下来。2012 年，在全球 857 亿美元的直销额中，中国市场只占了很小的份额。

这个现实进一步告诉我们，商业模式永远不可能在商言商，永远是社会形态的自然延伸。认真回顾和研究直销的兴衰，或许可以发现如今如日中天的电商的轨迹。

美国女权运动标志

蒂凡尼的早午餐

中国人去纽约，如果只能选择去一个地方，那么男人必选华尔街，女人必去第五大道。这条纽约曼哈顿的中轴线，寄托了全世界女人们的光荣与梦想。

第五大道把曼哈顿分为东西两半，而从第 42 街至第 59 街之间，全长不足 1.5 千米的街道上集中了全世界顶级品牌的专卖店。这里是全世界地价最贵的商业街，商铺的年租金可超过每平方英尺 1000 美元。在如此令人咋舌的高租金地段，不可思议的是，众多专卖店居然在下午六点就关门歇业了。也许这是一种态度——能在第五大道开店的品牌是不需要费力吆喝的。

当然，这条街道毫无疑问是世界时尚的风向标。在过去的几十年里，一位摄影师几乎每天都来第 57 街和第五大道的街角，偷偷拍摄从这里走过的姑娘和少妇们。

现在已经 81 岁的比尔·坎宁汉姆是真正的"街拍始祖"。从 1964 年开始,他几乎每天都出现在这里,用一部朋友送的奥林巴斯相机捕捉街头人们的独特衣着搭配。

坎宁汉姆本人也成为第五大道时尚的一部分。他打扮得像个蓝领工人,骑一辆红色自行车、脖子上挂一台老相机,数十年来每日在第五大道蹲点,以镜头记录最真实生动的纽约风尚。他用这部价值 35 美元的相机记录下从时尚达人、电影巨星、名门闺秀到普通女孩走过第五大街时的倩影。*Vogue* 主编、时尚教母安娜·温图尔说:"我们盛装打扮来到这里,全为了坎宁汉姆。"

《纽约时报》的时尚版专门为他开辟了"在街头"专栏,坎宁汉姆的街拍照片就是半个多世纪来风尚变迁的编年史。

2012 年 8 月,在纽约现代艺术博物馆首映的传记电影《坎宁汉姆·纽约》,就是向这位"街拍始祖"致敬。导演理查德·普列斯回忆说:"2000 年我们就去找他,但他对电影嗤之以鼻,连敷衍一下都不愿意,'找我干吗?没什么好拍的'。"

从 2001 年开始,一个摄影小组在街头开始偷拍正在偷拍别人的坎宁汉姆。2008 年,导演终于有机会让老人家看了他们多年拍摄的素材,并最终征得他的同意,制作了坎宁汉姆时尚街拍的纪录片。这部纪录片在作为一位老摄影家的传记的同时,也成为第五大道时尚变迁的影像记录。

1883 年,美国铁路大王范德·比尔德在纽约第五大道获得了一片土地,盖起了第五大道第一栋豪华大楼。这被后人看作是第五大道走向繁华的开端。1907 年,地产商、租用建筑的零售商和房产经纪人们成立了第五大道协会。协会的协调组织工作为第五大道如今的繁荣奠定了基础。他们甚至雇用了相当于城市警力 5 倍的社区安全员来保障第五大道的社会治安,让第五大道成为高端零售业最理想的经营场所。第五大道逐渐成了高档商店的代名词。顶级品牌专卖店、顶级写字楼、高端公寓和众多的博物馆、美术馆,让第五大道成为纽约最繁华也最具品位的大街。

坎宁汉姆蹲点的 57 街和第五大道交叉处的街角，就是大名鼎鼎的蒂凡尼纽约总店。很多人是通过奥黛丽·赫本在 1961 年主演的电影《蒂凡尼的早餐》知道这个著名珠宝首饰品牌的。在刚知道这部电影名字的时候，我曾经以为蒂凡尼是一家可以吃早餐的风味餐厅。在北京国贸三期偶然碰到蒂凡尼新开张的店面，我才知道，蒂凡尼原来是一家世界著名的珠宝品牌，而不是一家著名的风味餐厅。

2012 年 8 月中旬，我从北京飞往纽约，参加中国企业家海外投资论坛。在美联航提供的电影列表上看到这部著名的电影。上一次，在去罗马之前，我特地重温了一遍同是奥黛丽·赫本主演的《罗马假日》。在旅行之前看一部和这个城市相关的电影是让路途充满情趣的好办法。因为依稀知道故事发生在纽约，于是，我选择了这部电影。

电影的开场是清晨时分的纽约第五大道。薄雾中的街道上空无一人，《月亮河》优美的旋律渐起。一辆黄色的出租车悄然驶来，从车上下来一位穿着黑色晚礼服，颈上挂着假珠宝项链，打扮入时的年轻姑娘。奥黛丽·赫本扮演的女主角霍莉·戈莱特丽伫立在蒂凡尼珠宝店的橱窗前，从手中的牛皮纸袋拿出面包，喝着热咖啡，贪婪地注视着橱窗中璀璨的珠宝。蒂凡尼的早餐其实就是一位平民姑娘艳羡奢华生活的缩影。第五大道的橱窗就是姑娘们眼中纽约上流社会奢华生活的透视。

奇迹无处不在，在我拿到会议日程单的时候，居然在上面看到了在蒂凡尼总店吃早餐的日程安排。蒂凡尼真的可以吃早餐？是一袋面包加一杯热咖啡站在店门口吃的早餐吗？当我们如期来到蒂凡尼总店乘坐电梯来到楼上会议室外的时候，发现所谓蒂凡尼的早餐就是会议前的甜点。吃罢这顿毫无想象力的甜点，会议开始，中美企业界、金融界、法律界的参会人士用一整天的时间探讨全球经济形势及中国对美投资的新机会。午餐依然在蒂凡尼店内进行，中国客人们用蒂凡尼自制的银质餐具隆重地对付由沙拉、牛排和苹果派构成的美式大餐。午餐由包餐公司提供,除了银光闪闪的餐具,服务生都是模样帅得一塌糊涂的男模特。我猜想这顿价格惊人的午餐,主要的花费都被这些男模挣去了。看看我们吃的东西,我感慨道,原来麦当劳和肯德基是美国最好吃的东西。

在蒂凡尼吃早餐和午餐,开一个中国企业家投资美国的论坛,由男模担当服务生,这其中有没有必然的逻辑呢?经过一番调查分析,我发现不但有逻辑,而且是十分清晰和到位的商业逻辑。

纽约第五大道是国际大牌的形象工程,除了满足来自世界各地的庞大购买力外,这些形象店更重要的任务是承担品牌的推广工作。所以在很多店的楼上都备有设施完善的会议室提供会议服务,根据与会者的潜在购买力和影响力,这种服务甚至可以免费提供。而中国已经成为发展最快的客户来源,所以来自中国的企业家当然是最有价值的座上宾。至于男模,一家珠宝商的客户当然主要是富有的女顾客,流连在精美设计的钻石首饰之间的同时又能接受男模细致的服务,当然也是视觉大餐的一部分。蒂凡尼的早餐从平民姑娘对上流生活的美妙憧憬过渡到中国商人的现实购买力,这足以构成《蒂凡尼的早餐》的续集。这种穿越既势利又美妙。

发到与会者手中的蒂凡尼画册是中文的,封面当然是那种介于蓝绿之间被称为蒂凡尼蓝的颜色,画册中把蒂凡尼的珠宝称作是美国设计的象征。"这意味着每一件令人惊叹的完美杰作都可以世代相传,魅力永恒。蒂凡尼的设计从不迎合起起落落的流行时尚,因此也就不会落伍,事实上她完全凌驾于潮流之上。蒂凡尼的创作精髓和理念皆焕发出浓郁的美国特色:简约鲜明的线条诉说着冷静超然的个性和令人心动神移的优雅。"

1853年,查尔斯·蒂凡尼开创蒂凡尼珠宝首饰公司,在漫长的岁月里,蒂凡尼这个珠宝世家成为地位与财富的象征,成为全世界女性的梦想。蒂凡尼的继承者说过:我们靠艺术赚钱,但艺术价值永存。一直被欧洲人印上暴发户标签的美国人用他们的独到的设计和精湛的工艺征服了欧洲人。现在,在珠宝设计和制造领域,蒂凡尼结束了欧洲一家独大的垄断时代。

对于纽约第五大道的"蒂凡尼们",来自中国的购买力已经成为他们今后生意最重要的组成部分。

对于美国来说,中国已经从过去那个在橱窗外吃着面包甚至不好意思进入店里的平民姑娘,变成店家主动邀请、不敢丝毫怠慢的大买家。当楼下中国姑娘和少妇们欢呼雀跃地选购首饰的时候,楼上的中国企业家正在讨论在美国投资的路径和方法。但对于他们来说,投资美国比起在第五大道购买奢侈品所要付出的心血和承担的风险要大得多。

《蒂凡尼的早餐》剧照

摩门教的生意经

如果 2012 年美国大选是米特·罗姆尼当选,那么美国在出现第一位黑人总统后,将出现第一个摩门教总统。如果仅占美国人口 12% 的黑人能够出现一位总统,那么只占到美国人口 2% 的摩门教中出现一位总统也不是完全不可能。当然,罗姆尼也是一位资深的共和党人,曾经是一位投资银行的 CEO、一州州长,以及盐湖城冬季奥运会的组委员主席。这些履历在一定程度上会冲淡他的宗教信仰背景,并且他本人也一再淡化自己的宗教成分。但作为一个土生土长的犹他摩门教徒,他身上的摩门教烙印不会被选民忽视。

多年来,在新教占主流的美国社会,摩门教是个曾经被迫害和歧视的异类。但一百多年来,这个教派用他们的勤奋和团结,正在赢得越来越多人的尊重。

　　盐湖城是一个因为举办 2002 年冬季奥运会而闻名世界的城市。作为犹他州的首府,这里 70% 的人口是摩门教徒。2012 年 8 月,在结束了犹他州佛纳儿艾斯克兰迪农场——现在是一个被中国人收购种植苜蓿草的农场——的考察之后,我从这里准备回国。在用一整天的时间参观完这个不大的城市之后,我对摩门教产生了浓厚的兴趣。

　　在盐湖城的市中心,耸立着一幢近三十层的大楼,这是这个城市最高大的建筑,也是摩门教的全球总部。在全世界,没有任何一个其他的宗教组织拥有如此庞大的现代化办公机构。与其说这是一个教会,其看上去更像是一个跨国公司的总部。的确,从某种意义上来说,摩门教就是一个运作方式独特的跨国公司。目前教会和教徒在犹他州以及全世界拥有大批产业,教会掌握的蜜蜂管理公司(Deseret Management Corporation)经营管理的产业及不动产,价值超过数百亿美元。包括美洲最大的核果生产厂商 AgReserves Inc. ,以及 Beneficial Life 保险公司;美国第 14 大连锁广播电台公司 Bonneville International Corporation;全世界最大的牧牛农场 Deseret Cattle and Citrus Ranch,总面积达 1260 平方千米,位于佛罗里达州的奥兰多,农场土地价值约 8.58 亿美元;Farmland Reserve Inc. 在内布拉斯加州的土地开发公司,则拥有 923 平方千米土地。

　　而摩门教徒拥有的产业,就更无法细数了。在美国,摩门教出身的巨富大甲和犹太人有一拼。其中最著名的可能要数万豪(Marriott)酒店了。创建于 1927 年的万豪酒店从华盛顿创立的一间啤酒小店开始,发展到如今遍布美国以及全球 66 个国家及地区,已拥有超过 3200 家连锁酒店。还有一种说法,世界首富比尔·盖茨的父母都是虔诚的摩门教徒。

　　摩门教被公认为最有组织能力的教会团体。在目前宗教势力不断式微的背景下,却以惊人的速度不断扩张,目前已有 1600 万信徒,其中半数在美国本土以外。

　　在进入摩门教的圣殿广场之后，马上有几位亚洲面孔的女孩热情地围了上来，问我是哪国人，是否需要她们做向导。她们的胸前都佩戴着统一制作的其国家的国旗图标，一位来自日本、一位来自韩国、一位来自菲律宾、一位来自马来西亚。马来西亚的女孩是华人，懂汉语，她和那位菲律宾女孩一起带我参观。这些女孩都是新加入摩门教的信徒，自费来到这里免费为游客服务。盐湖城中心，在摩门教圣殿四周方圆 35 英亩的区域内，分布着包括各种展览馆、会议中心、音乐堂、图书馆、纪念馆、酒店、办公大楼等十几幢摩门教的重要建筑。所有这些建筑都是教会的产业，和州市政府无关。每一个地方都有教徒的免费讲解，除了年轻志愿者外，还有不少退休的老人。他们的热情和友善足以让任何一个游客在第一时间爱上这个城市。

　　作为一个一度被看作是邪教的宗教组织，摩门教为什么会同时取得商业上的成功？这个问题一直萦绕在我的脑海里。

　　摩门教是一个组织化程度非常高的宗教组织，12 名使徒组成教会的领导核心。教会的一切规定与运作，都由高层核心发布，直接传递到各教会。1847 年，由于不堪其他教派的排挤和迫害，摩门教的继任领袖杨百翰率领数万教徒一路西进 2500 千米，从东部来到犹他的不毛之地。从那时起，杨百翰就定下教会直接经营商业的方略，其拥有的庞大企业、工厂、农场和地产的经营、买卖、运作皆由总部统管。在私有制全面主宰世界的背景下，这实在是一个奇迹，足以让人对于经济学的基本前提发生动摇。摩门教的所有产业都遵循市场经济的基本规则，但却成功地依靠信仰而不是私欲解决了激励和分配的问题。

　　犹他州的别称是蜂房州。蜜蜂是摩门教的精神图腾，州徽上的居中图案就是一个蜂房。杨百翰的故居名就叫作蜂房。如同蜜蜂一样辛勤劳作，同时进行严密的组织分工是摩门教的"企业文化"。在蜂房，当年杨百翰做针线活和木匠活的工作间还按原样陈列着，每天，在日常工作的间歇，杨百翰一直坚持要做一些针线活和木匠活。

如今，在物欲横流的华尔街，摩门教徒却成了各大公司最抢手的员工。与其他边缘宗教更容易吸引低文化水平的人相比，越来越多的精英人士加入摩门教。摩门教不同于其他教派最有说服力的标志是：它的成员大都是虔诚和金钱的结合体。在摩门教中，金钱与虔诚并不互相排斥，这无疑为其教徒标注了"精英"与"成功人士"的标签。

摩门教徒勤勉自律的作风来自于教会的传教培训。到 19 岁的时候，所有摩门教徒都要花两年时间执行一项培训任务。在传教士训练中心，学员们所有的活动都是分组的，谁也不能单独行动。在培训中心，大主教、大富翁的儿子和普通教徒的儿子一起参加艰苦的训练。训练内容包括外语学习、生活习惯的养成、热爱家庭的价值观树立等各个方面。经过培训，勤勉、阳光、自律、高素质成为摩门教徒的标签。

节制欲望、注重家庭价值是摩门教的核心价值观。不久前进行的美国民调显示，79％的摩门教徒受访者认为婚前性行为是错误的，而一般美国民众的这一比例为 35％；58％的摩门教徒受访者认为最好的婚姻是丈夫在外赚钱，妻子在家照料家务、看护孩子，而 62％的美国人认为最好的婚姻是夫妻双方都有工作，一起料理家务。如此保守的价值观在崇尚个人利益至上的商业社会却如鱼得水，让人不由地联想到现代企业通行的管理理念是否是企业健康成长的唯一路径。

在传统价值观坍塌的当下，企业家们当然不可能照搬这种模式，但在企业文化的建立过程中，是否可以借鉴一些思路和方法呢？

通用汽车：半个世纪的兴衰

日本人把通用汽车比作躺在病床上的巨人，通用汽车前任 CEO 瓦格纳把通用汽车比作被鱼雷击中的航空母舰。一些消费者嘲笑通用汽车是上个世纪遗留下来的恐龙，另外一些人哀叹通用汽车是一只老迈的大象，相对乐观一些的人则把通用汽车比作一只搁浅的鲸鱼。

"大、老、病"，当这三个字同时用来表述一家百年企业的时候，它还有救吗？

这三个字是别人的判断，也是通用汽车人自己的判断，但他们并不认同连在后面的那个词一定是"死亡"。在过去的几十年里，试图摆脱困境的努力从来没有停止过。如果没有 2008 年这场不期而遇的金融危机，或许这本书的名字应该叫"谁拯救了通用汽车"，而不是"谁搞垮了通用汽车"。

专栏作家威廉·荷斯坦用一本厚厚的书记录了瓦格纳上任的十年中,通用汽车所做的所有努力。他们终于放下身段,虚心地向丰田学习精益制造,他们请来了对汽车文化理解最深的人才为市场把脉,他们建立新的创新机制,设计出最酷的汽车外形,他们和工会艰苦谈判终于达成有关医疗保险和退休金的妥协,他们顺应环保潮流开发了最具潜力的电动汽车,他们通过卫星和无线通信技术的结合让汽车的安全性迈上了新的台阶,他们率先且成功地开发了中国这个最具成长潜力的市场,他们试图通过更诚恳和虚心的沟通重塑品牌形象⋯⋯

他们做了能够想到的一切,然而命运之神却没有站到他们的一边。因此,他们终于以失败者而不是拯救者被记录在通用汽车的历史里。

虽然在美国政府的救助下,新的通用已经诞生,但那个传统意义上的通用汽车已经坍塌。2009 年 6 月 1 日,随着破产保护程序的启动,通用已经不再是一家严格意义上的公司。

其实,威廉·荷斯坦只提出了"谁搞垮了通用汽车"这个问题,而没有给出答案。答案需要我们自己来寻找,这可能需要回到更久远的历史中。

1953 年,通用汽车总裁威尔逊被美国总统艾森豪威尔任命为国防部长。这项任命受到了国会议员们的反对。威尔逊想不通,议员们为什么一定要把他卖掉通用汽车的股票作为接受任命的先决条件。他在参议院的一次听证会上说:"多年来我一直认为,对我们国家有利的也就对通用汽车有利,反之亦然,我们公司太大了,它与国家的利益休戚相关。"

五十多年后,美国人仍然认为通用汽车的命运与美国的命运休戚相关,所以政府要挽救这条搁浅的巨鲸。美国总统奥巴马在伸出救援之手的同时向通用汽车下了最后通牒:"我的管理团队再给通用一段有限的时间,与债权人、工会和其他利益相关方合作,对公司进行彻底改组,再决定是否使用纳税人的钱追加对他们的投资。"

2008 年年底,同样是通用汽车的当家人,在上任十年、并且刚刚庆祝完公司百年诞辰后的几个月,CEO瓦格纳在接受议员质询的时候,完全是另外一番景象。此时,代表着美国汽车业传统的三大汽车企业已经走到了崩塌的前夜。

位于美国密歇根州伊利湖边的底特律是一个因为汽车而闻名天下的城市。一位从美国底特律回来的朋友讲,现在的这所城市很像20世纪90年代末的沈阳铁西区,整个城市破败、肮脏,笼罩在绝望的氛围中。

从底特律到首都华盛顿,距离大约850千米,接近于从长春到北京的距离,开车需要一天的时间。2008年12月3日上午,瓦格纳亲自驾驶一辆雪佛兰混合动力车前往华盛顿。第二天早晨,他又开着一辆雪佛兰节能电动车的样车前往国会参加听证会。不过,这一切并非为了给通用产品做广告,而是为了以一种谦卑的姿态向国会求援。

两周前,当瓦格纳第一次去华盛顿求援时,他乘坐的是私人飞机,当时立即被媒体讽刺为"从豪华飞机上走下的乞丐"。在国会,瓦格纳和福特汽车、克莱斯勒公司的CEO一起受到了一位议员不留情面的羞辱。议员问:你们中间谁是坐民航客机来这里的?没有人举手。他又问:你们中间的哪一位准备坐民航班机返回底特律?还是没有人举手。愤怒的议员高声对书记员喊道:记下来,没有人举手。

这次,瓦格纳吸取教训,放低姿态,却还是给人抓住了把柄,环保组织说瓦格纳开的混合燃料车比普通汽车更费油。美联社记者则指出,瓦格纳下榻的万豪酒店套间房费每晚要800美元。

在通用汽车这样的超级恐龙式的企业里,坐私人飞机出行已经是家常便饭,没有人去认真考虑什么成本核算。在这样的节骨眼上,竟然没有人想到那些议员们会对老板们奢侈的出行方式提出异议。从这件小事上可以看得出企业老化后的迟钝。事后,通用的新闻发言人辩解说,不坐民航班机是因为怕航班晚点耽误了行程。

让我们再把时间调回20世纪40年代,管理学之父德鲁克在他的《旁观者》

一书中记录了当时的总裁斯隆的出行片段。从 1923 年开始,斯隆在通用老板的位子上做了二十多年,奠定了通用在世界汽车业的地位。"因为总是在通用的两个总部也就是纽约和底特律之间奔波,其他高级主管都建议他租下一节个人专用的车厢,但是,每次乘坐从纽约中央车站开往底特律的火车时,他总是买小包厢的票,他说,只要有一张床就够了。有一次,我为通用出差,公司里的人为我定了卧铺的下铺。上了车,我发现 70 高龄又有关节炎的斯隆吃力地要爬到我的上铺。他是最后一分钟才买到票的,因此只剩下上铺,我告诉他要和他换一下,却被他谢绝了。""每星期他会有两三天在底特律,但他没有私人公寓可以去,也不住饭店,总是在通用总部的楼顶找个小房间将就,他吃饭也总是在主管们的自助餐厅。"

需要指出的是,当时,战后的通用已经处于最辉煌的阶段。在企业最辉煌时老斯隆费劲地爬上火车上铺的身影和企业最窘迫时瓦格纳走下私人飞机旋梯的潇洒,形成了鲜明的对比。时代变了,企业领袖当然有权力享用更便捷和舒适的交通工具。但这两个场景的背后,是企业家精神在几十年间的流变。

有些中国经济学家认为,通用走到今天这一步,原因既不是产品失败,也不是管理不善,而仅仅是因为僵硬而昂贵的雇佣协议,迫使它以有限的资产对在职和退休员工及其家属背负了近乎无限的责任包袱。UAW,全美汽车工人联合会,美国最大的工会组织。由于它的存在,通用汽车的熟练工人的薪水远高于丰田公司工人的薪水。强大的工会和汽车工人高额的薪酬福利拖垮了通用汽车。这一判断的逻辑简单而清晰——进入通用汽车工作,曾经是很多底特律人的梦想。在通用,员工享有免费的医疗保险,包括退休员工。背负着这样沉重包袱的企业怎么会不垮呢?

拥有最低价的员工,也就拥有最有竞争力的公司,也就拥有了最有竞争力的产品。经济学家们把向世界提供廉价工业品的中国经验推广到美国公司身上。果真如此吗?

2009年4月5日，央视记者在底特律采访了刚刚在一周前接任瓦格纳的新任通用汽车CEO韩德胜。经历过国有企业"大锅饭"、"铁饭碗"的中国人，用曾经分析中国国有企业同样的思路分析着通用汽车的失败原因——你就招了吧，是工会和工人的高工资高福利毁掉了这样一家伟大的公司。但韩德胜就是不承认，瓦格纳也不承认。他们承认重组的障碍来自工会和股东，但谁也没把公司的失败推到员工头上。工会成为他们最主要的谈判对手，难道这不是天经地义的吗？除了股东，员工难道不应该在决定他们命运的关键时刻拥有发言权吗？奥巴马不这样认为，瓦格纳不这样认为，韩德胜不这样认为，中国的经济学家和媒体偏要这样认为。

被问到通用重组后提升竞争力的途径时，韩德胜给出的答案非常具体："我们需要思考未来，科技在未来能源安全、能源自主中的作用，思考如何应用全球化的技术，重要的是我们需要具有在全球进行技术协调和发展的能力……了解市场也很重要，更重要的是倾听，我们需要倾听，理解消费者的想法，并根据这个适时调整，这是我们要做的。"技术落后和对市场判断的失误才是通用衰败的真正原因，至少我从韩德胜的话里听出的是这个意思。

前任CEO瓦格纳自己也承认，在他任上最大的失误在于错误判断SUV市场的变化。1997年亚洲金融危机后，当国际油价跌到每桶10美元时，以瓦格纳为代表的通用汽车董事会，觉得大型SUV的曙光将重新降临。2005年，"卡特里娜"飓风袭击美国后，油价飞涨，SUV销量大跌，当年通用汽车亏损达106亿美元。从此，通用汽车开始在下坡路上加速。危机当头，瓦格纳的SUV梦还没有醒。他作出决策，重新设计SUV，升级金斯维尔SUV工厂。但是，这家历史长达九十年、通用汽车历史最为悠久的工厂，在2008年冬天的一场暴雪后，宣布彻底关闭。

瓦格纳2000年上台，当时通用由20万的员工数，已经裁减到了6万。2005年10月，他和工会达成里程碑式的协议，将通用医疗保健支出每年削减

30亿美元,并买断了大量员工的工龄,将通用的在职员工削减了3.5万人。"从2005年下半年到2006年整年,我们使成本下降了90亿美元,主要是劳动力或者说和劳动力相关方面的成本下降。"瓦格纳曾认为这是通用汽车复兴计划取得的最大成就,所以他不好意思再拿工会和工人的薪酬福利说事。

1993年,已经83岁的彼得·德鲁克为他的不朽名著《公司的概念》(1946年版)最后一次写了再版序言。在序言的结尾,德鲁克写下了这段话:我迫切想知道的是,如果不分拆通用汽车,无论是自愿的还是被恶意接管,是否可能使它(或者它的继任者)产生一次成功的转变? 尽管作为继任者的新通用汽车将不再是那个美国制造业和美国精神的象征,但全世界还是在期待那个本来在五十年前就应该开始的转变。在感叹这个转变来得太迟的同时,我们不得不感慨为什么德鲁克可以被称为"大师中的大师"。

天不生此人,万古如长夜。

大师唯一没有预料到的细节是通用汽车不是自愿也不是被恶意接管,而是被政府"善意接管"了。一位伟大的"旁观者"和一位卓越的管理者从1946年开始的争论终于有了一个清晰的结局——德鲁克完胜。

1943年年底,在欧洲战场,胜负的天平已经明显向盟国倾斜。战时作为兵工厂生产坦克和掷弹器的通用汽车开始考虑战后的企业发展方向。从1923年就开始领导通用汽车的总裁斯隆邀请德鲁克帮助企业进行专题研究,弄清楚战后的企业该如何管理员工。斯隆相信,德鲁克有这样的思想高度,能够提出合乎未来工业社会要求的管理方案。而此时的德鲁克正在寻找深入地进入企业调查研究的机会,双方一拍即合。

随后,德鲁克和通用汽车的干部员工有了十八个月的亲密接触。1946年,《公司的概念》出版。然而谁也没有料到的是,一位大师受一位大佬之托,呕心沥血的成果却让两人陷入了尴尬的境地,虽然在后来长达几十年的岁月中,两个人都给予对方足够的尊重,但这种尊重却没有让他们向对方的看法发生丝毫妥协。

《公司的概念》激怒了斯隆。这倒不是因为德鲁克在书中歪曲了事实、诋毁了通用汽车，而是德鲁克完全没有按照斯隆所希望的那样，在研究了通用汽车之后提出如何提高企业竞争力、改造生产管理方式的具体意见。德鲁克对企业的研究兴趣并不在于帮助通用汽车做一个有关企业管理和战略的咨询报告，他把自己放在了更高的位置上——作为工业社会代表的大企业如何承担起建设和谐新社会的责任。

而作为一个清教徒，斯隆是一个自由资本主义坚定的信仰者。他不但对德鲁克的研究方向毫无兴趣，更把他给出的结论当成歪理邪说。

不知道斯隆给没给德鲁克咨询费，如果给了，这意味着这钱打了水漂，对于基督徒来说，这是罪恶。对德鲁克的愤怒催生了斯隆正本清源的强烈愿望。十四年之后，斯隆《我在通用汽车的岁月》出版。斯隆拿出了他在通用三十年职业生涯的所有证据，证明了通用成功的伟大之处，这本书成为企业管理者的《圣经》。据说看了这本书之后，日本人才真正知道什么是大企业的管理。

十八个月的亲密接触并没有诞生一段珠联璧合、惺惺相惜的佳话，却催生了两本划时代的伟大著作。

斯隆和德鲁克除了甲方乙方的恩怨，在思想上的根本分歧是什么？

在德鲁克看来，企业所担负的责任不只是股东的利益，更是其管理层、普通员工以及它所在社区的发展与安宁，只有能够承担如此重任的企业才会有未来。而在斯隆的逻辑中，责任与权力是对等的，企业的责任只有也只能是把各种生产要素有效地组织起来，企业并不对社会负有责任。

在德鲁克看来，工业社会是一个雇员社会，企业内部的关系是组织与个人的关系，而不再是劳方和资方的关系。他极力主张企业界应当把员工看作是一种资源而不是成本。员工的工作热情应该建立在他对企业和社会作出贡献的自豪感上，而不仅仅是获得薪水。但斯隆以及他后来的继任者甚至工会领袖都不认可德鲁克的思想,他们陷入劳方和资方永无休止的斗争中不能自拔。

斯隆的著作《我在通用汽车的岁月》最重要的贡献是,在大企业中,真正的决策是怎样做出来的,大企业的领导者如何给自己的职责定位并且合理地分配他们的时间。通用曾经一度创造的辉煌让斯隆及其后任者认为,他们似乎已经发现了经营一家巨型企业的真理,只要沿着既定的道路前进,通用汽车将永远立于不败之地。而在德鲁克看来,管理永远不是什么科学,而只能是一种实践,人类不可能发明一种制度在四分之一世纪后依然是合理的。他更相信,只有先搞清楚企业和社会的关系、组织和雇员的关系,并在实践中通过员工的自我管理,通过企业对社会责任的履行,才能让企业走得更远。

在斯隆之后的几十年时间里,通用汽车都没有解决员工与企业的关系问题,通用公司内管理层与工会的斗争一直延续到 21 世纪,成为化石级的现象。现在很多人把通用汽车的没落归结为工会的胡搅蛮缠。我要提出的问题是,为什么只有在通用,这个问题长期没有得到解决?正如德鲁克在《公司的概念》1983 年版的跋中表述的那样——后来的领导人一直试图通过多元化来回避这个问题。更为可悲的是,在此之后,这个鸵鸟战略又坚持了二十多年。

在斯隆之后的五十年,通用汽车再没有为社会贡献出任何新的管理思想和经营思想。自信演化成教条,并最终让通用汽车成为落后与保守的代名词。

2002 年 6 月 20 日,美国总统乔治·W.布什宣布彼得·德鲁克成为当年的"总统自由勋章"的获得者,这是美国公民所能获得的最高荣誉。2005 年 11 月 11 日,德鲁克在美国加州克莱蒙特的家中逝世,享年 95 岁。

又过了四年,通用汽车终于如他所料的那样走到了咽气的边缘。德鲁克没有跑赢时间,通用汽车更没有。

也许和自然人一样,企业也有它自己的寿数,当一家企业走到一百岁的时候,试图在原有的机制上让它重新焕发生机是一件徒劳的事。走过一百年的通用,不但得了大企业病,而且企业精神已死,它不再是一家团结在共同愿景下的伟大企业，只有少数人在为他的未来殚精竭虑。

没有谁谋杀了通用汽车，它只是在长达五十年的慢性病中走向了衰亡。尽管在最后的十年它试图通过自我革新重新站立起来，但这一切，来得太晚了。

没有人想到会有中国企业加入到通用汽车重组的进程中去。

和通用汽车这样的前辈相比，中国的汽车产业还处在成长的初期。所以当一家名不见经传的中国民营企业腾中重工试图收购悍马的消息传出后，舆论一片哗然。和几年前中国企业在海外收购知名品牌时的一片赞歌完全不同，唱衰之声甚嚣尘上，不仅怀疑它的能力，还怀疑它的动机。

癞蛤蟆想吃天鹅肉不行，癞蛤蟆吃火鸡肉也不行，癞蛤蟆只配吃蝌蚪——专家和媒体几乎异口同声。没有充分的资料来让我们去分析腾中重工到底会怎样运行悍马品牌。我只想表达这样一个朴素的观点：通用汽车和美国汽车工业对于保持美国的经济规模和国际地位非常重要，而汽车工业对于发展中的中国更重要。

中国人不可能靠做衣服、鞋子和义乌眼花缭乱的小商品建立起完备的工业体系，不可能只通过开饭馆、建网站、写软件来解决数亿人的就业问题，也不可能通过盖房子实现国家的强大，更不可能通过炒股票让全体人民过上幸福美满的日子。

对于中国这样人口众多的大国，必须建立自己完备的基础工业体系，并凭借这个体量巨大的工业体系承载现代服务业的发展和科学技术的进步，也只有靠以汽车工业为代表的机电制造业才能持续拉动经济增长和支持技术进步，并最终实现国力的强大和人民的富足。

在过去的十几年里，中国汽车业走了一条"以市场换技术"的道路，在市场被外国汽车品牌瓜分殆尽的同时，换来的技术始终拿不上台面。我们只分享到了汽车工业带来的一小部分好处。其实我们本可以在建立合资企业的同时，积极扶持本土民营企业的发展，如果那些跃跃欲试的民营企业制造汽车的冲动没有被各种莫名其妙的理由扼杀在摇篮中,在中国,20 世纪 70 年代的丰田或者90 年代的现代应该已经诞生。

亡羊补牢,中国企业又一次的冲动,哪怕是源自沽名钓誉,也应该得到更多的鼓励和支持。中国的汽车制造业再也耽误不起了。

对于那些已经站立在世界经济主战场和正在努力进入这一战场的中国大型企业,通用汽车一百年来所有的成长的历程都是最好的教科书,其中有成功的经验也有失败的教训。而通用汽车最近这十年的挣扎和突围,因为有了全球化的背景而更值得借鉴。

现代管理学之父：彼得·德鲁克

美国制造与美国创造

Made & Created in America

人类生来就有的梦想和改变生活的愿望是科技发展的真正动力，而商业是科技发展最强有力的翅膀。

摩天大楼与"劳伦斯魔咒"

　　摩天大楼是纽约的象征,是美国的象征,是资本主义繁荣兴旺的象征。所以没有人会为恐怖分子把纽约世贸中心两座110层的摩天大楼当作袭击目标而表示困惑。2001年9月11日上午,那两座看似坚不可摧的大楼,在两架飞机携带汽油的灼烧下,轰然倒塌。一些人把这两座大楼的倒塌看作是美国式资本主义终结的开端。

　　真正的摩天大楼是从纽约开始的,纽约第一座摩天大楼叫辛格大厦。1906年2月22日《纽约时报》一篇名为"百老汇将矗立起最高的摩天大楼"的报道有这样的记载:"辛格制造公司昨天宣布了它将建造一座比现有大楼都要高的摩天大楼的计划。该大楼将比现有大楼高出200～300英尺,比华盛顿纪念碑高出40英尺。这座40层高度的高楼,其高度将达到593英尺10英寸。"

在此之前,纽约已经拥有不少的高层建筑,上海外滩上的那些高层楼房基本就是这些建筑的复制版。但那些一百米以下、二三十层的楼房还不能被称作摩天大楼。因为这些楼房的高度并没有显著超出世界现存的一些建筑的高度,比如 58 米的比萨斜塔、68 米的中国应县木塔。

辛格公司设计建造的是一座世界上根本没有存在过的高度,一个高达近 200 米的摩天大厦。它的老板既不是钢铁大王卡耐基,也不是金融大王摩根,而是缝纫机大王艾·梅·辛格。这家公司在中国被翻译成了一个寓意吉祥的词——胜家,现在依然是世界上最著名的缝纫机品牌,而当时胜家公司生产了当时世界上 3/4 的缝纫机。缝纫机的发明被英国当代世界科技史家李约瑟博士称之为"改变人类生活的四大发明"之一。

辛格还被后人称为营销大师,看看他为缝纫机写的广告:"它那愉快的调子,无论是健壮的德国主妇,或是苗条的日本少女,都一样耳熟能详;它的歌声对于淡黄头发的俄国农家女和黑眼睛的墨西哥小姐,都同样明白易懂;无论是在皑皑白雪的加拿大,还是在茫茫草原的巴拉圭,它唱的歌都不需要翻译;印度的母亲和芝加哥的女郎今天晚上在缝出同样的针迹;爱尔兰白皮肤姑娘的两足和中国黄皮肤女儿的双脚在踏动同样的脚板。"

胜家大厦正是建立在全球化的"美国制造"基础上的。这幢摩天大楼之所以能够得以建造,不单来源于辛格在销售缝纫机上赚了大把的钱,还得力于奥蒂斯公司制造出了能够满足摩天大楼需要的电梯。在此之前,没有摩天大楼并不是建筑技术的问题,十多年前,巴黎就建造出了 320 米高的铁塔。但制造出快速、平稳、安全的电梯才能让摩天大楼拔地而起。奥蒂斯电梯公司解决了这个问题。"造访者乘坐的电梯飞快地上升,电梯的速度之快,似乎让地球的引力不起作用了。电梯安装在电梯井里,一年以后,纽约人就可以乘坐安置在其中的世界上最长的电梯直上云霄了。"在《纽约时报》描述摩天大楼的的文章中,电梯被特意地进行了描绘,电梯问题的解决对世界进入摩天大楼时代起了决定作用。

然而,辛格"世界第一高楼"的位置只坐了几个月,就被抢走了。"在纽约,前进的车轮如此滚滚奔流,以至于一项伟大的工程尚未完成,另一项更宏大的工程就开始了,这里正在建造的两座世界最高的摩天大楼就是如此。辛格大厦尚未完工,大都会人寿保险大厦宏伟的钢架结构就已在麦迪逊广场上矗立起来了——如果从人行道算起,新大楼高 658 英尺,而辛格大厦的高度是 612 英尺。辛格大厦有 47 层,而大都会人寿保险大厦有 48 层。"1907 年 12 月 29 日出版的《纽约时报》这样描述两幢大楼的"你追我赶"。

从更高的地方俯瞰纽约是那个时代摄影师们的最爱。记者们用充满亢奋的口吻这样描述着:"从楼顶向下看,纽约的面貌令人感到新鲜,向南望去,为数众多的高楼就像一排排用钢筋水泥造就的山峰,辛格大厦屹立在上面,就像山顶上孤独的瞭望塔……长岛犹如一张布满小方块的绿色桌子,时报大楼看似一本用羊皮纸包裹着的秘笈……"

从下面看摩天大楼,挺拔,从摩天大楼看城市,壮美。摩天大楼宛如股票市场上光头光脚的大阳线,用钢筋水泥记录着经济飞速发展的印记。

20 世纪初的美国向上帝证明,不需要全世界的力量,美国人自己就可以建造通天塔。

在世贸大厦双子座之后,美国对摩天大楼就基本失去了兴趣。马来西亚、中国、阿联酋先后成了拥有世界上最高摩天大楼的地方,大家可以超越美国摩天大楼的高度,但都无法取代美国摩天大楼的建造方式:本国的业主、靠制造业积累起来的资金、本国的设计、本国的电梯……没有了这些方面的相似性,其他国家不管造出多么高的摩天大楼,和它自己的整体经济实力及工业发展水平都已经没有关系了。

九十年以后,一个叫安德鲁·劳伦斯的人偶发奇想,把摩天大楼和厄运联系到了一起。2008 年迪拜世界集团的财务危机,又一次让人想起他。此时,位于迪拜的世界第一高楼——迪拜塔已经封顶，马上就可以正式启用，而在当时看来，这个建立在沙漠上梦幻般的城市很有可能成为世界上最大的烂尾楼工地。

1999 年，派驻香港工作的德意志银行分析师劳伦斯突发奇想，把世界第一高楼的落成和经济危机联系了起来。他发现经济衰退往往都发生在当时的世界第一高楼落成的前后。眼前的亚洲金融危机就是最好的佐证，1997 年位于吉隆坡的马来西亚国家石油大厦，也就是著名的双子塔大厦在马来西亚人无比自豪的注视中落成。紧接着，一场金融危机就毫不留情地席卷了十多年来经济快速发展的东南亚。

从有了摩天大楼的概念以来，所有的巧合都支持了劳伦斯的理论。美国纽约胜家大厦和大都会人寿大厦 1907 年前后落成，接着金融危机席卷全美，数百家中小银行倒闭；1913 年伍尔沃斯大厦落成，美国经济出现收缩；1930 年克莱斯勒大厦和 1931 年帝国大厦完工，一场大萧条从美国席卷全球；1973 年纽约世界贸易中心、1974 年芝加哥西尔斯大厦相继落成，石油危机不期而至。

2004 年 12 月 31 日，世界第一高楼台北 101 大厦正式启用。"劳伦斯魔咒"没有显灵，此时台湾经济平稳发展，世界经济一路高歌猛进，"摩天大楼指数"遭遇破产。世界似乎已经是新的世界，长达百年的魔咒灰飞烟灭。

可以这样来解释"摩天大楼指数"：宽松的货币政策及对经济过于乐观的估计，会鼓励投资兴建大型项目，建设世界第一高楼的冲动会被唤起。然而，当过度投资与投机心理而起的泡沫开始危及实体经济时，经济将出现衰退，一个经济周期以摩天大楼的完工作为转折点。

2008 年 8 月底，位于上海金融城小陆家嘴内的摩天大楼落成后，其主体高度超过了台北 101 大厦，成为新的世界第一高楼，新一轮世界范围的金融危机又一次让"劳伦斯魔咒"死而复生。正当人们已经在满怀希望地期冀经济衰退起跌回稳的时候，迪拜塔以无可争议的高度落成的前后，一场债务危机也同时降临这个建立在沙丘上的城市。谁能保证巨大的债务不会通过金融链条再次给寒冷的世界经济雪上加霜呢？

600亿美元的债务暂停偿债六个月，全球资本市场反应强度远远超过这个小国在世界经济中的分量。靠房地产支撑的迪拜，自从地产泡沫破灭以来，总共有四百多个工程项目停工，涉及的款项超过三千亿美元，这些资金将成为世界不少银行的呆坏账，其影响远不像一些经济学家估计的那么乐观。迪拜不是当年的海口和北海，迪拜是全世界资产泡沫中最大的那个泡泡。

上海自不必说，下一个仅次于迪拜塔的摩天大楼——上海中心已在兴建；天津在未来几年内将建成4幢近百层高达300多米的摩天商贸大楼；南京投资11亿建设江苏省内第一高楼；68层的温州世贸中心将成为浙江第一高楼；最高处达420米的大连国贸中心大厦已动工；高达191.8米的55层陕西省信息大厦成为西北第一高楼；在重庆西南第一高楼、在武汉华中第一高楼也都在兴建之中。未来十年中全世界最高的20幢建筑中将有一半在中国。

摩天大楼已经成为城市经济勃起的象征，但"劳伦斯魔咒"并没有退出舞台。哪一座摩天大楼会成为幸运的台北101，而哪一座又会成为迪拜塔呢？

广播的商业模式是如何找到的？

　　成为电视人之前，我总搞不明白为什么国外的电视台被称作广播公司。

　　当然，这个问题的答案也可以非常简单，这些公司都是从广播而来、后来经营成了电视。但如果我们认真地研究一下广播的历史发展，就会得出不那么简单的结论——广播不仅带来了电视，也带来了电脑和互联网，带来了电子信息时代。

　　1900 年，美籍加拿大人费森登在无线电报的启发下，开始研究用无线电波传送人的声音和音乐，至今广播已经有了一百一十多年的历史。从 1910 年 1 月 13 日，德福雷斯特通过无线电波把声音从大都会歌剧院传递到纽约的各个角落开始，到 2010 年，广播诞生就已经过了一百周年。但真正的广播事业是从 1920 年开始的。那一年，美国第一家广播电台 KDKA 开始播音,这是美国也是世界上第一家正式申请注册并取得营业执照的广播电台。

在此之前,已经有不少无线电爱好者们自己播音,并且自己制作收音机收听其他广播爱好者的播出。如果以第一家广播电台的播音作为广播事业或者产业的开端,那么在 2010 年,我们应该为广播进行九十周年的庆典。

一些后来被认定为伟大的时刻,通常会寻找一个当时看来注定要被记住的日子开始,而结果往往是,这个当时看来被攀附的日子,现在只能因为和这个伟大时刻的巧合而被人提起。KDKA 电台选在 11 月 2 日(总统大选日那天)正式开播。它以无可争议的速度第一个报告了哈定击败考克斯当选总统的消息,从此,大众远距离实时获得新闻开始成为可能。

KDKA 开播后,每晚 8 时开始播音,内容包括新闻、歌曲、故事朗读等。更为激动人心的是,它还开创了体育比赛的实况转播。每逢比赛日,人们早早地坐在如同中型冰箱大小的收音机前,收听拳击手们精彩对决的实况解说。

与几十年后互联网的先行者们遇到的问题一样,广播遇到的第一个问题是:怎么挣钱呢?收音机的制造商们挣到了钱,却无法和广播电台形成互利的产业链。直到 1922 年,广播才终于找到了它可以继续生存下去并且成为一门赚钱生意的门道——广告。

1932 年 10 月 30 日《纽约时报》的一篇文章回顾了从第一家广播电台播出以来十二年广播事业的发展历程:"第一档由企业赞助的节目于 1922 年 9 月 7 日播出,一家房地产公司支付了所需费用。其他广播电台都惊呆了,他们认为广告玷污了广播,这并不是谁来为广播付钱的正确答案。然而,没过多久,其他广播电台也这么做了,广播就这样发生了变化。"这种变化的猛烈程度超出了所有人的想象。从 1922 年到 1923 年,美国收音机装置数量从 6 万台增加到 150 万台。1922 年,美国只有 28 家惨淡运营的电台,到 1924 年猛增到 1400 家。广播电台的出现改变了人们的基本生活节奏,晚饭后一家人围坐在收音机旁收听肥皂剧成为美国梦的一个最生动的写照。

商业模式创新对技术进步的意义，不亚于技术成果发明的本身。而一个产业的兴起也不一定源于技术的开创性突破，而是人们找到了技术创新、市场需求和商业模式的最佳契合点。

"现在总算是有钱可以付给专业演员们了，他们中有许多人开始时是拒绝做广告节目的。但当广告商将钞票塞到他们手里的时候，原本认为广播会威胁他们职业的艺术家们开始笑对麦克风，为看不见的听众祝福，告诉他们，能为好几百万人歌唱，自己有多么高兴。"《纽约时报》用揶揄的口吻描述了这种观念上的转变。有了钱，自然有高水平艺术家的加入，吸引了高水平的从业者，从而使广播赢得更多的听众。广播迅速取代报纸成为第一大媒体。

广播电台的火爆，推动了无线电器材行业的兴起。《纽约时报》这样写道："一家有远见的百货公司做广告推销无线电零部件。一门非凡的产业由此诞生。电气制造商开始抓住这个机会制造收听广播需要的各种器械、线圈、头戴式耳机。无线电台陆续建立，建到哪里，哪儿的收音机需求量就激增。"一个由收音机和无线发射设备制造商、广播电台、广告商和消费者构成的长产业链，一个全新的行业就此产生。当时既办广播电台又制造收音机的美国无线电广播公司的股票牛气冲天，成为最受投资者追捧的公司。

虽然规模上比不了汽车产业，但广播产业的最大价值是带动了众多的电子零器件生产厂家，并且构造了从广告中获得全部收益的商业模式。美国电报电话公司、西屋电器公司、美国全国广播公司、哥伦比亚广播公司等巨无霸都是在广播的产业链上发展壮大起来的。广播带来的巨大财富为电子产业的发展提供了技术研发上的保障。广播产业成为后来电视产业、计算机产业、通信产业等电子信息的成长根基。

1929 年的经济危机使广播受到了暂时的冲击，但由于人们在外活动的时间的减少，反倒给广播带来了新的机遇。到 1931 年，半数的美国家庭拥有收音机。1932 年,全美国的人都守在收音机旁等待美国飞行英雄查尔斯·林白孩子绑架案的最新进展,从 1933 年 3 月 12 日开始,每一个美国家庭都要收听罗斯福总统星期天晚上的"炉边谈话"。广播使全美国生活在了同一个屋檐下。

广播影响力的顶峰发生在 1938 年 10 月 30 日的晚上,美国哥伦比亚广播公司(CBS)根据威尔斯的科幻小说《星球大战》改编的广播剧播出,逼真的音效和解说让人们以为火星人开始进攻地球,世界末日到了! 人们惊慌失措,四处奔逃,造成了全国范围的大恐慌。

每一次,当新的技术革命来临的时候,总是会有人会断言有什么产业会由此走向衰败,又有什么产业会由此搭上便车。时光流逝,我们回头看时,总有一些当时看似合理的猜想让人哑然失笑。1933 年 6 月 18 日的《纽约时报》曾刊登过这样一则消息:"一家钟表制造商说他们的业务将受到巨大的威胁,如今广播电台每天数次广播不同国家的标准时间,使人们不再需要精确的钟表。在广播出现之前,钟表修理工有一项固定的业务,就是被雇来定期为钟表校时,如今人们都自己上发条,使许多人丢了饭碗。"现在的结果是,钟表业不但没有被摧垮,高级手表似乎卖得越来越好,只是专门以校时为工作的钟表匠的职业已经消失多年了。

如今,面对来势迅猛的互联网,从事广播、电视、报纸的人们也如当年的钟表从业者们一样心中惴惴不安。谁会成为"高档腕表"继续风生水起,谁又会如当年的校表匠丢了饭碗呢?

除了传播价值和娱乐价值,广播对现代社会带来的更大意义是催生了电子信息产业。在广播出现之前,虽然已经有了电报和电话,但广播直接推动了真空电子管和晶体管半导体的应用。由于人们对收音机便携性和收听质量的不断改进的需求,真空电子管和半导体被研发出来并被广泛使用,并最终奠定了电子信息产业的基础。如果说在 20 世纪 20 年代之前,美国更多的是在传统工业基础上的追赶和超越,那么在此之后,美国则进入了以军用为研发带头、以民用为产业基础的新工业化时代——电子信息时代,并且一直处于引领地位。

新的技术革命总是给后发国家带来和发达国家站在同一起跑线上的机会。在广播行业的跟随上,中国当时的速度甚至超过了后来的互联网。1923 年中国就出现了第一家广播电台,当然是美国人办的;1926 年 10 月 1 日,中国自办的第一家广播电台——哈尔滨广播电台开始播音了,但拥有广播电台和拥有广播产业完全是两码事。一个产业的形成,一定是消费需求和生产能力、研发能力的共同支撑下才能产生。如现在的互联网产业、汽车产业,已经在中国具有了这样的基础。那么下一个呢? 传统工业和电子信息产业的下一个未来产业是什么呢? 这种如电子信息产业之于美国,足以让一个新崛起的大国可以从过去的追赶和超越而置于引领地位的新产业是什么呢?

我隐隐地感到,这个新产业就是新能源领域。价格低廉的劳动力、雄厚的制造业基础、大批的科研人才和广阔的市场前景使中国有可能在这一领域获得突破成为引领者。在这个领域中或许会有哪个产业如当年美国的广播业一样,因为找到合适的商业模式而获得爆炸性成长,并最终为全领域的发展奠定基础。

坐在收音机旁收听广播的美国家庭

大飞机之梦

长期以来的一个流行说法是：战争推动了科技的进步。果真如此吗？至少从飞机的发明和发展来看并非如此。人类生来就有的梦想和改变生活的愿望才是科技发展的真正动力，而商业是科技发展最强有力的翅膀。

1903 年 12 月 17 日，在美国北卡罗莱纳州小鹰市的郊区，奥维尔·莱特驾驶着他们兄弟俩亲手制造的飞机升空，并飞行了短短的 12 秒。这是人类第一次成功地依靠发动机完成的飞行，人们欢呼一个新时代的到来。

而飞机真正成为跨越大洋的主要交通工具则发生在三十六年之后。1939 年 6 月 28 日，第一次飞机跨洋商业飞行成为现实。这架属于泛美航空公司的水上飞机从纽约长岛华盛顿港的水面上起飞，经停亚速尔群岛，飞抵了大洋彼岸的里斯本和马赛。

"昨天下午,22 名乘客鱼贯登上停泊在长岛华盛顿港的泛美航空大型客机,经过 22 小时的飞行,他们将抵达欧洲。这是第一批固定的商业旅客,飞机起飞前,人们并没有表现出多少夸耀或者兴奋的神情,尽管这是欧美之间第一次有偿飞行。机长率领下的 11 位机组成员也都没有表现出任何兴奋、不安或者紧张的迹象。尽管如此,想想只要花 375 美元和一昼夜的时间就可以到达欧洲,一种惊奇乃至敬畏的感觉油然而生。"

《纽约时报》1939 年 6 月 29 日刊发的这篇报道详细地描述了第一次飞机越洋商业飞行的盛况,字里行间流露出的是对于机组和乘客们过于淡定的神情的不解。记者的判断是对的,虽然对大众来说,飞机跨洋商业飞行的确是个水到渠成的自然结果,但回过头来看,这一天仍旧是可以记录在人类飞行史上浓墨重彩的一笔——尽管已经有很多人乘坐货运飞机或者试飞飞机飞越了大西洋,但商业飞行才是航空产品真正成功的标志。

"'给我写信',一个年轻的姑娘对她的母亲说。'信还没到,我就已经回来了',她的母亲微笑着说。"在《纽约时报》的报道中,记者煞费苦心地在现场报道中加入了这个小细节寓意飞机的速度。

这次飞行,终于让飞机和飞艇谁将成为远距离商业交通的主要工具的争论彻底画上了句号。飞机成为人类最重要的远程交通工具,并一直持续到今天。令人伤感的是,为欧美之间提供商业定期航班服务的泛美航空公司和制造越洋客机的道格拉斯公司都在后来的商业竞争中成为失败者。这份荣耀也就没有了继承者,也自然让这个本可以大书特书的日子显得平淡无奇。

其实,世界上第一个定期商业航空航班早 1914 年 1 月 1 日就出现了。提供服务的是一家不知名的水上飞机公司,它用一架双座水上飞机从佛罗里达的坦帕飞往圣彼得斯堡,航程 35 千米,飞行时间 23 分钟。当时的航班一次只能运载一名旅客,票价 5 美元,每天飞 2 个班次,航班总共运营 5 个多月后就停飞了。人们看到了飞行的巨大商业机会,但一个看起来更加便宜的飞行方式截断了飞机商业飞行的发展路径——这就是比飞机更早出现在商业飞行中的飞艇。

1910 年 6 月 28 日,在德国的法兰克福与杜塞尔多夫之间建立了一条定期空中航线,使用的是齐柏林公司制造的飞艇。飞艇搭载 24 名旅客,速度高达每小时 70 千米。

飞艇的商业运营速度远远快于飞机,在此之前,1898 年,德国首次设计和制造出了采用活塞式汽油发动机作动力的硬式飞艇。1919 年,一艘英国飞艇从苏格兰的爱丁堡直飞美国纽约,之后又从纽约飞回了爱丁堡。这次创纪录的飞行,让人类跨越大西洋的商业飞行成为可能。1928 年,齐柏林公司推出了"齐柏林伯爵"号飞艇,这也是该公司投入商业营运的第一艘大型客运飞艇。它长达236.6 米,最大直径 30.米,可载重 53 吨。双层客舱布置得有如豪华宾馆,可以乘坐 50 名旅客。

1928 年 10 月 11 日,"齐柏林伯爵"号开始了它的正式处女航行——从德国法兰克福到美国纽约,连续飞行 111 小时。这是人类首次跨越大西洋的商业飞行,之后躯体庞大的飞艇成为豪华舒适便捷的最时髦的商业飞行器。看起来,起步晚于飞艇十多年的飞机已经难有商业机会。

飞艇与飞机关系的逆转发生在 1937 年。那一年的 5 月 6 日,比"齐柏林伯爵"号更大、更豪华的"兴登堡"号飞艇在美国新泽西州着火坠毁,36 名乘客身亡。而在此之前,已经发生了多起飞艇着火失事事件。"兴登堡"的坠毁标志着飞艇时代的结束。

如果飞艇从氢气改充安全的氦气,在当时的科技条件下,飞行成本将上升数十甚至上百倍。飞艇在竞争中败下阵来表面上看是安全的原因,本质上却是商业竞争力,也就是性价比的问题。之后的几十年,直到现在,全球每年都有若干架商用飞机失事,数百人罹难,然而在新的性价比更高的交通工具出现之前,飞机依然将是远距离交通最重要的工具。

当写下兴登堡死亡 36 人的时候,我心中不免一惊。这和几十年后发生在中国的高铁追尾事故相似的死亡人数,后面的命运也有相似之处吗?答案是,没有。正如飞机相对于飞艇,高速铁路相对于飞机在中短途运输上的性价比要高得多。所以你就可以理解为什么在高铁出事短暂的恐惧期之后,中国的每一辆高铁车厢内又都坐满了乘客,这就是商业的力量。中国的高铁大跃进看似是行政力量的推动,但因为符合商业逻辑,并不会因为一次事故而夭折。

首次飞机越洋商业飞行并没有引起巨大轰动的一个重要原因是,在 20 世纪 30 年代末的美国,飞机早已经不是什么稀罕玩意儿。在 1919—1938 年的二十年间,美国共生产了 39325 架飞机,其中四分之三以上是民用飞机。

在美国政府鼓励私人投资民航的政策下,政府对航空邮政进行了补贴,从生产货运飞机拿到补贴的飞机制造商纷纷开发新型客机。道格拉斯、波音、洛克希德、福特等公司纷纷研制大载客量、高速度和更舒适的客运飞机。飞机在商用领域的快速推广使美国的飞机科研与生产水平迅速达到世界领先水平。

在一定程度上,飞机制造水平决定了第二次世界大战的胜败,当太平洋战争爆发,美国不可避免地全面卷入到战中后,其似乎在一夜之间成为世界军事飞机的制造大国。

在福特公司建于底特律郊区的威罗朗工厂,每年可以生产 4000 架 B24 型重型轰炸机。人们不太了解的是,福特一度曾经是一个和波音齐名的飞机制造商,它生产的商用小型飞机现在还被美国的一些飞行俱乐部拥有,每年进行不少次的正常飞行。

而当时的波音公司,同样是一个生产民用客机的公司。为适应战争需要,波音公司迅速转型为军用飞机的制造商。第二次世界大战期间,波音生产了数万架 B—17、B—29 等型号战略轰炸机。战后,波音公司的发展方向仍是大型轰炸机,并经历了从活塞到喷气的转变。1947 年后期,研制成功了 B—47 喷气式轰炸机。1952 年 4 月,波音公司在 B—47 的基础上研制成功了 B—52 重型轰炸机。

第二次世界大战结束后，公司订单不断减少，波音决定将军用喷气轰炸机的技术用于民用客机的研制。1955 年 7 月，波音公司得到美国政府的许可，在军用轰炸机的基础上开发民用客机波音 707，于 1957 年 12 月 20 日首飞成功，成为经典的商业机型。由于使用军用加油机的生产线，波音 707 成本较低，打破了道格拉斯公司对民用客机市场的几十年的垄断。现在的波音，除生产世界上一半的民航客机之外，依然是美国最重要的军用飞机提供商。

冷战时期，美苏两国都研制出了技术水平看似可以匹敌的军用飞机，但僵化的军工生产体制并不能让军用技术自然地与民用飞机接轨，当然也不可能有民用飞机生产企业的技术储备用于军用飞机。现在的俄罗斯，大型民用客机已经全面退出市场，一度与美国旗鼓相当的军用飞机的水平也大大衰落。

而在美国，1995 年 10 月公布的《国家安全战略》，充分肯定了发展军民两用技术是保持美国军事技术优势、振兴美国经济和增强美国产品国防竞争力的重要措施。2000 年，美国国防科学委员会要求各军种 50％的研究、管理和技术人员参与私人部门、民间非营利单位和研究院所的工作，以吸引高素质人才和民间科技能力为军工服务。

值得庆幸的是，中国已经提出了军用装备生产"寓军于民"的战略思想。但至少目前来看，大型商用客机研发在一定程度上依然在走着军用飞机开发的老路，新的大飞机公司横空出世，独立运行，而不是将传统军工生产企业直接改造成亦军亦民的企业，从而真正走上"寓军于民"的道路。美国过去一百年的飞机发展历程，难道不足以成为中国大飞机梦的他山之石吗？

　　1937 年，比“齐柏林伯爵”号更大、更豪华的“兴登堡”号飞艇在美国新泽西州着火坠毁，36 名乘客身亡，这标志着飞艇时代的结束。

尼龙袜：公司的力量

　　培根说：知识就是力量。但他没有说知识通过什么方式才能转化成力量或者生产力。20世纪的实践告诉我们，作为一种组织方式，公司才是把知识转化成力量的最有效方式。

　　尼龙袜的诞生是证明这一论断的最好案例。"由六位不愿意透露姓名的制造商采用杜邦公司新型纱线生产的尼龙袜今天首次上市销售，受到妇女们的热烈欢迎。长筒袜摆放在选定的商店进行实验性销售，第一批上柜的长筒袜到下午一点钟就告罄，当天的大部分时间里，柜台前始终排着三列长长的顾客，他们中许多是男人，许多人来自外地。"《纽约时报》1939年10月25日用大量篇幅报道一种新产品的上市。这种在万众期盼中如等待巨星光临般的场景也出现在几年前苹果手机上市的时候。如同今天女孩子们都以拥有一台 iPhone 为荣一样，20 世纪 40 年代，全世界的妇女把拥有一双尼龙丝袜当成她们最重要的梦想之一。

这种用"煤炭、空气和水"制造出的丝线织成的丝袜弹性十足，不易起皱且结实耐用，它让女性的小腿显得修长而光洁。为她们发明这种名叫尼龙的高分子化合物的是一位名叫卡罗瑟斯的科学家及其领导下的一个科研小组。在当时，丝袜被当成这种高分子人造纤维最大的用途。

在尼龙丝袜上市之前，《纽约时报》曾在社论中用惯用的质疑口吻，对其未来的命运发表了悲观的看法，理由如下："一般认为男人喜欢一直穿同样的衣服，女人则会因为穿同样的衣服而痛苦不堪。像钢铁一样结实的长筒袜对小孩的父母来说，其用处之大是显而易见的。他们形成了一个人数众多的阶层，永远也不会厌烦孩子一直穿着同样的旧衣服。"

每一位新闻评论员总会羞于提起自己在某篇评论中妄下的某个断言，《纽约时报》当然也会犯这样的错误（作为一名财经评论员，我也常犯这样的错误）。而且，在每一个新发明、新产品面世的时候，总会有新的评论为其作出前景堪忧的推断。但显然，这从来不会成为那些伟大的公司不断推出他们新创意的障碍。

尼龙袜受到的追捧远远高于预期。而随着不久后第二次世界大战的爆发，尼龙被发现了除丝袜之外更重要的用途——用来制造降落伞、坦克和军车的迷彩衣。这使用来制造丝袜的尼龙数量大大减少，拥有一双尼龙袜成为广大妇女可望而不可即的奢侈梦想，男人们则会动用所有的资源为他们心爱的女人搞到一双尼龙丝袜。

尼龙的出现，改写了纺织业的历史，羊毛、棉花和蚕丝在人类六千年的文明史中一直扮演着的角色被尼龙等合成纤维所代替，直到 20 世纪 80 年代之后，动植物纤维才又逐渐夺回了纺织品的主流位置。

尼龙风潮迅速席卷全球。在一部名叫《教室别恋》的著名瑞典电影里，美丽女教师的丈夫就是因为尼龙袜突然之间的风靡使他囤积的羊毛跌价,即将破产的困顿让他每天沉溺于酗酒,成就了女教师和少年的乱伦之恋。一部20世纪90年代拍摄的五十年前的故事能够嵌入尼龙丝袜的情节,足以说明尼龙袜的出现在整个西方世界给人们留下的共同记忆。而电影《朗读者》,更是直接让尼龙丝袜成为男女主角开启欲望的道具。女主角汉娜伸出修长的大腿缓慢而认真地穿起长筒尼龙丝袜的镜头,成为这部电影中媚入骨髓的经典桥段。科学家们做梦也想不到,科学发明与情色之间可以这样相关联。

为妇女们制造梦想的不仅是一位伟大的科学家,还有他身后的伟大公司。

公司总是被人们定义成一个只会谋求短期利润的经济动物。但历史证明,只要有合适的土壤,公司不但能生产出具有技术含量的产品,由于创新的需要,公司同样可以把他们研究的触角向基础科学领域延伸。

1927年,杜邦公司决定每年支付25万美元作为研究费用从事基础科学研究;1928年,杜邦公司成立了基础化学研究所,年仅32岁的卡罗瑟斯博士受聘担任该所有机化学部的负责人。卡罗瑟斯,这位哈佛大学的有机化学教授开始在杜邦公司设于威尔明顿的实验室中进行有机化学研究。

纪录片《公司的力量》中这样描述了卡罗瑟斯博士受聘杜邦公司的过程:"他提出了三个条件:一是建造新的实验室;二是研究课题不受限制;三是提高工资,年薪从哈佛教授的3500美元提高到5000美元。杜邦公司照单全收。卡罗瑟斯从此开始了他形容为像煤矿工人那样的工业奴役生活。虽然辛苦,他却感到很愉快。他说:没有人过问我如何安排时间? 未来的计划是什么? 一切就由我自己决定。最令卡罗瑟斯高兴的是研究资金简直没有限制。"

在如此宽松的条件下,卡罗瑟斯开始了他的研究历程,当然他的研究方向并没有被定为长筒丝袜。开始,研究只是在模糊地寻找一种有机高分子新的结构方式。1936年他们确认了一种特殊的分子,一种可以成为尼龙的分子——尼龙66,之后,尼龙被发明。这个新发明,花了杜邦公司2700万美元和卡罗瑟斯博士七年的时间,因为它实质上开启了高分子化学的基础研究。

在尼龙发明之前,塑料的发明同样证明了公司的力量对于科学探索的巨大作用。自从台球运动诞生以来,一直都以象牙为标准原料。19世纪80年代,象牙供应的逐步减少与台球运动的兴起曾引发了台球的短缺。美国最大的台球生产商费兰与考兰德公司悬赏价值1万美元的黄金,招募任何能够发明象牙代用品的"发明天才"。发明家利奥·贝克接受了这个挑战,发明了苯酚和甲醛的化合物——酚醛塑料。后来这种用作替代象牙制作台球的人工材料成为世界上应用最广泛的高分子材料。

从酚醛塑料到尼龙,从阿司匹林到晶体管,从无线电到电灯,自从有了公司,人类很多的新知识、新发明、新创意都有了明确的创造者和拥有者。《公司的力量》的解说词中这样写道:"据统计,从17世纪到20世纪70年代,被经济学家认为改变了人类生活的160种主要创新中,80%以上都是由公司完成的。今天,全世界70%的专利和2/3的研究开发经费出自跨国公司。2006年,美国政府的研发预算为1320亿美元,美国公司的研发预算则达到了2000亿美元。"

杜邦公司这家以"开创科学奇迹"为企业目标的公司,以生产火药起家,在20世纪的大部分时间里引领了世界高分子化工领域的科学研究和技术应用。现在他们又成为世界转基因农业技术的引领者,依然传承了其向基础科学领域延伸的传统。

虽然当今世界的基础科学研究很多依赖于国家的投入和政府科研机构,众多的科学突破也来自于政府资助的科研机构和大学,但在发达国家,私营公司的投入早已成为科学研究甚至基础科学研究的主要力量。以杜邦为例,每年在研究和开发上的投入高达10多亿美元,在生命科学领域的投资已经超过数百亿美元。

公司能够投入大量的财力和人力用于科学研究而不仅仅局限在产品开发,一方面在于企业家的雄心和眼光,同时也在于国家对知识产权的保护。有了完备的知识产权保护的法律环境,企业才会有动力在看不清实际效益的时候就花费巨额投资用于科学研究。

现在的中国在工程技术上通过引进消化和自主研发已经具备了相当的能力,但放眼人类文明史,真正拿得出手的基础科学研究几乎是空白。一直以来,政府的巨额投资都依照集中力量办大事的思路投向了政府和大学的科研机构,事实证明,在目前的竞争条件下这已经不是最有效的办法了,当然直接靠政府拨款资助也不是最好的办法。

发达国家的实践证明,向私营企业开放是刺激公司向科学研究长期投入的最有效路径。只有当产权关系清晰、治理结构合理的私营公司进入到科学研究领域的时候,科学才可能真正迎来"百花齐放"。

谁发明了电子计算机？

　　"据说,这种仪器可以使现代工程学发生革命性的变化,带来工业设计的新纪元,并最终减轻在制造复杂机器过程中许多被认为必须的缓慢的开发过程。"这是《纽约时报》记者 R. 肯尼迪对电子计算机正式亮相时小心翼翼的评价。

　　1946 年 2 月 14 日,美国陆军部在费城宣布了一项战时最高机密——一台被命名为埃尼阿克(ENIAC)的电子计算机的存在。在当时,解决复杂的算数问题是人们对于电子计算机的唯一期望。

　　在相当长的历史时期内,两位年轻的科学家莫奇勒(J. W. Manchly)和艾克特(J. P. Eckert)享有了世界上第一台电子计算机发明者的殊荣。这台在美国宾夕法尼亚大学莫尔学院建造的世界上第一台通用电子计算机"埃尼阿克",看上去是一个庞然大物,重达 30 吨,塞满一整个占地 1500 平方英尺的大房间,它使用了 18000 个真空管、7 万个电阻器和 1 万个电容器。

应记者们的要求,"埃尼阿克"向现场的参观者展示了它叹为观止的神奇演算速度。《纽约时报》记录道:"当按下一个按钮,求 97367 的 5000 次幂时,操作机器的博士要求大家:仔细看着,否则你会错过。大多数参观者还是没有来得及看,这个运算一眨眼的工夫就完成了。为了更清楚地演示埃尼阿克的速度,博士把速度放慢了 1000 倍,继续演示,13975 乘 13975,灯光一闪,结果就出现了——195300625。"听上去,这台超级明星的运算能力还比不过现在一位中学生使用的普通计算器。

人们喜欢用电子计算机的发明作为战争推动科技发展的案例。第一台电子计算机的发明虽然和战争能够扯上关系,但绝不是我们想象的那样,它不是一个军队"科技攻关"项目的结果,而是一系列看起来极为偶然事件相互衔接的产物。

1944 年,第二次世界大战的战场局势虽然已经发生了逆转,但美国陆军的武器开发系统却不敢有丝毫的松懈。对于研制远程大炮来讲,弹道设计计算是一个异常繁复的过程,科学家们的大量精力被用来进行枯燥的计算。此时,正在宾夕法尼亚大学学习的陆军军械工程师戈尔斯坦上尉听说,一位该校名叫莫奇勒的物理学家正在和同伴研制一种通过电子管来进行数学运算的机器。戈尔斯坦向上司汇报了这个信息,得到了上级的积极响应。在得到军方资金支持的三十个月后,世界首台电子计算机研制成功。

那么,物理学家莫奇勒为什么想起来要研制电子计算机呢?"三年多前,电子计算机还只是个想法,今天却成为伟大的发明奇迹。莫奇勒博士 1941 年到宾夕法尼亚大学莫尔分校任职,他希望能够解决大数额数据运算的问题,他认为如果这一问题得到解决,将有利于远期天气预报的突破。"《纽约时报》这样解释电子计算机最初的构想。是的,这就是世界上第一台电子计算机的由来,需要补充的是,莫奇勒博士只是一个天气预报的业余爱好者。

1941年夏,当时34岁的莫奇勒在宾夕法尼亚大学莫尔电机工程学院遇到了22岁的研究生埃克特。此前,作为一个业余天气预报爱好者,莫奇勒已经有多年用手摇计算机作天气预报计算的经验,他的数学功底很好,而埃克特才华横溢,精通电子学,而且在非常年轻的时候就具备了领导大型科研项目的能力。两个年轻人在著名科学家冯·诺依曼的指导和帮助下,最终取得了成功。

然而故事并没有结束,莫奇勒和埃克特享受了多年电子计算机发明者的殊荣之后,又有人站出来,要抢走他们的荣誉。

20世纪90年代初,公众被一则新闻弄糊涂了:"美国总统乔治·布什向87岁的美国科学家约翰·文森特·阿坦那索夫颁发了一枚美国国家工艺技术金质奖章,以表彰他发明世界上第一台电子数学计算机的不朽功勋。"

回到1937年,约翰·文森特·阿坦那索夫是美国爱荷华州大学的一位著名数学教授,他开始思考用电子来进行运算的难题。和众多科学发明以及艺术创作的俗套故事一样,一个偶然的机会,灵感光临了。一个晚上,他在郊区一家酒吧里一边喝着啤酒,一边想着他的发明。突然灵感袭来,于是阿坦那索夫教授立即返回实验室,和他的一位助手开始组装世界上第一台电子计算机。

然而,此时第二次世界大战爆发,阿坦那索夫被邀去做与战争直接相关的工作,不得不中断了电子计算机的研制工作。

也是在1941年,莫奇利在老熟人阿坦那索夫家借住了5天。心思单纯的阿坦那索夫向莫奇勒和盘托出了他对电子计算机所有设想和材料。两位科学家这神奇的五天交集,诞生了人类历史上最伟大的发明,也结下了一场恩怨。

沉默了二十年后,1967年,阿坦那索夫把莫奇勒告上法庭。1973年10月19日,法庭终审,阿坦那索夫胜诉。从1971年6月1日起,此案共开庭审讯135次,庭审中一共传讯了77个证人,开庭前双方律师取证阶段共采集了80份书面证词,这是一场美国历史上耗时最久的知识产权官司。但遗憾的是,这场官司并没有得到媒体的广泛关注。官司赢了,有关电子计算机发明的神奇故事并没有被改写,人们依然习惯地把宾夕法尼亚大学的两位年轻人当作电子计算机的发明人。

又过了二十多年,老爷子还是咽不下这口气。已经87岁高龄的阿坦那索夫给当时的美国总统乔治·布什写了一封亲笔信,希望在有生之年自己是世界上第一台电子计算机的发明人的事实能获世人公认。乔治·布什答应了他的请求,特地在白宫举行了授勋仪式,为"电子计算机之父"阿坦那索夫颁发了一枚美国国家技术奖章,阿坦那索夫终于了却了多年夙愿。

这场官司客观上还给美国的信息产业带来了很大促进。在莫奇勒的专利宣告无效后,美国的电子计算机行业打开了新局面。很多新电脑公司如雨后春笋般涌现,因为他们不用支付庞大的许可费用。

从第一台电子计算机发明开始,人类从工业化时代进入了信息化时代。之后,每隔几年都会产生一次划时代的发明创新:1947年晶体管电子计算机、1959年集成电路、1959年高级编程语言Fortran、1966年磁盘存储系统、1967年软磁盘技术、1971年微处理器、1972年C语言、1973年个人电脑、1974年所见即所得的文字处理、1975年互联网通信协议TCP/IP、1990年万维网、1993年互联网搜索引擎……

这些突破几乎无一例外地诞生于美国,如果说工业化时代美国是追赶者的话,那么信息化时代美国已经成为当之无愧的引领者。而所有这些重大发明均来源于一个、两个或三个杰出科学家,尤其是二三十岁的年轻科学家的奇妙构想和偶然经历,而不是规模巨大的"科技攻关"项目。往往,一个天才的构想,就会奠定一家公司的成长。这已经成为美国式创新的重要规律。

我第一次接触电子计算机是二十多年前,在20世纪80年代中期,那时我在上大学。那是一个人人都在阅读并讨论《大趋势》和《第三次浪潮》的时代,这两本书所描述的信息技术革命令人兴奋得晕眩。

　　这种变化同时也在计算机机房里体现出来。刚入学的时候,我们在机房实习还在使用一种名为 DJS－630 的国产计算机,3 厘米宽的黑色打孔纸带从大大的铁柜子里不断吐出来,上面的小孔就是运算的数据,功能上也就相当于现在中学生使用的一台计算器。入学的第二年,学校添置了一台名叫 I－102 的小型计算机。在干净的让人不敢呼吸的机房里,像现在的网吧一样摆放着 8 排共 64 个显示器,隔壁装有空调的房间里放着几个顶天立地的金属柜,那就是主机。在临近毕业的时候,学校里有了苹果Ⅱ——一种被称为个人电脑的计算机,每个人都可以在自己的办公桌上放置一台真正的计算机,而不用再去如同医院病房般的计算机房。

　　直到很多年后的现在,我才知道,沃兹尼亚克和他的伙伴乔布斯在 1976 年就已经创造了这个划时代的产物,十多年之后,我们把苹果个人电脑当作世界上最新潮的科技产品引入到中国,那个咬了一口的苹果就是时代世界科技前沿的图腾。

　　二十多年,接近四分之一个世纪以来,中国一直在追赶。一款最新潮的苹果产品从美国传到中国的时间,从十年缩短到一天——最新的苹果产品 iPhone4S 在美国发售的第二天就出现在了中关村的手机市场。

　　乔布斯的离世,让我们一起讨论为什么中国出不了乔布斯,其实这个问题问的是:中国的原创科技产品时候可以出现。至少到目前为止,我还没有听到具有可实施性的见解。

世界上第一台电子计算机埃尼阿克（ENIAC）

柯达：战胜对手却不能战胜命运

　　有些企业的死亡如同遭遇车祸，之前没有任何征兆，一命呜呼，如金融危机中的雷曼兄弟、三聚氰胺事件中的三鹿。有些企业衰亡的命运是早就被预见的，所谓"悬念"，只在于具体的年月日以及以什么样的方式结束生命，比如柯达。

　　基本上没有人会怀疑，曾经代表美国人梦想的柯达公司，它的未来就像一场噩梦。2012年1月，这家百年来引领人类影像技术的企业宣布进入破产保护程序。年纪大些的摄影爱好者急忙去采购一些柯达胶卷作为最后的纪念，而对于年轻一代来说，除了照证件照的时候还会偶尔光顾柯达图片社，柯达——这家和梦想联系在一起的公司，早已经和他们的生活没有交集。如今，人们随手拍摄无数的照片，却只留存在手机、iPad或电脑里。

随同胶卷一起被人们抛弃的柯达是个资产为 51 亿美元的公司,债务已经达到了 68 亿美元,严重的资不抵债。从 1997 年以来的十几年来,柯达仅有 2007 年一年实现了全年盈利。柯达的市值从 1997 年 2 月最高的 310 亿美元降至 21 亿美元,十余年间市值蒸发了九成以上。

现在柯达公司正在准备出售自己多年积累的 1000 多项数字摄影专利来挽救这家具有一百三十年历史的公司。这些在 2011 年 6 月就开始出售的专利至今少有人问津,或许有人在等着更低的价钱,但还有另外的可能是,那些专利已经不值钱了。即使柯达真的能够弄到救命的钱,从气若游丝的状态中喘一口气,但之后呢?没人相信柯达手中还有能够让它起死回生的杀手锏。如果有,它就不会在过去的十年中只有一年盈利,而股价从十几美元跌到不足一美元了。

和柯达申请破产保护同样引起轩然大波的是 2009 年的通用汽车。在金融危机中,通用汽车陷入破产边缘,CEO 亲赴国会负荆请罪,总算在屈辱中保全了性命。柯达的破产保护不同于通用汽车,虽然都是债台高筑,但对于通用汽车来说,剥离债务负担后,通用面对的依然是一个传统的汽车行业,凭借近几年研发的技术储备,如今的通用汽车似乎已经起死回生。而柯达呢,在影像领域曾经的一枝独秀,而如今已经沦落为一个可有可无的小角色。

短短十几年的时间里,数码摄影用摧枯拉朽的气魄几乎全部取代了胶片摄影。速度之快,超过了大多数人的想象。柯达甚至来不及履行完和奥斯卡评委会的合约——从 2013 年开始,连续举办了十年奥斯卡颁奖典礼的洛杉矶柯达剧院将更名,他们再也付不起看起来并不算昂贵的冠名费了。在人类生产的 20 多万部电影中,大部分是用柯达的胶片拍摄和洗印的。从来没有拍摄过一部电影的柯达却曾经获得过 9 项奥斯卡金像奖,最近一次是在 2008 年,因推动胶片感光乳胶技术而被授予科学技术奖。

数码摄影的兴起毁掉了柯达的胶片生意。但回顾历史,柯达其实在六十年前就承受过来自新技术的冲击,并且一度陷入恐慌。外界也都像现在这样认为柯达的前景堪忧,但柯达走过来了,甚至在此之后创造了事业的巅峰。也许,正是这次危机让柯达变得更加自信,以至于小看了数码对胶片的冲击,最终败下阵来。失败是成功之母,成功何尝不是失败之母呢?

1947 年 2 月 22 日的《纽约时报》,再一次以一种异乎寻常的口吻宣告一种新技术的诞生:"一种新型的、带来革命性变化的相机于昨晚在宾夕法尼亚宾馆举行的美国光学学会会议上由它的发明者、宝丽来公司总裁兼科研主任埃德温·兰德展示。这种相机在按下快门后会立即成像。在光学学会的报告中,这种新型的相机被描述成一种新的摄影术。它正如多半个世纪前从湿的图版过渡到白天能安装的胶卷一样,带来一场革命。"

革命——人们喜欢用这个词来形容新力量的颠覆性,宝丽来要革谁的命呢?当然是柯达,此时的柯达基本上就是相当于影像行业本身。

这种在 20 世纪八九十年代曾经一度风行于各旅游名胜,被形象地称为"一拍得"的宝丽来相机,在刚出现的时候被甚至看作是柯达摄影模式的终结者。

1985 年的春天,我第一次拍摄彩色胶卷,资金来源是班费。我清楚地记得,当时一卷国产乐凯彩色负片是 4.5 元、日本柯尼卡是 6.5 元、日本富士是 13 元,而一卷柯达 36 幅彩色负片的价格是 16 元,在当时相当于一位处长 1/5 的月工资。因为"大权在握",我选择了最贵的柯达。如此贵重的东西只能用在风景名胜处最具标志性地点的那种表情凝重的留影照。所以当按下快门的时候,摄影者内心是忐忑的,万一没拍好,不但浪费了钱财,还等于把人家人生的重大记忆弄丢了。因此每一个摄影爱好者的心底深处都会想,如果省去冲印的环节,能直接看到照片有多好。

宝丽来就是基于大家的这种普遍心理而发明的。宝丽来的革命性是这样被《纽约时报》描述的:"有了这种相机,任何人在任何地点都可以拍照,无需专门的冲印设备,无需等待胶卷的冲印。在风景名胜,如果他觉得不满意,可以立即重拍纠正。"

柯达意识到了宝丽来给自己带来的威胁,自己也快马加鞭研发了"一拍得",在经历了长达数十年的知识产权诉讼后,最终因为专利侵权被迫放弃。但让柯达庆幸的是,宝丽来的"革命"的欢呼带给柯达的仅仅是时间不长的冲击,在长达五十多年的时间里,宝丽来仅仅扮演了影像市场上一直存在的一个小角色,安分地享用市场分给自己的那块不大不小的蛋糕。宝丽来的"一拍得"无法后来居上的根本原因是始终无法解决的一个核心问题——影像质量。宝丽来照片仅仅解决了人们立马看到照片的愿景,但在满足这一消费心理的时候,却在质量上打了折扣,而这一产品的先天缺陷导致其不可能随着研发的深入而消除。

柯达稳如泰山。当几十年后数码时代来临的时候,这种思维惯性依然存在于柯达的管理者身上。

数码摄影埋葬了胶片摄影,但数码摄影的发明者却是柯达自己。1975年,柯达发明的"无胶卷相机"就是现在数码照相机的最早称呼。这项发明获得了美国国家技术和创新奖,在当时,拍摄一张数码照片需要23秒的存储时间。因为影像质量粗糙的问题一直得不到解决,直到1994年这种数码发明才在市场上出现,当时柯达公布的第一台数码相机只有150万像素,而一张胶片的分辨率相当于2000万像素。

柯达每一项的技术发明都让自己更无可置疑地成为行业的领跑者,让我们回顾一下这家公司曾经的辉煌——1880年,高中辍学生、银行职员乔治·伊士曼发明了摄影干版,在此之前,相机体积巨大,湿胶需要即时处理;1883年,伊士曼发明了胶卷,摄影行业发生了革命性的变化;1888年,伊士曼注册了"柯达"商标,推出了第一台手持相机,并提出了"你只须按一下按钮,剩下的就交给我们来做"的著名口号;1936年柯达推出一款名叫柯达 Cine-Kodak Camera 的"家庭电影相机",普通市民也可以拍摄电影……但最后一次,柯达用自己的发明埋葬了自己。

显然他们低估了数码摄影技术进步的速度，也高估了人们对传统的耐心和依赖，柯达的决策者们一直没有在内心深处建立起数码很快就会取代胶片的假设。有人评价说："从传统胶片与数字影像产品市场占有率的比较可以看出，柯达对传统胶片技术和产品的眷恋，以及对数字技术和数字影响产品的冲击反应迟钝，这在很大程度上决定了柯达陷入成长危机的必然。"

2003 年 9 月 26 日，柯达宣布实施一项重大的战略性转变：放弃传统的胶卷业务，重心向新兴的数字产品转移。几乎所有的旁观者都在叹息——太迟了。这是一个早就应该作出的决策，如果更早，就相当于用未知的未来斩断确定的现实盈利，偏好短期利益的投资者和职业经理人们不可愿这样。

空调：伟大的平等主义者

迄今为止，家用空调依然是所有家电中被认为最奢侈的一种。说它具有奢侈的特质，是因为在北方，家用空调是一件必须有但不一定会用的物品。在空调的诞生地——美国，也是同样的顺序，在洗衣机、冰箱之后，空调才进入到普通美国人家庭。

20 世纪 50 年代中期，家用空调开始大面积进入美国家庭。《纽约时报》1956 年 1 月 8 日的一篇报道记载了这个过程："预计今年用于住宅的中央空调的销售将为业界带来快速增长的收益。在过去的三年中，相对于单个房间使用的空调来说，中央空调的使用呈稳步增长态势。今年有望继续增长，并且预计可能增至 1955 年的 2 倍。"

在之后的 5 月 26 日该报的另一篇报道中，空调被赋予了"伟大的平等主义者"的称号。由于空调的大量出口,全世界,尤其是处于热带地区的人们,开始在自己家里享受和美国同样凉爽的空气、同样品质的生活,而在此之前,热带地方的人们不管多么富有,也必须忍受汗流浃背的夏天。

《纽约时报》用这样富有诗意的文字描述空调给人们带来的美好:"这些天,在一位酋长的宫殿里、一座香港的剧院里、一处巴基斯坦的海军驻地,甚至一座婆罗洲土著的小屋里,都可能有同一样东西——美国空调。国外越来越多的地方都因为有着这一明显的美国标志而变得凉快。结果导致美国空调的急剧增加,在过去的两年中,空调出口增长率达到35%。市场的需求很旺,而空调行业非常高兴地把这一潮流看作是刚刚起步。"

和电视机从开始就为家庭而造的路径不同,空调是在被发明了半个世纪之后才进入家庭的。在空调被发明之前,并没有谁认真想过我们可以用一台电力驱动的机器改变室内的温度。空调用于人的生活完全是一次误打误撞的结果,空调的发明和推广的过程证明了乔布斯说过的话——客户是不知道他们需要什么的。

空调之父卡里尔1876年11月出生在纽约州的一个农庄,大学毕业后,在一家生产供排暖系统的公司做工程师。有一年夏天空气湿热,一家印刷公司印刷出来的报纸书籍油墨老是不干,颜料渗漏,纸张发胀。他们找到了卡里尔就职的公司,希望帮忙解决这个问题,公司把任务交给了年轻的工程师卡里尔。年仅25岁的卡里尔最初提出的方案是:让冷水在原为冬天供暖而设计的盘管中循环,由此降低周围的空气温度。温度降低了,但空气潮湿的问题并没有解决。

终于,在往返于公司和客户之间的匹兹堡火车站蒸汽机喷出的雾气中,灵感击中了卡里尔。

卡里尔的创意是让空气通过一个极细的喷雾器来造出真正的雾,喷雾器为闷热潮湿的空气提供一个冷凝的界面,潮湿空气中的水分冷凝为水珠,然后滴落，最后剩下的就是更冷、更干燥的空气了。1906 年 1 月 2 日，卡里尔的"空气湿度调节器"获得了专利。

但愚蠢的公司领导没有意识到卡里尔为他们开发了一个金矿，没有继续开发的兴趣。卡里尔不得不离开公司，与朋友欧文·莱尔合伙，创办了自己的公司。

卡里尔公司将他的空调系统不断地应用于需要干燥冷空气的工厂，1924 年，卡里尔第一次把空调安装到了一家百货公司，1925 年安装到了百老汇的歌剧院，1928—1929 年安装到了美国白宫和国会。20 世纪 30 年代末，卡里尔开始在纽约的写字楼里安装改进后的空调，而且不需要占用宝贵的办公空间。

卡里尔的空调装置太大、太贵，在长达五十年的时间里一直没有进入家庭。直到卡里尔去世后，公司才开发出用于家庭的空调，而此时通用电气和西屋等后来者已经瓜分了这个巨大的蛋糕。在空调市场的真正黄金时节到来的时候，作为一家开创了空调市场的公司，卡里尔的公司已经日渐衰落。

在市场孕育的过程中，新产品的发明到成熟的市场之间有很长的路要走。《剑桥美国经济史》在分析 20 世纪的技术变迁中分析到："发明创造在转化为商品之前还必须完成许多步骤，在很多情况下，需要其他产业的辅助发明或改进。有时为了增加产品的便利性和降低成本以使消费者买得起，往往需要重新设计产品；有时为了满足新产品对特殊生产材料的要求，还必须重新组织生产设备。这些所有的互补性改进成熟需要一段较长的时间，这段时间通常是几年甚至几十年。"

对新市场的成熟缺乏预见，没有一直站在研发的前沿，而是满足于现有市场，就难免会把自己开创的市场拱手让人。

尽管有很长的时间里，洗衣机、电冰箱、空调被制造成各种花里胡哨的颜色，但在习惯上，作为一种分类方式，这些真正改变了我们生活水准的家用电器被统一称为白色家电。它们刚被发明的时候几乎都被漆为白色，现在似乎又回到了刚"出道"时的颜色,在家电商店里白晃晃地占据了最大的面积。

当几乎每个家庭都买得起它们的时候,对于这几样极大地增加了我们生活幸福感的白色家电和生产它们的厂商我们不再保持敬意。

不久前,在一次会议上,我和海尔集团总裁杨绵绵的交谈中显示出了我对这个行业的陌生感。杨总裁不无幽怨地说:"啥都涨价,就是家电越来越便宜,也越来越入不了你们媒体的法眼了。"而现在,海尔已经悄悄成长为世界上最大的白色家电生产商,但连同其他同样曾经赫赫有名的几家白色家电生产商一样,他们在企业界的地位近在咫尺、不可或缺,却令人熟视无睹。

在美国1945年后,白色家电开始全面进入家庭,包括洗衣机、电冰箱、空调、洗碗机等在内的白色家电对于美国人的生活结构及其空间组织的影响是深远的,彻底改变了人们的生活方式和居住方式。白色家电让人们从家务劳动中解放出来,使妇女参加工作成为可能。而当下的中国人和几十年前的美国人一样体验了家电改变生活的全过程。在这个过程当中,中国也成长起来第一批真正以市场开发为导向的现代企业。

但实事求是地说,中国家电企业的成长速度没有满足我们对他们曾经有过的期待。在十多年前,我们一度以为,中国的家电企业也会如同日本企业对美欧企业的产业承接一样,承接日本企业的辉煌。但在距离一度不断缩短之后,差距再也没有明显缩短。国内家电企业更多地沉湎于巨大的市场机会,对技术开发的投入不够,二十多年来,几乎没有技术上的创新。在这种前提下,所谓的打造品牌必将成为空中楼阁。

按照《剑桥美国经济史》中的估算,20世纪前50年,美国的经济增长中只有15％可以由资本量和劳动量的增长来解释,而剩余的85％表明,20世纪美国经济增长是经济活动的每单位投入创造出了更多的产出。这其中技术进步和资本结合创造出来的效率,才是真正的原因。

一直以来,即使在中国最成熟的产业中,技术进步带来的增长也明显低于美国和日本企业。企业更多的是在迎合消费者需求而非引领消费，外形设计花样的翻新、广告的不断投入，打造出的永远是廉价低端的品牌形象。

当然，迄今为止，中国的家电企业尤其是白色家电已经成为国内工业企业最有可能开发出原创型产品的行业。这种期待不是无本之木，但中国出现一个卡里尔到底需要多少年呢？我无法回答这个问题。

呼啦圈的意识形态

  很少有某种玩具像呼啦圈那样,流行到不分男女老幼、不管天南海北的人们几乎全都热烈地卷入其中,然后,忽然之间踪迹全无。在 20 世纪 50 年代末的美国以及 80 年代末的中国,呼啦圈的故事几乎完全按照同样的节奏在两个大地上演绎了一遍。这是一个多么有意思的命题,值得经济学、社会学、文化人类学、科技史的学者们从自己的专业角度去认真作一番研究。可惜,我没有找到这种研究的蛛丝马迹。

  "一种新的玩具——塑料呼啦圈——在美国各地旋转开了。据制造商及销售商估计,大约几周时间,上市的总量就达到 2000 万只,零售总额约 3000 万美元。制造商们加班加点来满足不断上升的需求。如果有终点的话,现在似乎还看不到。"这是《纽约时报》1958 年 9 月 4

日一篇报道的导语。"流行的呼啦圈使人们旋转起来,也带来了可观的利润"——这篇报道长长的题目概括解释了这项游戏的风靡和商业之间互为因果的关系。

从产品悄无声息地上市,到《纽约时报》对呼啦圈的产业链进行深度报道,只用了两个月的时间。

呼啦圈被称作是有史以来第一个真正风靡世界的玩具,在加利福尼亚州一个名叫圣加夫列尔的小镇。两个年轻的玩具制造商理查德·内尔和阿瑟·梅林经营着一家名叫惠姆·奥的玩具公司。据说在 1958 年 3 月纽约的一次玩具博览会上,有个人告诉他们,有一种大木圈正在澳大利亚到处流行,孩子把它套在屁股上转着玩。两位老板觉得这也许是个不错的商机。

样品出来了,木圈太沉,转起来太费劲。他们想起了塑料。化学工业的迅猛发展让高分子合成材料从战前的奢侈品变成使用范围广泛的普通材料。一根 3 米长的塑料中空管两头一接,便成为一个漂亮的圈。他们把新产品命名为呼啦圈——hu la hoop,每只售价 0.93 美元。

或许是没想到申请专利,或许是不符合专利条件。两个商人没能独享呼啦圈带来的丰厚利润。生产玩具的、生产塑料制品的、生产服装的、搞电视娱乐的,纷纷涌进来分一杯羹。

"就像曾经在年轻姑娘和少妇中流行的紧身裤一样,呼啦圈并不像通常那样在某些商店的某个柜台上出售,而是在任何商店的任何一个角落出售,只要有一小块地方和一个售货员就行。"《纽约时报》的报道这样描述呼啦圈在当时的商业地位。

"在 1958 年,如果世界上的哪个地方没有人玩这种美国塑料圈,就说明这地方尚未'与世界接轨。'"这是描述呼啦圈最经典的一句话。呼啦圈以迅雷不及掩耳的速度冲出了美国,走向了世界。

一家华沙出版的《青年周报》说:"如果轻工业部和手工业局还不开始生产

呼啦圈,我们在这方面的进展,特别从国际范围来看,就将大大落后了。"

约旦的太后旅欧返国时,行李中装着一个呼啦圈;一支比利时探险队出发去南极时,行装里也有 20 个呼啦圈,这笔钱是作为文娱费用开支的。有关呼啦圈的负面报道也不断见报:一位荷兰妇女怀疑得了阑尾炎,但经医生检查,发现她的病实际上是腹肌受到损伤,被错误归因为玩呼啦圈的结果。在日本,医院急诊室里挤满了因玩呼啦圈而引发脊椎扭伤的病人。

呼啦圈让女性毫无顾忌地扭动起了屁股,这被看作是当时部分国家拒绝呼啦圈的原因。在 1958 年的秋天,每当举行橄榄球赛时,女啦啦队队员在观众尖叫声中扭动着腰部,成为球场上"一道亮丽的风景线"。

1958 年,中国人第一次知道呼啦圈的消息来自于一篇批判文章。而到了1959 年夏天,许多城市的垃圾场上都堆满了丢弃的呼啦圈。

不知道从哪家工厂、哪个姑娘开始,呼啦圈在一夜之间风靡中国,成为全中国男女老少的最爱,每一个城市的每一个广场、每一个公园都变成了扭动腰部的海洋。然后,又仿佛一夜之间,这个带来全民狂热的玩具便销声匿迹,先是被冷落到房间的角落,之后几乎全部进了废品收购站,成为制造塑料盆、洗衣板的最好原料。

这是一项多么物美价廉的运动啊,居然就这么快消失了。它的短命——无论是在美国还是中国,到底是什么原因呢?剧烈地扭动腰部——这个动作带来的身体的反应是如此的新鲜和奇妙,而这种刺激由于商业的原因变得如此易得,当身体的新鲜感被其他更加新鲜的活动所代替,人们便轻易地将其抛弃了。

当摇滚乐和迪斯科呼啸而来的时候,呼啦圈丢盔卸甲、一溃千里。我惊奇地发现,呼啦圈和摇滚乐、迪斯科的到来都是前后脚的关系。或许,人类都需要一个身体的自由解放过程,那是一层特别薄的窗户纸,一捅就破却影响深远。当人们对身体的自由扭动不再感到难为情的时候,思想的自由便如影随形。从这个角度来看,或许呼啦圈就是中国人思想开放的一段序曲。

呼啦圈让我对 1958 这个年份产生了特殊的兴趣。那个时候，太空竞赛是全世界的大戏。1957 年 10 月 5 日，大戏开始，美国人被在太空竞赛中的劣势搞得忧心忡忡。专家们认为，卫星是教育和技术链接的产物，能否实现这种链接，将决定美国的前途。他们提议，从教育的角度分析未来竞争中的优劣。

一名叫库茨柯夫俄罗斯中学生和一名叫拉佩卡斯的美国中学生分别被对方工作小组选作观察的标本。在接下来的几个月中，专家对两位学生的学习态度、读书习惯、课余爱好进行全程跟踪。

调查表明，库茨柯夫和拉佩卡斯虽然同龄，但库茨柯夫的文化水平至少比拉佩卡斯高两年。库茨柯夫读莎士比亚和萧伯纳的作品，而拉佩卡斯刚读完斯蒂文森的一本惊险小说。专家指出，总的来看，在美国的学校，学生们一般不会完整地阅读文学作品，只是读书评。

两个人都爱好运动，拉佩卡斯每周游泳约 11 个小时，库茨柯夫每周在排球俱乐部活动 3 次。拉佩卡斯每天都和女友见面，喜欢参加晚会。而库茨柯夫与女性的关系明显低于美国标准。拉佩卡斯善于交际，有幽默感，在学校组织的各种活动中表现突出。而库茨柯夫是个热爱劳动、目的性强、甚至有挑战性的人。

当然，库茨柯夫和拉佩卡斯的区别肯定不是玩没玩过呼啦圈所能概括的。但这种巧合背后所隐藏的不同的社会宽容度、不同的文化政治理念显然会塑造出不同能力的人。

20 世纪 50 年代风靡美国的呼啦圈

汽车载来的消费时代

美国人现在的生活方式是 20 世纪 50 年代用汽车载来的。

在 20 世纪 50 年代末期，曼哈顿岛市政厅以南的地区，也就是曼哈顿最南端的华尔街一带，白天的人口超过 100 万，而夜晚大约只有 2000 人留在那里。"郊区吸尽了商业区的夜间人口，那里成为一个半日城市，汽车和火车开到时，全城像涨潮，入夜落潮时，人群又退走了，只剩下小偷、警察和老鼠。"威廉·曼彻斯特在他的《光荣与梦想》一书中这样记录到。

按照《美国世纪》一书提供的数据，从 1950 年到 1960 年，美国全国 15 个最大城市中的 14 个市区人口减少了，但郊区人口却大大增加。纽约市郊区增加了 58%，芝加哥增加了 101%，底特律增加了 131%，克利夫兰增加了

94％。美国住在城市郊区的人口 10 年中增加了 46％,从 4100 万增加到 6000 万。

这一切都源于汽车的迅速普及。

第二次世界大战后,美国汽车制造业迅猛兴旺起来,轿车产量从 1946 年的 200 万激增到 1955 年的 800 万辆,保有量从 1945 年的 2500 万辆增加到 1955 年的 5100 万辆。汽车成为几乎所有郊区居民的必需品。到 1960 年,接近五分之一的郊区家庭拥有两辆以上的汽车。

"汽车是郊区生活不可缺少的交通工具。大多数家庭至少拥有一辆汽车,母亲兼任家庭司机,开车送父亲到火车站,让他转车到市里去上班,载子女去学钢琴或跳舞,参加童子军聚会及少年棒球联盟的练习,等等。然后利用余闲到郊区新开的购物中心购些杂物、办些杂事。"(陈静瑜,《美国史》)到现在,这依然是美国中产阶级家庭典型的生活场景。

汽车社会的到来,证明了罗斯福在大萧条时代的论断:只有当普通民众过上体面生活的时候,经济才能真正繁荣起来。没有大众的购买力,繁荣不可持续。罗斯福新政的真正成果在此时体现了出来。诺贝尔经济学奖获得者克鲁格曼在他的《美国怎么了:一个自由主义者的良知》一文中认为,在 20 世纪 50 年代,共和党和民主党之间的政治主张已经差别极小,两党的领袖都承认,"新政"建立的制度将成为美国社会永久的特征。时任总统的共和党人艾森豪威尔在 1954 年写给他兄弟的信中写道:"若有任何政党试图取消社会保障、失业保险,废止劳工法与农业计划,该党将必从美国政治史上消失。固然有一小撮人固执已见,如德克萨斯的石油富豪们,以及少见的政客,但其数目微不足道,其行为亦蠢笨可笑。"

美国社会在 20 世纪 50 年代中期迎来它最兴旺的时代,社会的大多数普通劳动者成为中产阶级。1954 年 5 月的《财富》杂志是这样评论的:"该是改变美国中产阶级消费者旧形象的时候了。他不是,并且多年来已经不是小房产主或者杂货店老板了。如果要找他的典型人物，最合适的或许就是底特律的车工了。"底特律的汽车工人已经变为典型中产阶级的时代，当汽车工人都买得起自己生产的汽车的时候，必然是汽车迅速普及的时代。有了汽车，人们便有条件逃离拥塞的城市，到郊区过上过去只有地主资本家才能过上的幸福生活。

"全美国各都市无不如此。在1948—1958年十年间新建的1300万座新住宅中，大约有1100万座，也就是85%都建在了郊区。昔日的农场和城市中心外流的人现在都聚居在战前根本不存在的小镇上。尤其值得注意的是，大都市因此失去了生气。年轻人的兴趣已经转移到郊区弯弯曲曲的街区上，这里住着一代新人，摇滚舞音乐的一代。"这是《光荣与梦想》中对美国新生活的描写。

郊区化的前提是汽车的普及。在20世纪50年代出生的美国人，不少都产生于汽车的后座。75%的中学生拥有了驾驶执照，开着自家的汽车看露天电影是青少年最主要的约会方式。与此同时，总统艾森豪威尔开始了他对美国地理风貌的最大一次改造——州际高速公路网系统。这项浩大的工程预算达到400亿美元，最后花了760亿，建设成了4.1万英里的高速公路网。高速公路网建设让美国真正成为了一个车轮上的国家。

汽车成为美国社会的主角，汽车业也迎来了全盛的年代。人们已经不再把汽车仅仅看作是代步工具，汽车业成为时尚产业，新的款式如同时装发布一样令人眼花缭乱。人们在汽车消费方面热情高涨，不惜为买汽车欠债，透支消费的习惯也是从那个时代开始的。从1952年到1956年，美国消费者债务从274亿美元增长到425亿美元，分期付款的赊账增加了63%，而购买汽车的欠款几乎增加了100%。

在20世纪50年代，诞生了种类最为丰富的各种车型，马力强劲、车身宽大、造型夸张是这个时代车型的主流。2012年8月，我在美国西部旅行。当超过一辆车时，我有一种时空错乱的感觉：一位头上包着花色头巾、身姿婀娜的老奶奶，驾驶一辆模样怪异的敞篷车，车身很长，车尾长着两条长长的鱼鳍，完全是一部 20 世纪五六十年代老电影的画面。同车的当地人告诉我,那很可能是一款上世纪克莱斯勒 300 车型当中的一种。驾驶这样的老爷车,打扮成当年的样子,是上一代人缅怀青春的独特方式,也许,她和当年的情郎就是在这辆车或者同样的车型中结束了自己的少女时代。现在看上去既怪异又没有实际用途的鱼鳍车尾,就是那个时代汽车的时尚标志。

所谓时尚就是不停地变化。当美国三大汽车公司造型夸张、体型巨大的车型主宰汽车市场一段时间后,欧洲汽车和美国本土的小型汽车厂商开始用廉价简约的小型车敲开美国市场。三大汽车厂商不甘落后,也积极地设计小型廉价车。"汽车工业的巨头们进军小型汽车的决定是经过深思熟虑和周密计划后作出的。从某种意义上说,这是一个被迫作出的决定,是由于小型汽车取得了惊人的成功。如果一定要为公众接受国外车型找到一个简单的原因,无疑是它的价格。另外省油、驾驶舒适、款式新奇也是吸引美国人的重要因素。"《纽约时报》1959 年 10 月 26 日题为"汽车戏剧的情节开始复杂起来"的长篇报道剖析了汽车市场的新变化。来自德国大众小巧可爱的甲壳虫汽车是美国人消费观念变化的主要受益者。在更早的时候,1958 年的秋天,《纽约时报》还捎带着用豆腐块大的版面报道了另外一则消息:来自日本的丰田公司和尼桑公司共发运了500 台小型汽车来到美国!如果记者知道二十年后日本汽车在美国的业绩,他们一定会为当时的漫不经心深感后悔。

对日本人来说,尽管只有区区的 500 辆汽车,但这是一个巨大的成功标志。日本汽车以其小巧、经济、实用的特点登陆美国,很快便进入突飞猛进的时期。1961 年日本汽车产量超过意大利,跃居世界第五位;1965 年超过法国,居第四位;1966 年超过英国,升为第三位;1968 年追上联邦德国,居世界第二位;1980年日本汽车产量首次突破 1000 万辆大关,达 1104 万辆,一举击败美国,成为世界第一。之后日本先进的管理方式和设计理念为各国所效仿,美国人也不得不放下架子来日本企业参观学习。

　　汽车消费的时尚化，为后来者提供了成功上位的极佳机会。即使到了1958年，也没有人相信小型经济车会被美国人所接受；而到了1959年，购买小型经济车便成为新的潮流。

　　也就是从20世纪50年代开始，工业品开始脱离实用的轨道。通过营销活动激发消费者的潜在需求，满足消费者炫耀、跟风的心理欲望成为商业的新规则。在此之前，实用几乎是工业品设计和制造的唯一诉求。当年福特的设计师在设计福特的T型车时请示福特老人家，后座和前座之间应该留多大空间的时候，福特说：够放得下农夫的牛奶桶就行了。而后来，设计师们如果还是这样考虑问题，那他们设计的车就根本别想卖出去。

　　回到中国汽车市场。如果硬要相比的话，那么这个市场应当相当于20世纪40年代的美国——真正旺盛的需求才刚刚开始。对于中国汽车企业来说，机会多的是。

图书在版编目(CIP)数据

改变美国的时刻 / 刘戈著 . —杭州：浙江大学出
版社，2013.10(2014.2重印)
ISBN 978-7-308-12042-5

Ⅰ. ①改… Ⅱ. ①刘… Ⅲ. ①历史事件－美国－20世
纪 Ⅳ. ①K712.505

中国版本图书馆 CIP 数据核字（2013）第 195336 号

改变美国的时刻

刘 戈 著

策　　划	杭州蓝狮子文化创意有限公司	
责任编辑	曲　静	
出版发行	浙江大学出版社	
	（杭州市天目山路 148 号　邮政编码 310007）	
	（网址：http://www.zjupress.com）	
排　　版	杭州中大图文设计有限公司	
印　　刷	浙江印刷集团有限公司	
开　　本	710mm×1000mm　1/16	
印　　张	18.5	
字　　数	244 千	
版 印 次	2013 年 10 月第 1 版　2014 年 2 月第 2 次印刷	
书　　号	ISBN 978-7-308-12042-5	
定　　价	42.00 元	

浙江大学出版社发行部联系方式：0571－88925591；http://zjdxcbs.tmall.com